主编 耿元骊

宋朝往事 系列

陆 游

爱国的诗中圣手

王浩禹 著

辽宁人民出版社

图书在版编目（CIP）数据

陆游：爱国的诗中圣手 / 王浩禹著 . —沈阳：辽宁
人民出版社，2023.2
（宋朝往事系列 / 耿元骊主编）
ISBN 978-7-205-10627-0

Ⅰ . ①陆… Ⅱ . ①王… Ⅲ . ①陆游（1125-1210）—
传记 Ⅳ . ① K825.6

中国版本图书馆 CIP 数据核字（2022）第 213032 号

出版发行：辽宁人民出版社
　　　　　地址：沈阳市和平区十一纬路 25 号　邮编：110003
　　　　　电话：024-23284191（发行部）　024-23284304（办公室）
　　　　　http://www.lnpph.com.cn
印　　刷：北京长宁印刷有限公司天津分公司
幅面尺寸：165mm×235mm
印　　张：19
字　　数：200 千字
出版时间：2023 年 2 月第 1 版
印刷时间：2023 年 2 月第 1 次印刷
责任编辑：赵维宁
助理编辑：李　麒
封面设计：乐　翁
版式设计：一诺设计
责任校对：吴艳杰
书　　号：ISBN 978-7-205-10627-0

定　　价：58.00 元

总　序

　　宋朝的魅力，势不可当，有越来越多的人爱读宋朝故事，这从"宋朝往事"第一辑的受欢迎程度也可见一斑。10位青年学者，以自身长期积累的学术优势，通俗而不媚俗、讲史而不戏说的独特风格，赢得了广大读者的认同。因此，在辽宁人民出版社的支持下，我们延续前缘，继续组织撰写了"宋朝往事"的第二辑。

　　关于宋朝的一般性概括，在第一辑总序当中已经说过了。说过的话，多数情况下，理所当然不应该重复。但是下面这段话，是我们两次编撰"宋朝往事"的共同圭臬，所以请让我再次引用孟浩然的这一句"人事有代谢，往来成古今"，因为它最能代表我们的心情和缘起之思。我们就是想通过人和事两方面，与读者诸君讨论宋朝的独特之处。宋的风雅、宋的政事、宋的富庶，都体现在人和事之中了。没有那些独特的人，风雅不可见；没有那些风雅之士的行动，政事不可知；没有那些百姓的努力创造，富庶无可求。想要全方位地观察宋、了解宋、欣赏大宋之美，就请和我们一起来回首宋朝往事。

面对浩瀚宇宙，面对苍茫大地，面对漫漫人生，我们的内心常常涌起一种深远庄严之感，不由得想去探究和思考。这就是人之所以为人的根本，只有人类才渴盼了解自身，试图了解自己的过往。而有着世界上最长久、最多历史记载的中华民族，也算得上是最愿意了解自身历史的族群之一。与过去的历史人物、事件建立起属于我们自身的沟通管路，唯一的渠道和办法，就是读史。读其书，想其人，念古人或雄壮或卑微的一生，感慨万千，油然而生的一种复杂情绪自会弥漫胸间。这大概也是想了解历史、阅读历史的普通读者常有的心境。

不过时移世易，大多数非专业读者，基本已经不再能识读繁体字了，更不要说能较为畅达迅速地理解文言文。而处于压力极大的现代社会，人们的状态都是每日疲于奔命。让有阅读渴望的各行各业读者，都能重新从工具层面开始入手研读，实在是不可能的奢望，也是强人所难。但是满足爱读史的读者的渴求，是我们这些从事专业研究的职业学者仍然不可忽视的职责所在。所以回首"宋朝往事"，提供一种虽然是"快餐"，但尽量做到最佳的"快餐"，就是我们这些职业学者试图为其他行业读者做出的一点微不足道的小贡献。

在第一辑的基础上，我们再次选择了五人五事，同我们亲爱的读者一道，再次进入宋朝的天地时空。赵普、包拯、狄青、陆游、文天祥这五位代表性人物，就此进入了读者诸君视野。赵普是宋朝开国元勋，也是宋初文臣之中较为有名的一位。他一生之中三次入朝为相，影响很大。世人知道他，多以那句"半部《论语》治天下"的典故。他长于吏道，善于出谋划策，"智深如谷"，开国大政多依赖于赵普的策划。我们在已经了解赵匡胤的基础上，自然也要了解一下这位开国谋士。包拯在明清以后，已经成为中国古代清官的杰出代表，是为政清廉、公正执法、断案如神的象征，民间呼为"包青天"。以他为主角衍生出的历史演义、戏剧小说、电影电视剧等为数众多且历代相传。戏说虽然于史无证，却激起我们窥探历史上包拯究竟是何种模样的极大兴趣。狄青从一名出身低微的基层农家子弟应征入伍，一无权二无势，通过自己精湛的武功、高妙的指挥能力和优良的人品，以及在国家危难之际奋不顾身的突出表现，成长为接近权力巅峰的枢密使，是底层小人物逆袭的典型，后代小说家甚至以他为主角写成了诸多小说演义作品。传说狄青是武曲星下凡，与文曲星下凡的"包青天"一起享誉天下。陆游是伟大的诗人和爱国者，大多数中国学生都学习和背诵过那首千古名诗《示儿》，他一辈子渴望北伐中原、收复失地，但是时代没有给陆游这样的机会。以南宋大历史，以宋金和战历史来做背景，我们才能发现一个真实的陆游。文天祥更是我们常常耳闻的人物，为了匡扶南宋这座将倾的大厦，妻离子散，家破人亡，但依然志向不改、视死如归。文天祥伟大的人格力量，在中华历史上铸就了一块无与伦比的正气丰碑，内化成为中华优秀传统文化不可分割的一部分。纵观文天祥一生，无负于"人生自古谁无死，留取丹心照汗青"的铮铮誓言。

与五人同时，就是我们常常想了解的"大事"。这些大事，在宋代历史上也极为关键。女主临朝、更化到绍述、宋夏之战、襄阳保卫战、崖山暮光，是我们观察宋朝、了解宋朝不可缺少的环节。宋真宗皇后，章献明肃刘皇后在历史上也是一个有名的皇后，关于她的故事，最著名的传说就是"狸猫换太子"了，而这只是个编造的谎言。事实上，刘皇后作为宋代第一位垂帘听政的太后，在她身上发生的故事远比"狸猫换太子"更加精彩。熙丰变法由神宗与王安石共同发起，最后到了神宗的儿子手上，却逐渐由改善宋代民生、行政、财政、兵政的大目标，转而成为朝廷清除异己与聚敛财富的工具，丧失了它的正当性，而这一切还是在继述神宗之志的旗帜下进行的。借着更化到绍述之名，大宋这一艘漏水航船驶入了更加风雨飘摇的末路。而自宋建国起，宋朝与党项李氏一直保持着友好关系，西部边界也一直处于相对稳定的局面，直到李继迁公开与宋朝决裂。党项李氏逐渐壮大，并建立西夏，发展成为足以抗衡辽、宋的地方政权，宋朝西部边患几无宁日，它们之间漫长曲折的战争故事也陆续上演。宋元之间，襄樊之战则是南宋灭亡的关键。让我们一同进入宋末的历史世界，看看身处其中的人物如何抉择，观其言，察其行。在13世纪末的欧亚大舞台上，从全球视角，看看襄樊之战的前因、后果、始末与影响。襄樊之战之后，元军继续南下，宋人多路义军闻风而动，试图收复故土，好不热闹。但元军一路直下，鏖战五十年，四川最终陷落。宋廷退守崖山，张世杰摆一字长蛇阵，决战一日，十万军民漂尸海上，南宋彻底灭亡。遗留的大宋忠臣遗民，或以生命为国尽忠，或以生命为国招魂，只留待我们后人唏嘘南宋的往事，或叹或悲或感慨。这样的五人五事，让我们再次以立体形式勾勒了大宋面貌。让我们11个人继续努力，期待读者诸君与我们一起走进宋朝，在大宋场景之中，回味历史的波澜壮阔。

　　经过上一轮的磨合，与10位作者已经形成了默契相知。在辽宁人民出版社蔡伟编辑的再次鼓励下，我们继续承担了撰写工作。还是同样的希望，希望我们 11 个人的努力，能让您对真实的历史多一点了解。感谢陈俊达（吉林大学）、黄敏捷（广州南方学院）、蒋金玲（吉林大学）、刘广丰（湖北大学）、刘芝庆（湖北经济学院）、仝相卿（浙大城市学院）、王淳航（凤凰出版社）、王浩禹（云南师范大学）、张吉寅（山西大学）、赵龙（上海师范大学）等一众优秀青年学者（以上按姓名拼音排序）加盟此系列的撰述。虽然刘云军教授因为撰述任务太多未能参与，非常遗憾，但仍感谢刘云军教授在不同场合给予的大力支持！最后，亲爱的读者，我们一群作者贡献全力，希望能为您的读书生涯增添一点乐趣！让我们一起读宋，知宋，了解宋朝。

耿元骊

2022 年 8 月 18 日于开封铁塔湖

目 录

引　子

"尤是中原有事时"，是由陆游的诗句"尤是中原无事时"化用而来，意在表明南北宋之际，中原大地遭受前所未有的大浩劫，生灵涂炭，赵宋王朝国将不国。成年后的陆游追溯其出生和成长的经历时，将那段时光说成是中原无事之时，或许是诗人的自我安慰吧。

伟大的爱国主义诗人陆游，生于1125年，即宋徽宗宣和七年，事实上已处于靖康之变的前夜。此时，北宋王朝奸臣当道，腐败不堪，内忧外患。

在内，农民起义不断，1119年宋江起义于北方，东扰南窜，影响很大，被称为"河北剧贼"，直到1121年才被宋廷招安，消停了下来。而宣和二年即1120年，方腊起义于南方，掀起了北宋末年最大规模的农民起义，至1121年，宋廷经过艰苦的战斗，才艰难地扑灭了起义之火。

在东北边，生活在白山黑水之间的女真人经过不断的征战，于1115年开始建立金国。金这股强大的势力，以摧枯拉朽之势，很快推翻了辽朝的统治，1125年金人擒获辽天祚帝，辽朝灭亡，继而对北宋王朝构成了巨大的威胁。然而北宋王朝腐败无能，在金人的强势进攻下，几无招架之力。

1124 年金人开始进攻北宋所谓已收复的幽云地区。是年十月，金人开始南下侵宋，自此加快了侵宋的步伐。金人的铁骑给宋人带来天旋地转之感，给后世留下了无限的惋惜、同情、不甘和锥心之痛。陆游就是在这样的历史背景下成长起来的一位典型的爱国主义诗人。

"泪痕空对太平花"是陆游写于淳熙元年（1174），宦游西蜀之时。全诗四句是"扶床踉蹡出京华，头白车书未一家。宵旰至今劳圣主，泪痕空对太平花"。在这首诗里，陆游回溯他的童年，伤感于自己到了白发老翁时国家仍没有统一，只有空流泪痕面对所谓的太平盛世，此时他是无能为力的，只有无可奈何泪痕相对。陆游自诩出生时的中原无事，也只是所谓的太平而已，即使是孩童时的所谓太平，陆游也是泪痕空对，更是对即将来临的暴风骤雨的无能为力。因此，这里借用陆游的这句诗，是对陆游"中原太平无事时"的一个呼应，实际上中原是有事的，太平花也不太平，所以才会空流泪痕慰太平。

一、靖康之耻

靖康之耻历史上称之为靖康之变，或靖康之难。对于这段历史，这里有必要回顾一下金人兴起前后二三事。金人以女真人为主体，生活在东北长白山一带，部落众多，在其未强大之前依附于辽，接受辽的统治，并有部分女真部落来到北宋王朝朝贡。辽朝末年加重了对女真的统治力度和经济搜刮。完颜阿骨打统一女真部落后，展开了反抗辽黑暗统治的斗争。金收国元年（1115）女真人建立金国，随后不断抓紧灭辽。金人在北方的迅速崛起，引起了宋人的关注。宋徽宗政和八年（1118），金太祖天辅二年，宋朝遣使马政、呼延庆、高药师等使金，约同攻辽。宋宣和二年（1120），金天辅四年，宋廷再遣赵良嗣、王环以买马为名使金，商议南北夹击辽朝，收复幽云旧地之事。经过谈判，双方约定：宋金夹击攻辽，金取中京，宋取燕京一带。燕京之地归宋，宋把原纳给辽朝的岁币50万两匹银绢转纳给金。因双方使者往来于海上沟通，得以订立盟约，史称"海上之盟"。宋徽宗君臣自以为得意，却没有想到"海上之盟"的签订，实际上是北宋灭亡的起点。所谓唇亡齿寒，辽朝覆灭了，宋朝也不会有什么好果子吃。况且，宋朝与辽朝订立"澶渊之盟"时，曾经发过毒誓，如果违背盟约的精神，就要遭到上天的惩罚，亡国祸及子孙。盟约都是短期利益妥协的结果，一旦有利可图了，盟约就会丧失它的存在基础。宋朝、辽朝、金朝无不是如此。也许是毒誓得到了应验，宋朝联合金人灭辽付出了惨痛的代价，发人深省。

宣和四年（1122）金人攻克辽中京，随即约宋攻辽燕京。童贯领10万宋军进驻河北，停滞不前。是年五月，金人攻取辽西京，再次催促宋朝联合灭辽。然而，此时宋朝统帅童贯发现宋军几乎无战斗力，战备松弛。于是，派出使者出使北辽劝降，结果使者被杀，童贯不得已大举进攻燕京。结果被虚弱的辽军打得大败，损失惨重。攻辽战最终以失败告终。不久，辽天祚帝远遁沙漠，燕京耶律淳病逝。这让宋朝君臣看到了攻取燕京的希望，他们认为辽朝即将灭国，第二次攻辽就很快提上了日程。金人也再次催促宋朝攻辽。九月辽涿州守将郭药师率常胜军八千以涿、易两州来降，燕京也表示归降宋朝。于是，宋徽宗令童贯攻辽，童贯派刘延庆、郭药师率 10 万大军渡白沟进攻，结果被辽军所阻。郭药师所率军队，由于没有刘光世的接应，败退而归，辽军乘机进攻，宋军仓皇南逃，再次遭遇大败。无奈，宋朝只好请金人攻打燕京。很快，金人攻占燕京。金人乘机以此责问宋廷：当初约定共同攻辽，为何未见宋军一兵一卒？并强调当初约定只是燕京一带归宋，不包括营州、平州、滦州三地。经过谈判和讨价还价，宣和五年（1123）四月，宋朝以当初约定的 50 万岁币外加 100 万贯代税钱给金人，换取金军攻取的燕京及所属九州的六州归宋。金人得到岁币后，撤军之前，把燕京一带洗劫一空，将财富、人口席卷而去，而童贯接手的只是一座空城以及蓟、景、檀、顺、涿、易六州。此外，宋朝还要求金朝归还云州之地。最初，金人只同意归还土地，人口全部掠走，经过一番艰难谈判后，虽同意归还云州土地和人口，金太祖却以 20 万银两犒军费作为交换条件。最终随着金太祖的去世，金人拒绝归还云州。

然而，此后宋朝却做了一件加速金人南侵的坏事。宣和五年（1123），降金辽将张觉叛变，意在复国，却假意投降宋朝，昏庸的宋朝君臣，接受了张觉的假降，金向宋索要张觉，结果宋朝密杀张觉父子，函首送给金人。宋廷愚蠢的做法，一是得罪了金朝，为金朝侵宋提供口实和借口；二是宋朝这种背信弃义、毫无信用可言的做法和作风，寒了以郭药师为代表的常胜军的心，致使他们暗中决定不会再为这样的朝廷卖命。

宣和七年（1125），辽天祚帝被金人所擒，标志着辽朝灭亡。消除后顾之忧后，金朝开始有侵宋之举。是年，金将阇母以宋朝背盟请求伐宋。斡离不和粘罕也请求攻宋。于是，十月，金太宗下诏攻宋，以完颜杲兼都元帅，总领侵宋事务；粘罕为左副元帅，率军自西京南攻太原；阇母为南京路都统，刘彦宗为汉军都统，斡离不为两部监军，自南京西攻燕山，然后会师开封。十一月，东路军攻取檀州、蓟州。十二月，宗翰派使臣到太原见童贯，提出了以黄河为界，宋朝割让河东、河北两路给金朝的条件。宋前线统帅谎报军情逃回了开封。金西路军不断攻城略地，东路军也进攻到燕山府，郭药师不敌投降，燕山府被金人重新占领。郭药师被任命为燕京留守，赐姓完颜。西路军攻下朔州、代州、忻州后，进攻太原。在太原马军副都指挥使等人率太原军民的坚守下，粘罕西路大军被阻挡在太原城下。东路军在郭药师的向导下，不断南下侵宋，在中山和真定受挫后，便分兵南下开封，相继攻下庆源府、信德府。

　　然而，宋朝的最高统治者，却没有想如何应对，只想一味逃避。在金人围攻太原之时，宋徽宗下罪己诏，并将皇位禅让于太子赵桓，即宋钦宗。新年之后，赵桓改年号为靖康，以求国家平安。不过，金人一点都不给赵桓面子，他祈求平安的年号，被现实狠狠打了脸。正月初，金朝东路军又相继攻下相州、浚州，黄河守军溃逃，金军顺利渡河。消息传到开封，宋徽宗赵佶当夜出逃。宋钦宗赵桓以李纲为东京留守、尚书右丞，并在李纲的坚决要求下留在了开封。七日金军多次进攻开封，都被击退。在破城无望之下，金人又玩起了和议的把戏，遣使议和，这使已成惊弓之鸟的宋朝统治者赵桓求之不得。然而，金人提出的条件是：宋钦宗赵桓需尊金太宗吴乞买为伯父，并割太原、中山、河间三镇给金，且需送纳犒军费用金

500 万两、银 5000 万两、锦缎 100 万匹,更为过分的是要以亲王、宰相作为人质。即便是面对金国方面如此不平等的条约,宋廷还是答应了所有要求。但赵桓也暗中命李纲部署守城,派宰相张邦昌、九弟康王赵构前往金营。不久,勤王之师陆续抵达开封周围,察觉有异的赵桓,经不住姚平仲的劝说,走了下下之策行劫营之计,结果走漏风声,打草惊蛇,反遭金人追究责任,丧失了更多的利益。为了安抚金人,宋廷立即罢免李纲、种师道等人,遣使谢罪,并交割三镇。然而此举,却遭到以陈东为首的太学生和数万居民的群起反对,他们要求复用李纲、种师道,反对割地,开封居民还群殴了李邦彦。在众怒难犯的情况下,赵桓复用李纲、种师道,平息了太学生的请愿风波。宋廷的主战之风占据了主导地位,各地勤王之师也在向开封聚集,在一片大好形势下,金人害怕陷入宋人的汪洋大海之中,在和谈条件得到满足后,金军于二月九日撤离开封北返。

结果,金人并没有得到他们想要的三镇之地,相反宋人在李纲的鼓舞下,掀起了反抗金人的热潮。在这种情形下,金太宗再次下令侵宋,宗望、宗翰分率东西路军次第南下。不久,太原城破,副都总管王禀投水而死,知府张孝纯被俘降金。十月,东路金军绕过中山府,转道围攻真定府,并在 40 天后破城,后两路金军迅速南下渡过黄河,向开封挺进。此时,金人又再次祭出了议和的大旗,提出了以黄河为界。担惊受怕的宋廷,自然是同意划河为界,赶忙派遣执政的耿南仲、聂昌分别出使两路金军。结果,宋廷派遣的使者都被百姓所杀,均没有完成和议使命。

闰十一月初,金军进兵达开封城下,强势攻城,结果均被团结一致的开封军民击退。但赵桓居然听信术士郭京的胡说八道，以他训练的 7777 名所谓"六甲神兵"出宣化门攻打金军，"神兵"遇到金军自然是一触即溃，郭京借口到城下作法逃出了城门，金军则乘机攻入开封城。开封城破，宋徽宗、钦宗等一干王公大臣悉数被俘，成为了阶下之囚、砧板之肉，再没有了与金国讨价还价的资格，全部沦为了金人的奴隶。

不久，金军在焚烧了开封城后，押着大批俘虏和战利品北撤。金军的俘虏除了宋帝与宗族、大臣外，还有艺伎、工匠、娼优等各色人等共 10 余万人。战利品包括金 1000 万锭、银 2000 万锭、帛 1000 万匹、马 1 万匹以及各类文物、图书，不计其数，而这些战利品还是在赵桓的诏令下由宋军为金军搬运的。俘往金朝后，赵佶被封为昏德公，赵桓被封为重昏侯。

北宋的覆灭实为咎由自取，北宋的君权过于集中，将权被过度削弱，导致武功不振，黑暗和腐朽的统治、政治结构的不合理是北宋灭亡的根本原因。

二、建炎以来事略

建炎以来是多事之秋，北宋覆灭，南宋初创，可谓百废待兴。战时状态的宋朝廷也在此时期采用了战时体制。宋与金的和战，是这个时期的历史主线。

靖康之变后，徽钦二宗被俘"北狩"，众臣和赵氏宗亲多被俘北上。徽宗第九子康王赵构幸免被俘，靖康元年（1126）他曾被派往金营求和，后金人怀疑其亲王身份，遣送其归宋。这年十一月，赵构奉命出使河北，向金人乞和，此时粘罕、斡离不两路大军都已渡过黄河，磁州知州宗泽鉴于战时形势，金人逼近，觉得康王此时去金营已经无意义了，劝谏他留在磁州组织力量抵抗金人南侵。但是贪生怕死的赵构不愿留在离金人太近的磁州前线，得了"恐金病"的赵构，以磁州不安全为由，接受了相州汪伯彦之请，退至相州（今河南安阳）。汪伯彦很会来事，亲自率军迎接赵构于河上，此举令赵构大为感动，汪伯彦因此被视为赵构心腹。同年闰十一月，汴京再次被金人围困，钦宗遣使到相州诏令赵构勤王，任命赵构为河北兵马大元帅，汪伯彦、宗泽为副元帅，急令火速入援勤王。不久，赵构于相州开元帅府，后迁至大名府，宗泽等人率部来会，一时军马声势浩大，军力大振。但是，此时开封城破。于是，宗泽向赵构建议，率兵直驱澶渊（今河南濮阳），以便次第收复京城等失地。可是，宗泽的正确建议，没有得到赵构和汪伯彦的同意，他们一心想南逃。为了便于自己南逃，赵构令宗泽率兵进驻澶渊，以吸引金兵，而自己却向东后撤。

靖康二年（1127），赵构来到东平，高阳关路安抚使黄潜善、副总管杨惟忠率大军来归。二月，在都统制张俊的护卫下，赵构退至济州。韩世忠和刘光世等将领也领兵来会。此时，赵构麾下有大军近十万之众，然胆小怕事的赵构虽此时停止了南逃却也不愿进兵开封。不久金人退回。由于赵构是徽宗唯一幸存的儿子，戴上皇冠成为皇帝的好事，就轮到了这个本来没有任何机会的老九赵构身上。为了巩固赵宋统治，作为唯一合法的皇位继承人的赵构，理所当然地成了孟皇后和众大臣劝进的对象。同年五月，赵构在南京应天府（今河南商丘）即皇帝位，重建大宋，是为高宗，由赵构重建的宋廷史称南宋。同年赵构改元建炎，寓意以火克金。

南宋建立后，宋金战争并没有停止，反而是越来越多，规模也越来越大。金人起初的目的是吞并南宋，统一天下。以赵构为代表的南宋投降派，一开始的目的就是和金人和议，偏安一隅，苟且偷生。

建炎元年（1127），就在赵构登基不久后，金人再次南侵。对于如何应对金人的侵略，南宋统治集团内部的意见不统一。黄、汪等投降派担心重蹈靖康之变的覆辙，主张南逃。而抗金派则主张抵抗，主张坚守中原，暂幸南阳，同时建立三都，认为"今四方多故，宜讲巡幸之礼以镇抚之。除四京外，以长安为西都，襄阳为南都，建康为东都，各命守臣营葺城池、宫室、官府，使之具储峙糗粮，积金帛，以备巡幸"。宗泽则请求高宗重归开封，主持恢复中原的大计。抗金派的建议基本上都是符合当时的历史实际的，但是高宗赵构对此不感兴趣，他只想着南逃东南，逍遥快活，于是下达了"京师未可住，当巡幸东南"的手诏，直奔建康。高宗的这一行径，就连还是小军官的岳飞都看不下去了，冒着杀头的危险，给高宗上了一道奏疏，主张"为今之计，莫若请车驾还京，罢三州巡幸之诏，乘二圣蒙尘未久，虏穴未固之际，亲帅六军，迤逦北渡"。然而，畏金如虎的赵构一心只想南逃，他不顾大臣劝谏，将李纲罢官，将岳飞削职为民，赶出军营。并下诏，众人不得议论南逃巡幸之事，"有敢妄议惑众巡幸者，许告而罪之，不告者斩"。最终，高宗南逃到扬州。在扬州安顿后，开始修筑宫室，并派遣王伦、宇文虚中赴金廷乞和，而在军事上则不做丝毫准备。吏部尚书吕颐浩上书，建议将重兵分驻于淮河和长江一线，可以在淮河一线作战，如果不胜，再与金兵在长江一线作战，这样一定可以阻止金人南下。但是以黄、汪为代表的投降派根本听不进去大臣们的忠言。

可是金人根本不给你赵构面子，反而穷追不舍，穷追猛打。你想在扬州长久待下去，可金人偏偏不答应。建炎二年（1128），金朝派粘罕和讹里朵（完颜宗辅）两员大将率兵南下，一路追击高宗，要消灭立足未稳的南宋小朝廷。同时，金人娄室部由西进攻陕西，以牵制川、陕方向的宋军。不久，粘罕军和讹里朵军的主将兀术（完颜宗弼）率军攻下濮州，东京留守杜充为了阻止金人攻占开封，竟然不顾老百姓死活，下令决黄河口。于是金人转向东进，攻下开德府（今河南濮阳）、滑州、相州、淄州。其后又相继攻下东平府和大名府、济南府，一路势如破竹。但高宗对此漠不关心，也无半点应对之策，反而任命属于投降派的黄潜善为左相、汪伯彦为右相，可这两位宰相大臣面对金人的进攻却毫无办法，只幻想着和金人议和。

建炎三年（1129）正月，粘罕军攻陷徐州，打败韩世忠、刘光世的军队，以3000骑突入淮甸。二月，金人攻破楚州（今江苏淮安）、天长军（今安徽天长）。10万御营宋军在数百敌骑面前，闻风丧胆，望风而降，"恐金病"可谓极其严重。金兵前锋已逼近扬州城数十里外，此时高宗正在淫乐，闻讯后大惊，在御营司都统制王渊和宦官康履等人的陪同下，慌忙乘马疾驰至瓜洲，坐上小船南渡逃命。由于一路的惊吓，好色的高宗从此丧失了生育能力。而原先从扬州经运河抢运出来的银、绢等大批堆积如山的物资，为金人轻易所得。

高宗由瓜洲渡江来到江南，可金兵却穷追猛打，紧随其后。高宗感觉长江天险不一定能挡住金人的铁蹄，于是便在王渊的建议下，"幸杭州"。经过一番安排，高宗由镇江出发，经常州、平江府、秀州，直到逃往杭州。为了讨好金人，高宗又急忙安排张邦昌亲属为官，派人持张邦昌与金朝约和的手稿，赴金营求和。五月，为了稳固统治，高宗派洪皓出使云中（今山西大同），向粘罕递交南宋国书，表示"愿去尊号，用正朔比于藩臣"，摆明了向金人称臣纳贡。七月，又派崔纵为奉大金军前使，赴山东挞赖军营乞和。为了表明乞和决心，下令放弃开封府防御，调回杜充。这一举动向金人表明了高宗放弃北方失地，偏安江南一隅的想法。可是，金人不给高宗乞和的机会，不等洪皓、崔纵两位使臣到达金营，兀术就得到金太宗的批准，决定分兵四路南侵：挞赖从山东进攻淮北地区；拔离速、马五由河南入侵蕲（今湖北蕲春）、黄（今湖北黄冈），转攻江西等地；娄室进军陕西；兀术亲率主力，由归德（今河南商丘）疾速南下，追击高宗。宋廷得知金人大举兴兵，急忙遣使请求金人不要兴师南征。高宗以极尽哀求的姿态，给粘罕写了一封求和信，苦苦哀求金人不要兴兵南下。

灭南宋是金人的既定国策，岂会因为南宋小朝廷的摇尾乞怜而放弃？所以金人已经做好了兼并南宋的前期准备，打算生擒赵构：一是集中兵力于江淮之间，造成渡长江南下攻宋的态势；二是以刘豫为京东、京西、淮南等路安抚使，控制河南局势；另一方面，金兵夺取了山东登州、莱州、密州等出海战略要地，摆出了一副势必南下攻宋的架势。咄咄逼人的金人，让南宋君臣十分恐慌。

面对此种形势，南宋哀求无果之后，也做了一些准备，以刘光世领江东宣抚使守太平，韩世忠领浙西制置使守镇江，杜充统领江防诸军，王燮为后援，全力守卫长江防线。但是，高宗畏金如虎，对这个所谓的防线没有信心，自当年八月起，由建康、镇江、平江一路逃至杭州，再由杭州往浙中躲避，以避金兵锋芒。

可是，金人还是来了，南宋小朝廷精心布置的长江防线也是不堪一击。建炎三年（1129）十月，金兵东西两路大军突破长江防线，攻入江西和江东，金人东路军在兀术的率领下，接连攻陷了寿春府、庐州、和州、无为军等地，并打算由无为军渡江攻打建康。在这危急关头，南宋统帅杜充却消极防御，采取"闭门不出，隔岸观火"的态度，时为统制小官的岳飞请求出兵，杜充不允。直到金兵由马家渡渡江时，杜充才勉强派都统制陈淬、统制岳飞等出兵迎战，并以王燮率部应援。可是，战争开始后，正当陈淬和岳飞在马家渡与金兵激战之时，王燮却率部逃跑了，岳飞等军孤立无援，只好退守钟山（今南京紫金山）。

可怜的宋高宗，一路被金人撵着南逃。好不容易逃到越州（今浙江绍兴）的高宗，又听闻金兵已渡过长江，长江天险丧失，无险可守。在他惊魂未定之际，右丞相吕颐浩建议航海避敌。因为金人不习水性，水师不行，所以，航海能保障高宗君臣的安全。建炎三年（1129），高宗航海由越州到明州。兀术一路跟随高宗而来，先是进攻常州，不料遭到守臣周杞率军民抵抗，岳飞也前来支援，结果是宋军取得了四战四捷的战绩，打了金兵一个措手不及。于是金兵转而去攻打广德，并由此东进，一路无宋军抵御，畅通无阻，很快兀术大军直奔临安而来。收到金兵进军临安的消息，高宗坐立不安，连忙从海路逃往定海县（今浙江镇海），再航海至昌国县（今浙江定海），一路狼狈不堪。怕死的高宗，此时不忘与金人议和。可是，这种不从实力地位出发的议和，根本不起作用，只会招致更多的屈辱。兀术还是一路追击高宗到了明州。到了明州的高宗君臣每天战战兢兢，可谓度日如年。所幸金人海船不敢靠岸停泊，几天后，传来了金兵撤离明州的好信息，高宗这才敢登岸，驻跸明州。

金兵一路如入无人之境，畅通无阻。但是战线铺得太长，又在陌生的江南环境作战，存在补给困难，面临孤军深入的危险，天气开始变得炎热，南宋军民也掀起了反抗斗争。这使兀术意识到了危险，于是，于建炎四年（1130）二月，率军北撤，意在向天下表明，其已完成了既定的战略目标，"搜山检海"的战略任务完成。

金人北撤后，狼狈不堪的宋高宗迎来了苟延残喘的机会，于是，高宗一干人等从海道原路由温州返回明州，并于建炎四年（1130）四月，驻跸越州，打算长期赖在越州不走，表面上却说要"下诏亲征，巡幸浙西"，实际上没有那个胆子，全然不管大臣的劝谏，为了自己的小命，卑躬屈膝。大臣赵鼎曾建议以关中为根据地，依次收复失地，吴越位于东南一隅，不是取中原的根基。可是，逃命要紧的高宗，哪能听得进去呢？

为了维护自身的安全，阻止金兵的再次南下，高宗重新加强了对沿江防线的部署。不久，重新起用吕颐浩为建康路安抚使兼知池州，朱胜非为江州安抚使兼知江州，刘光世为两浙西路安抚大使兼知镇江府。并在大臣范宗尹的建议下，给予大将本地政权、军权、财权，诸大将的权力因此得到加强和巩固。

建炎五年（1131）正月，高宗诏令改元绍兴，意思是"绍祚中兴"，延续光大国祚，中兴宋室。于是，这年改元为绍兴元年。

不过，高宗想要的所谓"中兴"很快就被打脸了。绍兴八年（1138）十月，金朝派遣张通古、萧哲为江南招谕使，带着金熙宗册封南宋的诏书而来，诏书称南宋为"江南"，而不是"宋"，称"招谕"而非"国信"，居然还要高宗下跪接诏书，实际是比附当年宋称南唐故事。不过，金人高高在上、傲慢无礼有过之而无不及，目的是希望高宗"奉表称臣"，做金人的臣子，这远比叔侄之国更具有屈辱性。这些也许对于软骨头的宋高宗不算什么，但是真正戳痛高宗的，还是金人扬言立宋钦宗于南京，使高宗无法称帝，金人的这一招其实挺高明的，使高宗不得不就范。

金人提出的屈辱条件，在朝廷上下引起了轩然大波，枢密副使王庶七次上书，六次面见高宗，反对屈辱议和。枢密院编修胡铨上书直谏，要求斩王伦、孙近、秦桧之首，以绝议和，以谢天下。即便是高宗的近臣主管殿前司公事杨沂中、权主管马军司公事解潜、权主管步军司公事韩世良也不赞成议和，可见，议和多么不得人心。但是高宗与秦桧等铁定了心议和，丝毫不为所动，他们罢免了王庶，并将胡铨除名、编管，决心采取高压手段，强行通过和议。

但是，纸包不住火，在朝野上下舆论的巨大压力下，在王伦的恳求下，金人同意了由秦桧代高宗向来使行跪拜之礼。南宋向金称臣的举动，换来了金把原刘豫拥有的河南、陕西之地给予南宋，归还徽宗梓宫（即徽宗灵枢）和韦太后、钦宗以及北宋皇族、宗族的许诺。高宗以为向金称臣后，可以稳坐钓鱼台了，于是在这一年正式定都临安，实际就是苟且偷安，意在向金人表明他已彻底放弃了收复北方失地，不再找金人报仇雪恨了。

软骨头的愿望是美好的，但如果你太软弱了，别人就不会把你当一回事。很快，金人彻底断绝了高宗这种苟且偷安的奢望。

绍兴九年（1139）秋，金人主和派宗磐、挞懒被杀，主战派宗干、兀术掌握军政大权。绍兴十年（1140）十月，金熙宗接受宗干、兀术的建议，公然撕毁和约，下诏伐宋，以重新夺回原河南、陕西之地。很快，兀术以孔彦舟、李成等为先锋，金军一到，东京留守孟庾投降，接着南京（今河南商丘）守军也投降，金兵继而攻下了西京。其余金军则陆续攻下了永兴军（今陕西西安），直逼凤翔，川陕军面临被拦腰切断的危险。

绍兴十一年（1141）春，宋金淮西战事结束，金人没讨得半点便宜，且东线、中线大规模战争已基本结束。同年秋，在川陕战场，宋将吴璘、姚仲率军大败金军于剡家湾，宋军乘胜收复了秦州（今甘肃天水）及陕右诸郡。金人战败的事实，使兀术清醒地认识到金不能灭宋，只有采取和议的方法，才能迫使软骨头的宋高宗乖乖就范。是年九月，兀术再次打出了和议的旗号，即便是金人战败，但是在气势上，金人依然是一副高高在上的嘴脸，致书宋廷，反说南宋背信弃义，挑起战事，颠倒黑白，并声称要"问罪江表"。兀术的这种做法是赤裸裸的讹诈，目的是从气势上压倒南宋，迫使宋高宗做出更大的让步。

可软骨头就是软骨头，高宗和秦桧对兀术的意图心领神会，也渴望议和，于是派遣使臣向金人请求"宽恕"，再遣使与兀术议和。兀术见自己的目的已达到，也派遣使臣来到临安议和，并不许南宋讨价还价。宋高宗求和心切，只是要求归还徽宗梓宫和生母韦氏，其他一切在所不惜。这样的要求对金人而言不算什么，很轻松就答应了，无非是做个顺水人情而已。南宋全盘接受了金人提出的所有条款。金宋双方很快签订了和议，这就是所谓的"绍兴和议"，其内容是：一是南宋向金称臣，"世世子孙，谨守臣节"；二是宋金疆界，东以淮水中流，西以大散关为界（在今陕西宝鸡西南大散岭上），南宋割唐（今河南唐河县）、邓（今河南邓县）二州及商（今陕西商县）、秦（今甘肃天水）二州之半给予金；三是南宋向金每年贡银 25 万两、绢 25 万匹。

三、南宋士人万象

乱世是尽显人心和气节的时候。历史上有不少人在大是大非、王朝更替面前，经受不起权势、生存的诱惑，最终丧失了气节。靖康之难正处南北宋交替之际，对北宋士人造成了很大冲击。如有的太学生，无耻媚金，"陈山川险易，古人攻战据取之由以献"。纵观历史，南宋士人万象，实际上可以分为三大类型，一是投降派，二是主和派，三是主战派。还可以分为卑躬屈膝类和忠贞不渝类，前一类以秦桧、张邦昌等为主，后一类以岳飞、辛弃疾、陆游等为主。

南宋最无耻的投降派非秦桧莫属，中国历史上最大罪人之一肯定有秦桧。秦桧是江宁人，宋徽宗政和五年（1115）中进士，由此开始了仕途。

北宋末年，金人侵宋，靖康之变时，秦桧反对割让三镇，力主抗金；反对张邦昌为帝，上书"请存赵氏"。金人北撤后，秦桧与众多王公大臣被俘往北方，这是秦桧彻底走向汉奸和卖主求荣道路的开始，也是秦桧迈向罪恶深渊的第一步。也许是金人一路摧枯拉朽野蛮的征服，彻底从灵魂深处把秦桧的奴才本性激发出来了。到达金廷后，秦桧彻底倒向了金人，开始投靠粘罕，而粘罕也很欣赏秦桧，两者可谓一丘之貉，一拍即合。当然，秦桧在金营的待遇自然不一样了。因而，在粘罕的推荐下，秦桧很快得到了金太宗的赏识。金太宗屡次向秦桧问计，如对待徽钦二宗及赵氏宗亲的问题上，秦桧主张的不予迁徙意见，得到了金太宗的认可。并因此把秦桧赏给了挞赖任用，挞赖很看重秦桧，"亦厚待之"。金国四太子兀术也对秦桧充满了好感，在一次宴请秦桧的宴会上，还让金国"中都贵戚王公之姬妾"为其倒酒。

金人对秦桧的礼遇，秦桧很受用，也加快了他的变节，使他开始处处为金国着想。秦桧以五代后晋被契丹耶律德光所灭，宗室尽被北迁契丹，导致契丹统治者在中原无法立足，最后反而被刘知远捡了个便宜，建立了后汉这段历史事实，劝谏金人吸取经验教训，不要重蹈覆辙。秦桧建议金国应该派一名被俘的宋廷旧臣南下，带着徽宗亲笔信，劝说南宋统治者高宗"子子孙孙"向金朝称臣纳贡，世世代代永为藩属。这样的计划和安排，对金国才是万全万利之策。秦桧这一全心全意为金人考虑和打算的建议，得到了金人上层统治者的认可，史载"粘罕喜之，赐钱万贯，绢万匹"。自此，秦桧得到金人的信任，不久，被放归南宋。秦桧归宋后极力为金人卖命，最终走向阴谋杀害抗金中兴名将岳飞的道路，亲手葬送了南宋北伐金人的大好局面。其后，又不断把持朝政，打击异己，只手遮天，使南宋政治生态更加污浊，更加腐败。

除了秦桧以外，张邦昌可谓是由北宋至南宋最为可耻的士大夫。张邦昌本为徽宗时期进士，官至中书侍郎，后在钦宗时期官拜少宰兼中书侍郎，可谓位高权重。然而就是这样重要的大臣，饱读圣贤之书的士大夫，当金人打来开封之时，就主张割让太原、中山（今河北定县）、河间（今属河北）三镇，以此馈赠跪求金人退兵。后随康王赵构赴金营为人质，出任河北路割地使。张邦昌胆小怕事，卑躬屈膝，卖主求荣，就是一副软骨头，极力主张妥协、屈膝投降。因此，很得金人欢心和赏识，成为金人拉拢利用的对象。由于金人对张邦昌的友好态度，钦宗对张邦昌自然也就不一样了，升官自然是常事，张邦昌不久就被升为太宰兼门下侍郎，钦宗的目的是重用张邦昌。

靖康二年（1127）二月初六日，开封城破，徽钦二宗被擒获，北宋灭亡。金人打算拥立张邦昌为帝。是年，三月初七日，张邦昌被金人正式册封为皇帝，以"大楚"为国号，打算以金陵为都城，从此做金人的傀儡，所谓"世辅王室，永作藩臣"。被金人拥立为帝，张邦昌始终战战兢兢，不敢以皇帝自居。随着金人退去，张邦昌最终还是决定去帝位。四月初九日，张邦昌去帝位，"大楚"傀儡政权存在一个多月就以失败收场。张邦昌的僭越行为，开始时得到了宋高宗赵构的认可和默许，而这是建立在张邦昌在金人那里的地位基础之上的，薄情寡恩的赵构为了维护与金人的关系，不得不暂时忍耐张邦昌的僭越之举，对其加以笼络，封为同安郡王、太保、太傅等。不久，随着金人对南宋政权威胁降低，张邦昌的地位也发生了很大的变化，先是被贬谪到潭州（今湖南长沙）为官，后被赐死，结束了其可悲可耻的一生。

张叔夜是个主战派。当金人第二次围困开封之时，张叔夜带兵勤王，保卫东京，成为当时为数不多的勤王之师，所谓"勤王之师，无一致者，独叔夜以孤军入卫"。张叔夜英勇杀敌，连续四天与金人大战，斩杀金人"金环贵将二人"。开封被攻陷后，带着伤与其子仍然在力战。终因寡不敌众，最终被俘北去，沿途他不食金人的食物，到了金宋交界之地，听说到了界河，要渡过黄河了，张叔夜悲愤之至，"乃矍然而起，仰天大呼"，不久在悲愤中死去，保全了自己的气节。

李纲、宗泽是抗战派的中坚力量。李纲对于南北宋之际的政局、时局、民族命运、赵宋王朝的命运，有着举足轻重的作用。历史不能假设，当时如果徽钦二宗重用李纲，采纳李纲的计策，北宋兴许不会灭亡，靖康之耻完全可以避免。正是由于不用李纲之言，导致北宋被金人所灭。李纲侥幸逃过一劫。赵构建立南宋后，意识到了李纲的重要性，又把李纲召回来了。赵构之所以召回李纲重用，目的是要借助李纲的名声巩固自己的统治，做出一副抗金的假姿态，借以掩盖他屈膝投降的真实想法。李纲在总结了靖康之变的深刻教训后，向宋高宗赵构提出了挽救时局的十项建议。其中最重要的是提出了要以实力为基础，不能对金人一味妥协投降，没有足够抵抗金人的实力，屈膝妥协，只会导致更大的屈辱和灾难。有足够的实力做保障，才能言和。所谓"以守则固，以战则胜，然后其和可保"。如果不行战守之计，把希望寄托在议和上，则会导致国势不断衰弱，处处受制于金人，恐怕天地之间再无大宋的立足之地了。为今之计，就是要罢黜一切议和的思想和活动，专心务实自守之策。可以预见，经过几年的休养生息，就一定可以使国家得到发展，然后才能大举讨伐金人，"以报不共戴天之仇，以雪振古所无之耻"。并提出迁都、整顿吏治、惩办张邦昌以及其他接受伪命的官员等主张。从这些主张中，可见李纲是一个十足的抗战派。为此，李纲积极备战，防范金人的再次南侵，向高宗建议在河北置招抚司，河东置经制司，负责招募和统领河北、河东民兵。举荐张所、傅亮为河北招抚使和河东经制副使。并力荐宗泽知开封府，为开封府尹兼东京留守，负责开封的防御。

宋高宗赵构表面上很重视李纲的意见，重用李纲，实际上，却不怎么信任李纲。君臣之间在国家路线方针，即抗战还是妥协、迁都何地和如何看待河北民兵的三个大问题上，存在尖锐的不可调和的矛盾。高宗骨子里是畏金如虎，一味地只想求得妥协，坚持逃难，为了自己的皇帝宝座，可以置父母之仇、国家之仇、人民之仇于不顾；对待国内尤其是河北人民的抗金力量，却视为贼寇，完全不信任，不走群众路线，怕日后河北人民的抗战力量会危及南宋王朝的统治。宁愿向金人屈膝投降，称臣纳贡，也不能断送赵宋天下于全国各地抗金的义军手上。而李纲却极力主张抗战，极力援引和依靠河北、河南义军作为抵御金人南侵的重要力量，时刻想着收复北方失地，时刻以国家利益为重。高宗与李纲的战略和想法相去甚远，矛盾只会越来越大。为了制约李纲，赵构安排投降派黄潜善为右相，媚金求荣的汪伯彦为知枢密院事，李纲虽为左相，然而军政大权却被以黄、汪为首的投降派所掌握。他们千方百计地破坏李纲的抗金大局和一切抗战措施，并斥责李纲"为金人所恶，不当为相"，"名浮于实，而有震主之威"。因此，李纲及其后面的抗金力量，自然为只想屈膝投降换来和平的宋高宗、黄潜善、汪伯彦之流所不容。于是，在高宗和黄、汪的授意下，朝中对李纲的弹劾如雪片一般纷至沓来。污浊的朝廷早已容不下正直且主张抗金的李纲。

建炎元年（1127）八月十七日，李纲被罢相，其作为左相的任期仅仅75天，李纲成了不满百天的短命宰相。这还不算，随后他又被授予虚职观文殿大学士、提举杭州洞霄宫。这对于一个积极抗金、积极为国为民的士大夫，无疑是最大的打击。不仅如此，甚至就连为李纲辩护上书的太学生陈东、布衣欧阳澈等也惨遭高宗杀害，只是因为他们坚持抗金，直言李纲不可罢，黄、汪之流不可信的言行，因言获罪而死。这其实严重违背了宋朝不杀士大夫、不杀读书人的祖宗之法。即便在李纲遭到罢黜，基本上已经对投降派没有任何掣肘和威胁的情况下，投降派仍然不放过李纲，真的是要置李纲于死地而后快。他们说："李纲刚愎自用，狂妄自大，不把皇上放在眼里，无臣服之心，常怀有不平之气。然而常、杭州一带风俗浅薄，百姓只知道李纲，而不知皇上。万一盗贼群起，打着李纲的名义，那样天下就危险了。臣担心国家之忧不在敌人，而在我们内部之间。"

此番言论，足以让皇帝杀了李纲，只是李纲影响力太大了，赵构小儿不敢杀，使李纲逃过了一劫，被贬谪到鄂州（今湖北武汉）安置。其苦心经营的抗金形势、格局和力量，被以高宗为首的投降派破坏殆尽。经李纲举荐的张所也因抗金获罪，在贬谪岭南途中死去。宗泽也因此忧愤而死。这是一个没有希望的朝廷，这是一个没有骨气的朝廷。有再多的爱国人士又能怎样？

除李纲外，宗泽是抗金派的典型代表和重要人物，他的抗金事迹和故事更感人。宗泽是浙江义乌人，北宋元祐六年（1091）进士。靖康之变的前夜，宗泽已是68岁的老人，在危难之际，从巴州通判的位置上奉调入京任台谏官员。此时的宗泽充满了忧国忧民的心绪和急迫的勤王使命。他在诗中写道："忧国心如奔马，勤王笔有奇兵。一旦立诛祸乱，千载坐视太平。""黄屋肇新巍巍，四方豪杰云来。片言之误天也，一见而决时哉。"从这两首诗中，可以看出宗泽急于勤王的心态以及建功立业的雄心壮志，他对钦宗抱着很大希望，可是希望越大，失望越大。被吓破胆的宋廷徽钦二宗，早就没有了抵抗的勇气，把命运寄予在不切实际的和议上，这是不从实力地位说话的历史悲剧。对抗金活动尽情破坏的下场，就是自己把自己玩死。等宗泽到了开封，才意识到投降派的无耻和可恶，发出了"世道之衰，一至此乎"的感慨长叹。

在金人再次南侵之时，为了乞求金人不要南侵，宋钦宗派宗泽等人到斡不离帐前解释误会，承认错误。宗泽意料到这次求和不会有什么结果，"此行不生还矣"。朝廷以"和议使"的名义命其前往金人营帐，宗泽不同意以此名目向金人低头求和，坚决要求改为"计议使"，表明此举是为了和金人商议议和之事，并非为求和而来。因为宗泽的坚持，投降派怕宗泽误事，最终没有派宗泽去金营乞和。不然，宋廷绝对会少一名抗金派，中国历史绝对会少了一名抗金英雄。历史在不经意之间，总是阴差阳错，但偶然中也有必然，这一切要归于宗泽的爱国、正直。

宗泽虽然躲过了一劫，但大宋却没有逃过大劫难。抗战派不用，重用投降派，大宋还是落得个万劫不复的下场，只是可怜天下百姓。宗泽再怎么努力勤王，终究是于事无补。很快这一天就来临了，在一个大雪纷飞的日子，开封城破了，靖康之耻被钉在历史伤心处。此时，宗泽正带领河北军民与金人苦战。宗泽极力劝说赵构去开封勤王，然而被金人吓破胆的赵构闻风丧胆，哪有勇气勤王？为了保全自己，他处处制约宗泽，不让其勤王。

北宋覆灭了，赵构建立了南宋。在李纲的推荐下，宗泽担任了开封府留守，负责开封的防御。宗泽来到开封，金人骑兵尚在黄河北岸驻屯，京师防御设备被破坏殆尽，百姓流离失所，盗贼横行，人心不安。经过宗泽的一番整顿，社会秩序得到了恢复。于是，宗泽开始着手加强开封的防御，招募军队，组织散兵游勇，积极联络北方义军，在京师设防，形成与河东、河北山水寨的忠义民兵的联结态势。"两河豪杰，皆保聚形势，期以应泽。"为此，宗泽曾连续二十余次上书高宗，希望他回到开封，巩固人心，安定统治秩序，收复失地。"臣若有毫发误国大计，臣有一子五孙，甘被诛戮，以谢天下。"尽管宗泽表现出了以身殉国那么大的决心，但高宗只在表面上装出很听宗泽回归开封的建议，实际上却时刻做着南逃的打算。宗泽一心报国，收复失地，可叹一片忠贞的明月心却照向了高宗等人这秽烂的沟渠，铁了心走投降路线的高宗君臣，十匹马也拉不回来。

建炎二年（1128）春，抗金形势开始好转，出现了对宋有利的局面，西京、长安、凤翔都被收复，可谓是抗金形势一片大好。宗泽分析了当前的形势，认为时机不能错过，并提出了出师渡河的计划：一是派人出使高丽，联合高丽出兵攻打金人；二是派遣官员宣谕河东云中大族折氏，以固西北；三是"大举兴师北伐，一道出滑、浚，一道出怀、卫。涉河并进，北首燕路，寻访大辽子孙，扶持他的子孙为帝，约为同盟之国"，争取联合契丹人起来共同抗金。宗泽还具体分析了抗金的形势，指出此时伐金，可以收复失地，迎回"二圣"，"自然可以约束金人而使其称臣，'二圣'、天眷（二帝后妃、宗室）自此一定会有归期，两河故地自此一定可以收复"。可是，宗泽的周密计划并没有引起高宗的兴趣，他对之不予理睬，束之高阁。然而，满腔报国之志的宗泽并没有因高宗的冷淡，放弃其伟大的收复计划，他根据最新局势的发展，重新制订了伐金的详细计划。一是派遣王彦等自滑州渡河取怀、卫、浚、相等处；派王再兴自郑州直护西京陵寝；遣马扩等自大名取洺、赵、真定；杨进、王善、丁进、李贵等诸头领各自领兵分路并进。二是希望朝廷派遣使臣立辽天祚帝之后，重修旧好，以达到孤立金人的目的。三是派遣使臣到西夏、高丽，晓喻利害，喻以祸福，使西夏、高丽出兵助阵，使金国三面受敌。对于这项计划，宗泽充满了信心，认为可以收复失地，迎回"二圣"，迎来大宋的中兴，只是需要高宗同意和支持，并回銮开封，坐镇京师，安定天下，四处出击，必然会迎来抗金的伟大胜利。如宗泽在奏折上说：我今年已经是 70 岁的老人了，只希望陛下早日回到开封主持抗金大业，心系天下的安危。臣当亲自冲锋陷阵在前。如果陛下能听从我的建言，答许我规划筹谋，则宋室中兴之业指日可待。

可是，如既往一样，宗泽的一片忠心，还是被高宗和投降派之流践踏，高宗及黄、汪之流只是想偏安江南，想着扬州安乐美梦，哪有勇气、骨气和金人作战？因为他们心里害怕，一旦抗金失利，他们可能会失去一切，连偏安江南一隅的机会都会丧失。任用宗泽主持开封防务只是想请宗泽作为挡箭牌，帮着高宗和投降派防御金人，以使他们能顺利南逃，躲避金人的锋芒。但当宗泽想和金人正面真刀真枪作战拼命的时候，高宗和投降派们不干了，不情愿了，不同意了，不支持了。于是，他们竭力阻止宗泽抗金北伐收复失地的计划。最终，在他们的阻扰下，宗泽的收复计划胎死腹中，白白丧失了大好时机，留下了无限遗憾。

历史深处自有忧虑。一腔热血的宗泽看不到希望，抗金大业、收复失地的理想遥遥无期，致使老将宗泽积劳成疾，忧愤成疾。建炎二年（1128）七月，70 岁的老将东京留守宗泽与世长辞，临终前，他还到营中探视了诸将，勉励大家奋勇杀敌，收复失地，这样他就"虽死无恨"了。最后，宗泽悲吟"出师未捷身先死，长使英雄泪满襟"的千古名句，并连声三呼"过河、过河、过河"之后，带着无限的遗憾和忧国忧民的爱国情怀，离开了这个偏宠的南宋，离开了他热心的抗金收复失地的大业。一时，开封城内的百姓和将士听闻宗泽去世的消息，奔走相悼，失声痛哭，太学生为之撰写祭文，商人为之罢市默哀。世人无不动容，历史总是充满无奈，英雄常常无用武之地，宗泽只好带着遗憾离开了这个他所热爱的世界，离开了他所热爱的人民。行文至此，不禁令人悲从中来，历史上这种深刻的教训还少吗？

四、何日言北伐

北伐似乎是宋人的一块心病，也是有骨气的宋代士大夫毕生的使命。陆游就是其中的积极分子。围绕要不要北伐构成了南宋史的一条主线。宗泽主张北伐金人，不曾被高宗采纳，因为他只想保住半壁江山，偏安一隅，他考虑最多的是他的皇帝宝座，哪管百姓死活，洪水滔滔。岳飞坚持北伐，北伐胜利在望，宋高宗怕"二圣"回朝，威胁到自己的统治地位，于是不顾北伐收复失地大业，连发十二道金牌，催岳飞放弃收复的失地南归。这在中外历史上，都是极其少见的，可见高宗到了何等无耻之地步。

宋孝宗作为南宋较为有作为的皇帝，曾经也是雄心勃勃，志在北伐收复失地，然而一贯反对北伐的高宗皇帝依然在世，长寿的高宗成了北伐最大的阻碍，令人无不惋惜。不过，孝宗最终还是抵住了太上皇赵构、史浩等的压力，同意了张浚的北伐大计，兴师北伐。隆兴元年（1163），南宋的北伐终于开始了。宋军兵分两路：一路由李显忠指挥，从濠州（今安徽凤阳）进兵灵璧；一路由邵宏渊统率，从泗州进攻虹县。张浚坐镇扬州，协调指挥诸军，运筹帷幄。五月四日，李显忠部克复灵璧，而邵宏渊部几经周折才克复虹县。不久，李显忠一路挥师北上，势如破竹，很快攻至宿州城下，并很快攻下了宿州，这引起了金人朝野震动。捷报传到临安，对于屡败南逃的南宋君臣无疑起到了很大的鼓舞作用，孝宗高兴地称此次大捷为"十多年间从未有过的空前大捷"，可见憋屈的南宋朝廷，多么需要一场伟大的胜利来鼓舞全体军民的斗志和抗金的信心了。但是当南宋君臣高兴不久，金人就反应过来了，开始调兵遣将，纠合优势大军，围困宿州。经过一番苦战，由于李显忠和邵宏渊不和，致使宿州兵败，宋军兵败后退至符离，没有想到金人进兵速度很快，宋军很快又被金兵重重包围，结果是宋军大败，李显宗、邵宏渊仅以身免，这就是历史上著名的"符离师溃"。

符离兵败无疑给雄心壮志的宋孝宗当头浇了一盆冷水，即使他内心仍然渴望再次北伐，但是也不得不面对现实，短期内不再北伐。这次北伐，从出兵到失败，前后不过 20 天。起初宋军一度势如破竹，进展神速，捷报频频，但是最终还是功亏一篑，遭到大败。究其原因，还是金强宋弱，宋廷没有抓住战机，错失良机，又加上将领之间的不和，兵力相对金兵少，这些因素都是导致孝宗锐志北伐失败的原因。此后，来自投降派的口诛笔伐，使主战派一度陷于窘境，主和派重新活跃起来。双方的争论不断上演，争论的焦点在于是继续备战北伐，还是屈膝求和。在主战派看来，符离之败固然损失不小，但是北伐本来就充满了艰难曲折，不可能一蹴而就，不能因此失败而丧失信心，也不能因此就有了对敌委曲求和的借口。主和派却认为北伐是轻启祸端，不利于偏安江左，不利于稳固与金人现在的关系，维持对金人的屈膝投降才是关键。双方争论不休，由于主战派没有在战场上取得最终的胜利，难免在争论中处于弱势。不得已，孝宗接受了主和派的建议，还是走向和议之路。不少主战派大臣遭到贬谪，主张北伐的声音开始衰退，主和派重掌南宋政治大权。孝宗也只能寻找机会，等到国力恢复了，再徐图北伐。

经过一段时间的休养生息，南宋恢复了国力。孝宗致力于北伐的意志又再次活跃起来。乾道三年（1167），在多次与朝臣的谈话中，孝宗流露出想再次北伐、收复失地的想法。经过不断的讨论，最终在 1167 年，孝宗宣布将再次北伐。而这次孝宗变得更加谨慎，为了准备北伐，从 1166 年底至1170 年，孝宗进行了多次阅兵活动。但是，最终随着虞允文的去世，孝宗的北伐计划再次落空。一代有作为的君主，理想幻灭，是多么的残忍。读史读到此处，难免会生出"但悲不见九州同"的痛心疾首。更可怕的是，由于此次北伐计划的破产，孝宗的北伐意志和斗志被主和派、投降派以及满朝文武中充斥的苟且偷安、偏安江左的氛围日益消磨殆尽。无可奈何花落去，孝宗虽然以唐太宗自诩，口头上还说着北伐，可实际内心深处早已放弃这一想法，唯有把希望托付给他的后继者。何日言北伐？也许是当时的人们不断追问的时代命题。

孝宗而后，光宗赵惇继位。庙号光宗实际有光大之意。然而光宗却是一个懦弱的君主。本来孝宗对光宗寄予厚望，希望他能完成自己北上伐金、收复失地的梦想。然而，最终却是所托非人，光宗不但不光大，还对孝宗不孝。终至被迫禅位于嘉王赵扩，是为宁宗。宁宗在位时，由权臣韩侂胄专权，韩侂胄为了巩固自己的权势，支持和采取北伐。遂于开禧二年（1206），分三路北上伐金，最终还是"赢得仓皇北顾"，以失败告终，招致新的屈辱。所谓宁宗，"息事宁人"而已。对于南宋北伐，后人曾总结得很好，说"高宗之朝，有恢复之臣，而无恢复之君；孝宗之朝，有恢复之君，而无恢复之臣"，宁宗之朝是无恢复之君，更无恢复之臣，所以说"宁宗之为君，韩侂胄之为相，岂用兵之时乎"。

面对历史，还是不得不回到"何日言北伐"的时代之问，也就是陆游之问："王师北定中原日，家祭无忘告乃翁。"就是在这样的时代背景下，陆游带着他的满腔热血，登上了历史舞台。认识陆游，理解陆游，需要从整个南宋的历史大方向上来看，需要从宋金和战的历史上来看。这样，才能发现一个真实的陆游。

第一章

◎

我生学步逢丧乱，家在中原厌奔窜

"我生学步逢丧乱，家在中原厌奔窜"，是陆游《三山杜门作歌》诗中的句子，追溯了他出生时期的社会背景。所谓"逢丧乱"，指的是宋金交战，汴京失守，宋室南迁的历史；"家在中原"是说陆游随父本来住于东京开封，因为其父在京城做官，所以家住京城，并非陆游的家乡在中原，陆游的家乡实际是在山阴，今浙江绍兴。"厌奔窜"，道出了因金人南侵，陆游随家人不得不远离中原，不断往南迁徙的逃命过程，也就是东奔西窜，十分狼狈不说，不断的奔窜，使年少的陆游深感厌倦。多年之后，他再写诗追忆这段生活，字里行间也能一睹他对这种现状的不满。

一、世宦之家

陆游字务观，号放翁，晚年号龟堂老人，生于宋徽宗宣和七年（1125）十月十七日，是越州山阴人士。他对北宋著名诗人秦观（字少游）异常倾慕，所以以秦观的字为名（秦观字少游），秦观的名为字（陆游字务观）。其实陆游早年号热瞒，中年入蜀后，因被人讥讽其颓废，遂改号放翁。陆游家世显赫，父亲母亲家族都非常厉害。陆游的家族并非官宦世家，崛起前先世都是务农为生。直到宋真宗时期，陆游家族开始显赫，由世代务农转变为官宦世家。这一转变，实际要感谢陆游高祖父陆轸，可以说陆轸是陆游家族崛起的关键人物。由于宋代科举制度的发展，尤其是太宗以后，科举录取的人数增多，陆游的高祖陆轸受惠于此，于真宗祥大中符五年（1012）高中进士，由此陆家跻身官宦世家，开始发迹。后来，陆游专门写了一首诗追忆先祖的创业起家，诗说"西望牛头渺天际，永怀吾祖起家初"。但是陆游在《右朝散大夫陆公墓志铭》中曾说"陆氏自汉以来，为天下名族，文武忠孝史不绝书"。这也许有两种可能：一是陆游追忆祖先时的故意攀附，这在古代是再平常不过的事；二是陆游所说是事实，不过到了唐末五代时，陆姓子孙有一支也许没落了，成为世代务农的农家人。根据家族发展兴衰的规律来看，这种可能性也极大。所以陆游在《渭南文集·陈氏老传》中又曾说"予先世本鲁墟农家，自祥符间去而仕，今且二百年"。陆游不避讳他们家曾经世代务农的事实，并且指出他们家发迹的开始时间，到他现在有200年了，可以说他们家族至少从真宗大中祥符五年（1012）开始至陆游的时代，足足兴旺了200年。这是非常了不起的成绩。

陆游高祖陆轸（979—1055），字齐卿，号朝隐子。宋史中无传。关于他的传说不多。至真宗大中祥符五年（1012）中进士。曾为吏部郎中、直昭文馆知严州，后官至礼部郎中，为官一方多施惠政，有清廉的声望。后因孙子陆佃之功，被追封为太子太傅。

据说，陆轸非常正直坦荡，一生性情宽厚，仁宗皇帝为了表彰他的真性情，曾赐予玉砚表彰他的清白立世。陆游曾在《家世旧闻》中记有高祖陆轸劝谏皇上勤勉政事的内容，他说陆轸性情质朴耿直，即使是在皇帝面前，也有不少仗义执言的声音发出。这是陆游高祖父陆轸的一些事情，由于宋史无传，我们对于陆轸的详细生平事略难以详说。不过，陆游对高祖父引以为傲。陆轸的道家之风也影响了陆游。陆轸晚年崇尚山林，隐居于山林之中，专心道学，长期从事外丹黄白之术的修炼，喜爱神仙之术，著有《修心鉴》，书中曾言"学道，炼丹，辟谷，阴功着在人间"。陆轸为此辟谷20余年，以山上野果为食。最终因炼丹辟谷而得道飞升，走向死亡，充满了奇幻色彩。陆游可谓是从小就受到高祖父陆轸道学的影响，这种道学家风，不仅影响了陆游，也影响了陆游的儿子陆子遹。

陆游曾祖陆珪为陆轸次子，字廉叔。据说这个陆珪，7岁之前都还不会说话，没承想倒在他7岁那年竟然开口作诗，语出惊人："昔年曾住海三山，日月宫中屡往还。无事引他天女笑，谪来为吏在人间。"这首诗充满了仙气、道家之气。此诗一出，陆珪被尊为神童，当地广泛流传他7岁作诗的故事，充满了传奇色彩，从此一发而不可收。被同时代的宋人苏讼称为"有才气，好学尚义"，为人刚正，治政以聪察为先。为国子监博士。生有四个儿子，陆游祖父陆佃、陆游叔祖父陆傅声名最为显著，当时人们比照西晋大才子陆机、陆云称他们为"二陆"。陆珪因其父之故，被封荫为官，开始为太庙斋郎，景祐中补为湖州武康令，后为信州司法参军，因信州参将张铸对待下属严苛峻急，于是多次与张铸争论是非曲直，最终没有结果。再为杭州南新县令，因考核结果良好，被擢升为大理寺丞，知明州奉化、扬州天长二县，最后因犯事被降至濠州酒税。卒于熙宁五年（1072）。

陆佃（1042—1102），字农师，小字荣孙，号陶山。陆佃的父亲当时曾说，"是儿必荣吾家，遂以荣为小字"。《宋史·陆佃传》说他"居贫苦学，夜无灯，映月光读书，蹑履从师，不远千里"。可见陆佃勤奋好学。因机缘关系，后来师从王安石学习经学，成为王安石的门生之一。王安石主持变法之时，曾问陆佃对新政的看法，陆佃说："当前所施行的新法并非不好，但推行过程中违背了立法的初衷，还更为扰民，如青苗法推行中就有这样的情况出现。"王安石听后非常震惊，半信半疑，说："为何会像你说的那样呢？我和吕惠卿再商议该法，再去访查朝外对新法的议论。"陆佃感动地说："您乐于听从劝诫，自古以来都少有，然而朝外却以为您不善于听从劝谏。"熙宁三年（1070），陆佃来京城参加科举考试。当时殿试诗词歌赋，突然改换为试策务题，很多应试的读书人都很惊愕，感觉无从下手，陆佃却从容应对，最终擢为甲科第一名，被授以蔡州推官。后被选为郓州教授，不久补为国子监直讲。王安石因为陆佃不附和自己，便不再向他咨询政策。

后来陆佃与王子韶一起修订《说文》的时候，受到神宗的接见，神宗问他大丧时的礼服事宜，陆佃考究礼仪向神宗应对。神宗听了陆佃的解释很高兴，于是任命他为详定郊庙文官。神宗对他很是赞赏，认为自王弼、郑玄以来，对礼的理解没有人能超过陆佃了。因而被神宗加官为集贤校理、崇政殿说书，并进宫廷给皇帝讲《周官》，深得神宗认可，同修起居注。元丰官制改革时，陆佃又被擢升为中书舍人、给事中。哲宗皇帝初立时，太常寺卿请恢复太庙祭祀用牙盘食。博士吕希纯、少卿赵令铄都认为应当恢复太庙牙盘食。陆佃却说："太庙祭祀，用先王之礼，于用俎豆为称；景灵宫、原庙，用时王之礼，于用牙盘为称，不可易也。"于是人们都听取了陆佃的意见。

当时，朝廷更改先朝法度，去除王安石之党，士人多忌讳以前曾跟随王安石。然而在王安石死后，陆佃却率诸生供佛，号啕痛哭，祭奠王安石。大家都嘉奖陆佃没有变更门庭。于是他被任命为吏部侍郎，后因修撰《神宗实录》，到礼部任官时经常与史官范祖禹、黄庭坚发生争辩，而争辩多因他评价王安石时多为之晦隐。不久，他又被任命为礼部尚书。然而郑雍却认为陆佃的言论穿凿附会，于是他被改任龙图阁待制，出知颍州。当时欧阳修正在颍州任职，为其建立了祠宇。《神宗实录》修成后，陆佃被加封为直学士，却又被韩川、朱光庭所阻，于是诏命只是增加官秩，徙知邓州去了。没过多久，又被知江宁府。陆佃到江宁府任上不久，就去祭拜了王安石墓。绍圣初年，因修《神宗实录》而受到牵连，被降了职，知台州，后又改为知海州。

宋徽宗继位后，召陆佃为礼部侍郎。陆佃上疏徽宗，提出改革政治的主张。然而他的主张没有引起徽宗的兴趣，于是徽宗任命陆佃修《哲宗实录》。

不久后，陆佃被任命为吏部尚书，曾出使过辽朝。崇宁元年（1102），陆佃被罢执政，出知亳州。不久，死于亳州任上，时年61岁。死后获封太师、楚国公。陆佃一生经历坎坷，然博学广闻、著述甚丰。其中，成就最突出的是经学。陆佃对陆游的影响主要在诗歌创作上，陆佃的诗歌创作受到王安石的影响很大，而陆游的诗歌创作受其祖父陆佃的影响很大。

陆游的父亲陆宰（1088—1148），字符钧，号千岩，精通经学，是一位信守"王学"、为人正直、坚持气节的人。爱好写诗，是宋代著名的藏书家，与石公弼、诸葛行仁齐名，号称浙中三大藏书家。陆宰藏书万卷，据说北宋晚期朝廷下诏鼓励民间献书，陆宰捐献图书1.3万多卷，成为当时私家向皇家献书最多的人，得到皇帝的赞赏。北宋末年，官至京西转运使。南宋初年，复为直秘阁，后知临安府。建炎四年（1130），奉祠杭州洞霄宫，在山阴居住，后受到秦桧的排挤，不再出来做官。陆宰也是一位爱国之士，他多与抗金人士往来，以国仇为念，不忘抗金。他强烈的爱国思想对陆游产生了重要影响。陆游对自己出身于书香门第很是自豪，自称其家世"七世相传一束书"。陆宰爱书、藏书对陆游的影响很大，在这样的家庭环境熏陶下，陆游自小喜欢读书、藏书，自嘲为"书痴""书癫"，他曾有诗云"客来不怕笑书痴""不是爱书即欲死，任从人笑作书颠""老死爱书心不厌，来生恐堕蠹鱼中"。

陆游是陆宰的第三子，陆游上面有两个哥哥，下面有一个弟弟。大哥名为陆淞，字子逸，号云溪。宋高宗绍兴十三年（1143）新建秘书阁省，陆淞曾参与校勘工作，官至辰州守、天台宰。晚年因病居家于山阴。二哥名陆濬，字子清，号次川逸叟，做过岳州知州，赠太尉。弟弟名陆涭，字仲虚，曾任过泉州、严州通判。

　　陆游以其家族为荣，为能生于这样一个高门大族而感到荣幸。其在《开孙满月》诗中写道："夜梦奇童拜且言，今乃幸得生高门。"而且陆游也曾自豪地说：宋朝兴起以来，经历三朝数十年的积淀，陆氏家族人才辈出。太傅以进士起家，楚公又延续了这个传统，陆氏之兴盛，如晋唐时期的大姓大族，都以有所专长见称于世。可见陆游对其家族充满了自豪之感。

　　不仅如此，陆游的外曾祖父唐介（字子方，江陵人）也是北宋的名臣。唐介于仁宗时任御史，就以弹劾宰相文彦博而被谪贬英州，名于当世。后在神宗初年，又与王安石同为参知政事（宰相次官），因议新法，大相矛盾，气得背疽发作而死。外祖父唐义问，字士宣，于元祐中知荆南府，建议弃守以镇压湖南少数民族为目的的渠阳城；哲宗绍圣初，奸臣章惇秉政，将唐义问坐罪贬官（渠阳城就是章惇主张建筑的）。后被起用守许昌，得见政府公报说朝廷正在召用蔡京，他非常愤慨，当日就因背上疽发而死。至于两位舅舅唐恕、唐意，则因为看不得京师官僚们奔走权门的卑鄙龌龊丑态，弃官回江陵府（今湖北荆州）老家。北宋沦亡之际（靖康元年，1126），两兄弟被宰相推荐起用，因没有旅资应召赶赴京城，竟饿死在江陵山中。

　　陆游的外祖母晁氏，也出身于在北宋算得上是显赫的家族。在当时，也是以诗书传家的名门望族，儒学文章可与平棘宋氏比肩。陆游的外祖母在晁家受到了很好的教育，这在当时也是少见的。

　　唐、晁、陆三家先辈的家学、言行气节，对于养成陆游的硬骨头精神，起了重大的作用。

二、山阴故里

陆游先世原居于吴郡，今江苏苏州一带。唐朝末年，其祖先一支自吴郡迁徙到嘉兴，后又迁徙到钱塘。五代十国吴越时，又由钱塘迁至越州山阴县，今属浙江绍兴，赘居于城西鲁墟村，世代务农。山阴遂成为陆游的故乡。

北宋靖康元年（1126），金兵两次侵宋，汴京沦陷，徽、钦二帝被掳北行，北宋灭亡。康王赵构在逃亡途中即位，为宋高宗，改元建炎，是为南宋。建炎三年（1129），因金兵追击，宋高宗南逃，于十一月到达越州，次月离开越州，逃往明州、台州、温州。建炎四年（1130），金兵北去，宋高宗回跸越州，以州治为行宫。建炎五年（1131）正月，改元"绍兴"。十月，以唐德宗巡幸梁州故事，升越州为绍兴府。绍兴八年（1138）正月，定都临安（今杭州），但仍以绍兴为陪都，将大理寺和六宫留在绍兴。后又在绍兴营建陵寝，即今之"宋六陵"。

"靖康之难"发生后，北方难民大量南迁，引发了移民潮。这是绍兴历史上第三次民族融合。经过三次民族大融合，南方越人完全融入汉民族大家庭中。统治中心的南移，使钱塘江南岸又一次成为全国的经济文化中心，绍兴一带又遇上了历史性的发展机遇。

南宋时期，绍兴作为首都临安的后方基地，人口的激增和土地的开垦，使得农业和手工业获得了迅速发展。农业生产普遍采用"仲秋种麦、春种八谷"的两熟制和大小麦与苜蓿轮作制。制茶业进入全盛时期，产量居全国第一。植桑养蚕遍及乡村，成为全国纺织业基础最为稳定的地区，其纱绫"缯帛岁出不啻百万"。经济繁荣，社会相对安定，"今天下巨镇，唯金陵与会稽耳"，绍兴地望为世所瞩目，与金陵（今南京）相抗衡。

南宋绍兴府共统辖 8 个县，府城及其周边的农村地区分属山阴、会稽两个附郭县管辖。两县大致以府城中分，东境属会稽，西境属山阴。两县所辖的山会地区，南有会稽山脉，北滨杭州湾（当时称为后海），中间为平原。会稽山脉是一片较广的丘陵山地，东西最宽约 50 千米，东南至西北最长 100 千米，其中丘陵的分布和走向较多变和复杂。山地有数十条从南向北排泄山水的溪流，经平原进入后海，俗称三十六源。平原两侧各有一条江，即发源于会稽山东、西主干的曹江和流阳江，沿这两条江上侧是会稽山脉的主干，将山会地区与东侧的清量江和西侧的上虞县分割开来。向东跨过曹娥江，则是由江、余江与奉化江等河道冲击形成的三江平原，与由会平原合称宁绍平原。

三、逃难生活

1125 年，陆游在风雨如晦的十月来到了这个世界上，这时离天下崩溃、赵宋覆灭不远了。因为得罪了宋徽宗，陆游的父亲陆宰被贬外任，也幸好是被贬谪，不然同样要面临灭顶之灾，这也许是不幸中的万幸吧。

传说陆游出生在淮河的一条官船上，这天天还下着雨，一条官船在风雨飘摇中行进，生孩子的声音不时传到陆宰的耳朵里，使原本就紧张的陆宰更加紧张了。伴随着婴儿的哭声，陆宰的夫人顺利生下一个健康的孩子，这就是后来大名鼎鼎的陆游。为这个新生儿取名可谓是难坏了才高八斗的陆宰。他想起夫人在孕期的时候，曾经梦到过秦观，对于夫人梦见秦观，着实让陆宰想了很久，后来他想到秦观和夫人兄弟晁冲之、晁说之、晁补之都是苏轼和黄庭坚的学生。而晁补之与秦观是苏门四学士之二，梦见也是很自然的了。因为这个缘故，陆宰给这个后世闻名的婴儿取名陆游，字务观。陆宰这样给孩子取名，实际上冒了一定的风险。因为，此时北宋徽宗时期的政治十分黑暗。就这一两年，皇帝下旨禁止元祐学术，凡是有人学习苏轼、黄庭坚、秦观、张耒等人的诗文，都要受到处分。可是陆宰全然没有顾忌这些。所以后来，他被打击，被排挤，被贬谪，与他不苟同于世的做法是息息相关的。

抗金初期，陆宰本来在泽、潞一带供应军需，事情做得还比较尽职。不料受到御史徐秉哲（此人后来降金）的诬陷而被免职。随着战事的失利，陆宰只好携眷南逃。这是个大家族，除妻室儿女之外，还有奴仆婢妾、书童马夫，大家在兵荒马乱之中渡黄河，越汴水，舟载车运，长途跋涉，遇到金兵追赶，便匍匐在草丛中躲起来，饿了吃口干粮，常常十来天吃不上一顿正式的饭菜，其艰难困苦是可想而知的。中间，他们在寿春（今安徽寿县）住了一段时间，然后自淮河过长江，大约经过一年零十个月才回到山阴故乡。邻里重逢，亲朋团聚，本来可以就此安顿下来重整故庐。但由于南宋王朝的不抵抗政策，金兵长驱直入。建炎三年（1129）十二月，金人攻陷临安，随后举兵东向，相继戮洪州（今江西南昌），陷越州，陆宰一家又急急忙忙逃离家乡，经朋友介绍到东阳（今浙江金华）去避难栖身了。

这一段逃难生活，使陆游的幼小心灵上铭刻下了对敌人的仇恨；而义军领袖陈彦声的豪侠义勇、保境安民的爱国行动，也给了他很大的鼓舞，初步懂得团结起来抵御外侮的道理。此后他终生主张驱逐金人，收复失地，最早的根源就在这里。

四、幼从父师

宋高宗赵构是一个贪暴而又怯懦的皇帝，一生极尽其对内压迫、对外屈从之能事。在建炎之初，广大汉族人民和许多忠臣义士坚决主张抗击女真贵族军事集团的侵扰，恢复中原失地，这是主战派；而代表大官僚、大地主阶级利益的南宋统治集团则主张逃窜、议和、投降，这是主和派。赵构实际上是主和派的头子，因此他除了在最危急的时候利用主战派暂时出力以外，一贯重用主和派。绍兴十年（1140），兀术率兵大举南侵，被主战派将领打得落花流水：刘锜大败金兵于顺昌（今安徽阜阳）；吴璘大败金兵于扶风（今陕西扶风）；岳飞击退兀术于郾城，直追到朱仙镇，距离开封仅45里。北方的起义部队也到处击败金人，父老百姓都顶盆焚香欢迎岳家军渡河北伐，把金人赶走。可是正当岳飞准备乘胜渡河，兀术就要仓皇逃遁的时候，赵构、秦桧却恐慌起来。他们既怕岳飞在战场上建立了大功，不受朝廷的控制；又怕北方的起义部队在和岳家军合力战斗中壮大起来，成为南宋政权的威胁；特别是怕赵佶、赵桓回来，以致动摇自己的君相地位，因此在一天之内连下十二道金牌，令岳飞退兵，使岳飞不得不放弃所有的战果而撤兵回到鄂州（今湖北武昌）。

绍兴十一年（1141），秦桧为了扫除卖国投降的障碍，诬陷岳飞，以"莫须有"罪名将岳飞下狱。十二月，南宋与金人订立了可耻的"绍兴和议"，从此南宋向金称臣纳贡，东起淮水、西至大散关以北的广大地区都沦于金人之手。

和议既成以后，赵构认为秦桧立了大功，封他做了宰相兼枢密使，总管军政大权。秦桧也更竭尽全力地来摧残主战派的势力。一时主战爱国的人士如胡铨、赵鼎、李光、曾开等都被罢斥。以赵构为首的统治集团，偏安于临安一隅，过着奢侈荒淫的生活，再也不想恢复中原失地了。

陆宰这时已经50多岁了，面对着这样的现实，决心不再出去做官，便在家乡修建了一些房舍，开始过着消极隐退的生活。然而人是不能和社会隔绝的，何况陆宰有着相当高的声望和复杂的社会关系。因此尽管他退居林下，当时的士大夫们还是不断地来拜访他，和他谈论国家大事。这些人中有周侍郎、给事中傅崧卿和前面提到的参知政事（副宰相）李光等。他们都是陆宰的好友，在政治上都是反对卖国投降的主战派，正在遭受着秦桧的迫害。当他们谈到二帝被掳、人民涂炭、金人残暴的情形时，愤怒的火焰在心头燃烧着，人人咬牙切齿，痛哭流涕，恨不得和敌人拼命；谈到秦桧的卖国行为时，更不禁拍案大骂，怒发冲冠。由于过分的激愤，常常面对着摆下的酒饭，谁也吃不下去而惨然地向主人告辞。陆宰在送客回来之后，也食不下咽，只是呆呆地坐着。这样的情景，少年陆游看在眼里，记在心中。从此，他知道是秦桧那些人为了个人的利益媚外投降，迟早将葬送大宋的前途。他也知道正是由于这些爱国者和广大军民的努力，才能在建炎、绍兴那样风雨飘摇的时刻扭转了国家的危局；尽管他那时的政治见解还没有成熟，但是在这样大是大非的问题上，他已经有了初步的却极为明确的认识。

看清楚了这样的世道，陆宰决定不再出来做官，在家好好教育培养陆游兄弟。他自己盖了房子，有双清堂、千岩亭、一座别墅，打算在山清水秀的地方好好读书，把儿子们教育好。所以陆游曾说：

吾幼从父师，所患经不明。何尝效侯喜，欲取能诗声？亦岂刘隋州，五字矜长城？

陆游的父亲陆宰对他影响很大。陆游从避兵东阳时约 6 岁，已开始读书。陆游的家学渊源是儒家的经学和诗歌。祖父陆佃就是北宋著名的经学家，写过《春秋后传》，父亲陆宰也写过一卷春秋学的著作。宋代，尤其是到了南宋，春秋学特别发达，因为春秋学主张"尊王攘夷"也就是拥戴封建君王，抗拒异族入侵。受家庭的影响，陆游从小就习读经书，尤其是从东阳回到绍兴以后，父亲把他送入乡校读书，更让他受到了经学的直接教育。陆游的老师有两位，一位是韩有功，一位是他的堂叔陆彦远。后者曾师从王安石，笃守临川之学，于《礼记》等儒家经典著作方面颇有造诣。除此之外，年少的陆游对诗文，尤其是诗歌也表现出了特殊的爱好。《宋史·陆游传》说他"年十二，能诗文"。这年，他以门荫补登仕郎。登仕郎是正九品的文散官。可见，小小年纪的他已具备了较高的文学修养，他后来的自述中还记载着少年时废寝忘食地读陶渊明诗的情形："我十三四时，侍奉少傅陆宰隐居在城南，偶然见到藤床上有陶渊明的诗集，因而取来读，（诗作）令我废寝忘食，爱不释手。至今回忆起来，就像是不久之前的事。"

第二章

◎

也信美人终作土，不堪幽梦太匆匆

"也信美人终作土，不堪幽梦太匆匆"是陆游《春游》中的诗句，写于嘉定元年（1208）。当时 84 岁的陆游再次游览沈园，深深怀念着唐婉的他，睹物思人，写下了上面的诗句。足见陆游对唐婉深深的爱意，即使快到生命的尽头，也依然不能忘怀。至今读来，仍是让人感动不已，甚至是潸然泪下。

一、生活的世界

陆游生活的世界其实并不美好。从大环境来说，于外，宋金战争不断；于内，南宋朝廷腐败无能，权臣当道。陆游作为一个有爱国、报国之志的青年，是不被这样的世界所容的。

为躲避那个最坏的世界，陆游的父亲陆宰不愿做官，于是辞官回到山阴老家，筑庐读书，好好教育陆游等兄弟几人。陆家丰富的藏书，父辈正确的人生观、价值观、世界观滋养着陆游。然而，生活中总有不如意之事出现。陆游与唐婉的爱情悲剧，打破了诗人的美好，而在其中陆游的母亲唐氏起了决定性作用。

二、孔雀东南飞

《孔雀东南飞》是描写中国古代爱情悲剧的乐府诗，描述的是魏晋南北朝时期儿媳妇不被婆婆喜欢，而儿子出于孝道，母命难违，致使焦仲卿与刘兰芝一对恩爱的夫妻被迫分道扬镳的悲剧。差不多同一时期，梁山伯与祝英台的爱情故事更具有悲剧性，两个恋人还没有在一起就被硬生生地人为隔开了。在中国历史上，《孔雀东南飞》的故事也许太多了，陆游与唐婉的爱情悲剧，其实就是宋代版的《孔雀东南飞》。

陆游与唐婉初识时，陆游科考再次失利，这年是宋高宗绍兴十二年（1142）。科考失利，对于一个立志报效国家、心存大志的青年来说，是一个很大的打击，郁闷自然是少不了的。人生失意处，自有得意时。在一次聚会上，陆游认识了唐婉，很快就被唐婉的才情与温柔折服；陆游才华横溢，唐婉也对陆游倾心相向，自然两人心心相印，情不自禁。陆游20岁时，二人终于喜结连理。据宋人周密《齐东野语》说，陆游初娶的妻子唐氏，是唐闳之女，为陆游母亲的侄女。后人多沿袭这种说法，其实不然。只不过都姓唐而已，广义是本家，五百年前是一家。唐婉一家先前是由中原迁到山阴，祖父唐翊，在宋代中了进士，官拜鸿胪少卿，在徽宗宣和年间很有政治声誉。唐婉的父亲唐闳曾官至郑州通判、江东运判等官。唐婉的叔叔们，在宋室南渡后，也做过松阳令和起居舍人等官，可见唐家也是缙绅之家。而陆游母亲唐氏，是北宋名臣唐介的孙女，祖先是晋昌人，因避唐末之祸，迁徙到了今浙江余姚，后又迁徙到江陵（今湖北武汉）一带，家族遂兴旺起来了，也是官宦世家。只是都姓唐，巧合而已，陆游母亲唐氏和唐婉并不是姑侄关系。

新婚燕尔，卿卿我我，情投意合，伉俪情深。对于这段美好的生活，陆游在《同何元立赏荷花追怀镜湖旧游》的诗中，深情回忆了他和唐婉婚后幸福的生活。

> 少狂欺酒气吐虹，一笑未了千觞空。
>
> 凉堂下帘人似玉，月色泠泠透湘竹。
>
> 三更画船穿藕花，花为四壁船为家。
>
> 不须更踏花底藕，但嗅花香已无酒。
>
> 花深不见画船行，天风空吹《白纻声》。
>
> 双桨归来弄湖水，往往湖边人已起。
>
> 即今憔悴不堪论，赖有何郎共此尊。
>
> 红绿疏疏君勿叹，汉嘉去岁无荷看。

饮酒、赏月、泛舟、戏荷，陆游与唐婉双双沉浸在爱情的甜蜜与新婚生活的温馨之中。

也许是天妒吧。陆游与唐婉恩爱情深的美好生活，很快就要经历现实的风雨了，真是应了那句老话：乐极生悲，物极必反。陆游的母亲开始越看唐婉越不顺眼了，主要原因在于：一是，唐婉和陆游结婚三年多，却没有为陆家诞下子嗣，延续香火，在古代，不孝有三，无后为大；二是，陆游母亲认为陆游和唐婉整日缠绵悱恻，贪图闺房之乐，日夜饮酒作乐，不思进取，不读书，这使陆游的母亲很担忧，担心儿子日益颓废，荒废学业，影响功名前程。而压垮这段感情的最后一根稻草是一首香艳诗。绍兴十四年（1144）重阳节，唐婉采集了很多菊花，做成了菊花枕头，陆游为此写下了《菊枕诗》，诗中说"旧菊寻幽锦袋装，为他甘苦倍清香。此身但有君为伴，好共温柔入梦乡"。这种充满香艳而没有斗志的诗，传到了陆游母亲那里，引起了陆母强烈的反感，再加上之前种种的不满，陆母最终下定了决心，迫使陆游休了唐婉。事已至此，陆游无能为力，母命难违，只好忍痛割爱，万分不舍地和唐婉一别两宽了。一段美好的姻缘就这样被生生拆散了。不久，陆游又奉母命，迎娶了王氏。而后唐婉也遇到一个爱她一生的赵士程，于不幸中，还算是有幸了。

三、佳人不常在

唐婉和陆游分开后，改嫁赵士程，赵士程对她很好，唐婉死后，赵士程终身未娶，一直守候着唐婉。这对一个悲情的女人来说，是多么大的精神安慰。唐婉是不幸的，也是幸运的，历史上没有几个女人能有唐婉那样幸运。自古红颜多薄命，唐婉似乎也没有逃过这个怪圈或者规律，所谓佳人不常在吧。

在十年以后（1155 年），也就是陆游 31 岁那年，有一次陆游到禹迹寺南的沈氏园春游，偶遇了唐婉与丈夫赵士程也来园中赏春，当时陆游并没有注意到唐婉，而是唐婉眼尖，认出了在远处的陆游。唐婉告诉了现任丈夫赵士程，说她看到陆游了，赵士程心领神会，知道唐婉的意思，也落落大方、谦谦君子地差人给陆游送去了酒肴。陆游接到酒肴后，向来人问明了缘由，便走过来和唐婉、赵士程见了面。宾主寒暄之后，赵士程找了个借口，带着仆人回去，给唐婉和陆游留下诉说衷肠的空间。此时，两人都不知道从何说起，只默默待在那里。阔别十年，本应是有很多话要说，好多问题要问，但最终无非也就是问双方过得好不好，陆游仕途可否顺利，双方家庭生活是否幸福，等等。往事实在是太过苦涩、辛酸，太令人不堪回首了，谁都不忍提及。不知不觉，太阳都快要下山了，唐婉与陆游告别，陆游一时百感交集，思绪万端，遂在园内的亭壁上题写了那首千古绝唱的词《钗头凤·红酥手》。词曰：

红酥手，黄縢酒，满城春色宫墙柳。东风恶，欢情薄，一怀愁绪，几年离索。错！错！错！

春如旧，人空瘦，泪痕红浥鲛绡透。桃花落，闲池阁，山盟虽在，锦书难托。莫！莫！莫！

陆游对唐婉虽深情未忘，却也是无可奈何，只怪造化弄人，封建家长作风和秩序不容两人真挚的爱情。现实就是那么残酷，只有仰天长叹了，也唯有把这种思念、不舍的感情埋在内心深处。

面对这种情景，唐婉后来也和了一首《钗头凤·世情薄》：

世情薄，人情恶，雨送黄昏花易落。晓风干，泪痕残，欲笺心事，独语斜阑。难！难！难！

人成各，今非昨，病魂常似秋千索。角声寒，夜阑珊，怕人寻问，咽泪装欢。瞒！瞒！瞒！

唐婉和陆游的这首词，也道出了对陆游真挚的情感。由于封建社会礼教的存在，即使两个人真心相爱，又能怎样，还是不能在一起，只能互诉衷肠，互相吐苦水罢了。陆游放不下唐婉，唐婉也放不下陆游。真是一场人间的悲剧啊！

陆游与唐婉自从这次分别后，就再没有相见过了，唐婉在怀念往昔与陆游的爱情中郁郁而亡。唐婉的死讯传到陆游那里后，更加加剧了陆游对唐婉的愧疚和追悔莫及。此后，不管多少年过去了，陆游都会不时想念起唐婉，即使到了晚年，想念更切。所以每当百花盛开的春日，或是黄叶飘零的晚秋，乃至万木萧条的寒冬，陆游总是独自一人拄杖到禹迹寺的亭楼上瞩望、凭吊，怀念他与唐婉那一段温馨而又苦涩的爱情。

四、绵绵无绝期

陆游终其一生都没有放下过唐婉，可谓是爱得绵绵无绝期了。

陆游与唐婉婚姻、爱情的悲剧，在陆游心底留下了永远的伤痛，这种伤痛伴随陆唐沈园之会以及唐婉之死，变得越发沉重，使陆游不断充满了负罪感、内疚感。还好陆游有着抗金北伐、收复失地的志向，不然非疯不可。事实再次证明，不管过去了多久，陆游依然忘怀不了唐婉，总是哀伤不已，即使是到了晚年，每当年底，总还要登到禹迹寺的楼上眺望、追思，并且作了不少的诗来抒写自己心头的隐痛。

采得黄花作枕囊，曲屏深幌闷幽香。

唤回四十三年梦，灯暗无人说断肠。

这首诗作于淳熙十四年（1187），陆游在严州的任上，此时他已是63岁的老翁了，也正是郁郁不得志之时。陆游追忆年轻时与唐婉携手采菊缝枕、题诗唱和的情景，现在却是独自黯然神伤，即使在昏暗的灯光下也没有人能诉说衷肠。这种忧思的心情是无法同别人诉说的，唯有写下这首诗，暗暗记下内心的伤感，留待后来有缘之人来体会自己的心情吧。

这首诗的名字其实是《余年二十时尝作菊枕诗颇传于人今秋偶复采菊缝枕囊凄然有感》，它还有一首诗："少日曾题菊枕诗，蠹编残稿锁蛛丝。人间万事消磨尽，只有清香似旧时。"一切都成为过去了，昔日和唐婉采菊做枕的事情随着时间的流逝已消磨殆尽了，现在朋友送来的菊枕和当时的清香相似，一句清香似旧说出了陆游睹物思人的忧伤心情。

绍熙三年（1192），68岁的陆游再次被罢官在家乡山阴，归家不久后，陆游再次重游沈园，带着复杂的心情和对往事的回忆，写下了《禹迹寺南有沈氏小园四十年前尝题小阕壁间偶复一到而园已易主刻小阕于石读之怅然》的诗，陆游在诗中说：

枫叶初丹槲叶黄，河阳愁鬓怯新霜。

林亭感旧空回首，泉路凭谁说断肠？

坏壁醉题尘漠漠，断云幽梦事茫茫。

年来妄念消除尽，回向禅龛一炷香。

秋天来了，枫叶开始变红了，槲树叶也开始变黄了。我陆游都衰老了，两鬓的白发，都开始畏惧寒霜了。在沈园的旧亭子里，怀念和唐婉相遇和相爱以及缘分尽了的往事，也只是空回首，无可奈何，忧愁无比，都不知道向谁诉说我心中的苦、心中的愁绪、心中的思念，想来只是肝肠寸断。以前在坏壁上题的词都已经被灰尘覆盖了，希望消除妄念，专心向佛。

庆元元年（1195），陆游罢官在山阴老家，十二月二日，他做了一场梦，梦见了仙女，写下了《十月二十八日夜鸡初鸣时梦与数女仙遇其一作诗示予颇哀怨如人间语惟末句稍异予戏之曰若无此句不可为神仙矣其一从傍戒曰汝当勿忘此规作诗者甚有愧色予颇悔之既觉赋两绝句以解嘲》的诗，所谓梦见仙女，实则梦见了唐婉。

一

玉珠眉黛翠连娟，弄翰闲题小碧笺。

人世愁多无着处，故应分与蕊宫仙。

二

虹作飞桥蜃吐楼，群仙来赋海山秋。

玉姝定自多才思，更与人间替说愁。

陆游是一直在思念和怀念唐婉的，始终执着于情。庆元五年（1199），陆游已是 75 岁的垂垂老翁了，还是被朝廷罢归在家，蛰居在山阴。陆游再一次重游了沈园，故地重游，实为感怀、凭吊唐婉而来。而这种终生难忘的感情，像美酒越陈越浓烈。于是，陆游以笔为口，写下了《沈园》诗两首，留下了千古绝唱的爱情诗篇，不断为后人所传诵。

一

城上斜阳画角哀，沈园非复旧池台。

伤心桥下春波绿，曾是惊鸿照影来。

二

梦断香消四十年，沈园柳老不吹绵。

此身行作稽山土，犹吊遗踪一泫然。

一切都不是从前的样子了，走在沈园的桥下，春波荡漾，曾经惊鸿一瞥的佳人、恋人、故人唐婉的倩影倒映在桥下的水面中，如今却是什么都不见了，能不让人伤心吗？走到桥上，只会映出我陆游老态龙钟的身影来。唐婉都香消玉殒40年了，沈园的柳树老得都不解风情了，只能行走到稽山上，凭吊唐婉，哀思无尽，潸然泪下，老泪纵横。拳拳相思之情、深深的眷念之心可比日月。情比金坚，只是无可奈何，也只有愧疚于心，内疚一生，心痛一生，悲哀一生。

开禧元年（1205）冬也是陆游被罢官在家隐居的时候，此时他已经80多岁了，然而他对唐婉的感情并没有随着年龄的老去而减少，反而更加情真意切。这年十二月二日，陆游做梦了，梦见自己再次重游了沈园，说是梦中游沈园，实际是梦见了唐婉。为此，陆游写下了《十二月二日夜梦游沈氏园亭》的诗二首，寄托了自己对唐婉念念不忘的爱和自己的哀伤。

一

路近城南已怕行，沈家园里更伤情。

香穿客袖梅花在，绿蘸寺桥春水生。

二

城南小陌又逢春，只见梅花不见人。

玉骨久成泉下土，墨痕犹锁壁间尘。

陆游是一个情种，一个情深义重的诗人。直到生命的最后一刻，他依然在追忆唐婉。在陆游去世的前两年，他写下了《春游》，表达了对唐婉的深深怀念和难以忘怀。诗中说："沈家园里花如锦，半是当年识放翁。也信美人终作土，不堪幽梦太匆匆。"陆游希望唐婉能在他的梦中多停留，不要那么急匆匆就走了，不见了。实际也说的是现实，唐婉怎么那么快就去了，也不在世间多陪陪陆游。

只能说佳人不常在，自古才女多薄命，自古爱情不完美，此事古难全。只能说此情绵绵无绝期，陆游和唐婉爱得那么情深义重，爱得那么荡气回肠，爱得那么惊天动地，爱得那么刻骨铭心。然而不幸的是，爱情总是被现实所打败。不过，陆唐之情在中国古代爱情史上留下了重要一页，谁说中国古代没有爱情？只是古代以孝治天下，以孝之名，可以牺牲一切，所谓忠孝难两全，何况是爱情呢？爱情最多算作一种深情、一种义，也即广义的忠，所以它和孝也是难两全的。为了孝，古人可以牺牲一切。陆游也是。所以有人会说，陆游是"妈宝男"，甚至有人会说陆游是"渣男"。可如果我们脱离当时历史的实际，而用现代的眼光去看古代的事情，也许是我们错了。用一句经典歌词或者以现代人的爱情观来说，在感情的世界里，没有谁对谁错。

第三章

◎

早岁那知世事艰，中原北望气如山

"早岁那知世事艰，中原北望气如山"是陆游诗中的名句。诗出《书愤》，是陆游写于宋孝宗淳熙十三年（1186）春，居家山阴之时。这首诗体现了陆游强烈的爱国主义情怀。这两句诗贴切地说出了诗人早年不知世事之艰难的情况。所谓世事艰难，实际上是指不懂朝局，不懂政治，但有着满腔的报国热情，渴望收复失地，建功立业。可是事与愿违，赵宋皇帝才不管收复失地的事情，只管自己的皇帝宝座能坐多久，因而，这满腔的热血和抱负最终也只是陆游的一厢情愿而已。

所以这两句诗真实地写出了陆游初出茅庐入世的艰辛，但又渴望抗金收复失地的矛盾心理。

一、初入仕途

与唐婉离异后，陆游更加埋头读书，借以减轻内心的痛苦烦恼。他抱着"学道当于万事轻"的信念，希望通过科举及第实现自己的远大志向。

绍兴二十三年（1153）又是一个科举之年，29岁的陆游守父丧期满，到临安参加两浙转运司锁厅试。这种考试是专为现任官吏和恩荫子弟而设的，秦桧的孙子秦埙也来应试。此时的秦埙已经官居右文殿修撰，但这个官是恩荫而得的，秦桧并不满意，他希望孙子能通过科举，博得一个状元及第的美名。然而主考官陈之茂（字阜卿）并不理会秦桧的意图，他见了陆游的文章，大加赞赏，毅然将陆游录取为第一名。陈之茂是位主战派官员，为人正直，不畏权势，因为这件事他触怒了秦桧，险遭迫害。而陆游则在第二年的礼部考试中被秦桧公然黜落。这次落第，让陆游受到了沉重的打击，科举入仕的梦想破灭了。然而，陈之茂公正无私、有胆有识的形象却留在了他的心中。直到晚年，他还写了一首悼念陈之茂的诗，长长的诗题叙述了这件事的详细经过：《陈阜卿先生为两浙转运司考试官，时秦丞相孙以右文殿修撰来就试，直欲首选。阜卿得予文卷，擢置第一。秦氏大怒。予明年显黜，先生亦几蹈危机。偶秦氏薨，遂已。予晚岁料理故书，得先生手帖，追感平昔，作长句以识其事，不知衰涕之集也》，诗云：

冀北当年浩莫分，斯人一顾每空群。

国家科第与风汉，天下英雄惟使君。

后进何人知大老，横流无地寄斯文。

自怜衰钝辜真赏，犹窃虚名海内闻。

以伯乐比喻慧眼识才的陈之茂，对陈之茂的知遇之恩铭记在心，同时抒发了自己怀才不遇的感慨激愤。情深意切，直抒胸臆。

秦桧黜退陆游，除了为自己的孙子题名榜首外，与陆游的"喜论恢复"也很有关系。秦桧以"和议"博取高宗赵构的宠信，极力打击、排斥主战派人士。陆游受恩师曾几、父亲陆宰及许多前辈志士的影响，加上幼时亲身经历战乱之苦，痛感国土沦亡、人民苦难，心灵深处久蓄抗击金兵、恢复山河之志，自称"少年志欲扫胡尘"（《书叹》）。科场对策，正是为了实现这个志愿，当然更要把自己的政治见解发挥得淋漓尽致。下笔千言，豪情万丈。然而这样的文章只能使秦桧加倍忌恨，必欲除之而后快，又怎能不斥退陆游呢？

"时情竞脂韦，家法独肮脏"（《和陈鲁山十诗以孟夏草木长绕屋树扶疏为韵》），陆游一身傲骨，决不愿向秦桧低头。"奈何七尺躯，贵贱视赵孟"，他公然表示了对权奸的鄙夷和蔑视。奸佞当道，报国无门，陆游回到山阴，便避居云门山攻读兵书去了。

云门别业还是陆宰留下的，陆游携家迁居这里，为的是要安心地习武、读书。在这绿树环抱、泉水潺潺的清幽环境里，陆游的心渐渐平静下来。他开始认真地研读《孙子兵法》。读书之余，则挥舞宝剑，究心剑术，希望有一天能够亲上前线，"上马击狂胡，下马草军书"（《观大散关图有感》），成就一番大丈夫的功业。他曾作《夜读兵书》诗表达自己以身许国的凌云之志。

孤灯耿霜夕，穷山读兵书。

平生万里心，执戈王前驱。

战死士所有，耻复守妻孥。

成功亦邂逅，逆料政自疎。

陂泽号饥鸿，岁月欺贫儒。

叹息镜中面，安得长肤腴？

避居深山，仍不时有友人前来拜访，王廉清就是云门草堂的一位常客。王廉清，字仲信，家富藏书，能诗善画，与陆游相识相知，交往甚密。两人闲暇时常相邀游玩，吟诗作画，唱和酬答。这为陆游的隐居生活带来了不少乐趣。50年后，陆游仍作《天王寺迪上人房五十年前友人王仲信同题名尚在》一诗怀念他。

绿绕青围古会稽，城东河上古招提。

巳公茅屋曾游处，渭北山人半醉题。

暂憩不妨停画楫，幽寻还得杖青藜。

旧人死尽惟残屋，竹密云深步步迷。

绍兴二十五年（1155）十月，奸相秦桧一命呜呼，压在主战派头上的大山终于倒了。一时间，朝野上下一片主战呼声，高宗赵构迫于形势和舆论压力，不得不起用一批主战派人士。绍兴二十七年（1157）四月曾几除直秘阁，十月任秘书少监。同年，辛次膺任给事中。他们都是陆游所崇敬的前辈。辛次膺在秦桧当权时多次弹劾、指斥秦桧怀奸固位，结党营私，不恤国事，阿谀逢迎，因此遭到秦桧忌恨。如今，像这样当年被秦桧排斥的正派人士又陆续出来了，朝廷上阴霾的天空渐渐透出了些许晴意。

绍兴二十八年（1158），陆游被任命为福州宁德县主簿。主簿是县官的属员，虽然职位低微，也算是步入仕途，所以陆游还是欣然接受了。他收拾行装，很快从家乡出发，途经永嘉（今浙江温州）来到福建。一县主簿，并没有很多公事，陆游于是有暇结朋纳友，游山玩水，饮酒论诗。宁德县尉朱孝闻（字景参）也颇喜诗文，与陆游交情笃深。两人相约登上福州和宁德之间的北岭，时值深秋，秋风萧萧，斜雨蒙蒙，晚红荔枝垂挂枝头，显得格外醒目。两人打开酒坛，尽情畅饮。酒酣耳热，陆游痛感光阴虚度，事业无成，唏嘘不已，遂作《青玉案·与朱景参会北岭》词一首。

西风挟雨声翻浪，恰洗尽，黄茅瘴。老惯人间齐得丧。千岩高卧，五湖归棹，替却凌烟像。

故人小驻平戎帐，白羽腰间气何壮。我老渔樵君将相。小槽红酒，晚香丹荔，记取蛮江上。

时年陆游已经34岁了，还没有得到重用，不由得流露出归老江湖的消极情绪来。

第二年，陆游调任福州决曹，又结识了闽县大夫张维。张维，字仲钦，绍兴八年（1138）进士，也是一个忠心爱国、志在收复失地的人。两人一见如故，相见恨晚，朝暮相从，成为至交密友。后来，各调他任，但仍书信往来不断。张维死后，他的儿子将其生前隐居之地绘制成图，并请陆游题诗纪念。

就在陆游调任福州的当年，辛次膺出任福建路安抚使兼知福州。陆游闻讯，欣喜万分。早闻辛次膺是政和年间进士出身，工诗善文，且为官清正，不畏权贵，私下仰慕已久。不想今日竟有缘成为他的属下，真是一件可喜可贺的幸事。陆游于是提笔给这位尊敬的长者、上司写了一封贺启，极力称赞辛次膺高瞻远瞩，胆识过人，无私无畏，刚正不阿，丹心可鉴，德望孚众。有了这么一位上司兼良师，陆游当然不会放过难得的学习机会。不久，他又写了《上辛给事书》，探讨申论"实"与"文"即修身与作文的关系，并将自己的文章呈送辛次膺，提出自己的观点，表明自己的心迹。信中鲜明地提出，"必有是实，乃有是文"。陆游认为修身、作文是统一的，需先注重自身的道德修养，然后才能写出优秀的文章。他自述遭秦桧打击以来，流落贫贱，不为所用，但不愿苟合，仍坚守节操，不坠青云之志。观其文而知其人，希望辛次膺能通过文章加深对他的了解。

陆游与辛次膺也有诗文往来，曾写下了《贺辛给事启》《上辛给事书》。《上辛给事书》写于绍兴二十九年（1159），陆游 35 岁时刚到福州决曹任上，辛次膺去年知泉州，本年为福建路安抚使兼知福州，妥妥的是陆游的上司。

二、福州决曹

陆游初仕于福建宁德。不久从政于福州，时间大约是绍兴二十九年（1159），由宁德主簿改为福州决曹，此时陆游35岁，在古代这个年龄快要做爷爷了，弄孙为乐。陆游在《文集》中记述这件事，称为"绍兴己卯、庚辰之间，予为福州决曹"。所谓决曹，就是主管刑法的小官，为一州的幕佐，属于一州提点刑狱的属员，相当于现今的书记官，事情也是挺多。陆游在福州决曹的任上，前后也就一年多的时间，从绍兴二十八年（1158）冬至绍兴三十年（1160）春。陆游在诗句中指出了他离开的时间，所谓是"福州正月把离杯，已见酴醿压架开"。

福州地处东南，夏天炎热，当时还比较偏僻闭塞，陆游实际上在这里生活不适应，水土不服，整日生病。然而刑法工作却是很繁忙，对于诗人陆游来说，这项工作是相当具有挑战性，用生疏来形容一点都不假，用时下的话说可谓是业务不熟了。为了应付工作，一向爱酒、喜欢写诗的陆游也只有把自己的兴趣爱好暂时放在一边，专心处理他繁忙的刑法工作。绍兴三十年（1160）陆游离开福州时在丽水作了一首诗，名为《自来福州诗酒殆废北归始稍稍复饮至永嘉括苍无日不醉诗亦屡作此事不可不记也》，追溯了他在福州繁忙的工作、生活情况。诗云：

> 尊酒如江绿，春愁抵草长。
>
> 但令闲一日，便拟醉千场。

柳弱风禁絮，花残雨渍香。

客游还役役，心赏竟茫茫。

　　这首诗其实说明了在福州决曹任上很忙，连喝酒的时间都没有，而且身体不好，经常生病，以至于酒都长了绿色的泡沫了，在春天可以像草一样长了。如果有一天闲暇的时间，向往着可以醉上千场。公务如此繁忙，自己又病弱不禁风，即便有如此美景，又哪有什么心情去赏呢？

　　诗总是会有它夸张的地方和成分。诗人的天性是爱自由和游玩的，陆游也不例外。他在福州虽实在是公务繁忙，但也不是没有自己的生活和追求。况且福州也是一个名胜古迹较多的地方，有海有山有水，特别适合游览。他在百忙之中，也抽空游览了南台和洞宫山天庆观，留下了《度浮桥至南台》《雨晴游洞宫山天庆观坐间复雨》两首诗。《度浮桥至南台》为陆游绍兴二十九年（1159）作于福州，实际也是陆游刚到任福州决曹不久，陆游这时也病了，可能是与水土不服和公务繁忙有关。诗云：

客中多病废登临，闻说南台试一寻。

九轨徐行怒涛上，千艘横系大江心。

寺楼钟鼓催昏晓，墟落云烟自古今。

白发未除豪气在，醉吹横笛坐榕阴。

　　诗人客居在外病魔缠身，久久不将山水登临，听说胜境南台山，试着前去寻他一寻。无数的车马缓缓行驶在浪高流急的江面上，千百条船儿联结在一起，横跨于大江的中心。光孝寺楼里，钟鼓声声，从早到晚催着时光逝去，四面村落中，云烟袅袅，从古代一直飘到了如今。时光催人老哇，白发已生，却不能消除我心中的豪气，带着酒后的浅醉，在一片榕树的绿阴里吹起横笛。此情此景，繁忙之余给陆游的生活带来了些许的惬意。

雨晴游洞宫山天庆观坐间复雨

近水松篁锁翠微，洞天宫殿对清晖。

快晴似为酴醾计，急雨还妨燕子飞。

道士昼闲丹灶冷，山童晓出药苗肥。

拂床不用勤留客，我因文书自怕归。

陆游游玩洞宫山天庆观，洞宫山景色优美，郁郁葱葱，这时下起了雨，雨很急。这个道观里的道士们很是悠闲，让陆游很是羡慕，他多希望雨不要停，自己也能暂时抛开缠身的公务，停下来慢慢欣赏山景、雨景。从"拂床不用勤留客"句看陆游应该曾在天庆观住了一晚。可见陆游虽在百忙之中出来游玩，但实际上还是在写他公务缠身，事务繁忙，以致写游玩的诗，都要句句写出来自己的忙。所以，不难想象陆游在福州决曹任上的繁忙和不容易。

陆游自然还是那个陆游。

福州靠海，陆游对大海自然也是心向往之，并留下了两首关于看海的诗。

一

我不如列子，神游御天风；

尚应似安石，悠然云海中。

卧看十幅蒲，弯弯若张弓。

潮来涌银山，忽复磨青铜。

饥鹘掠船舷，大鱼舞虚空。

流落何足道，豪气荡肺胸。

歌罢海动色，诗成天改容。

行矣跨鹏背，弭节蓬莱宫。

二

羁游那复恨，奇观有南溟。

浪蹴半空白，天梁无尽青。

吐吞交日月，澒洞战雷霆。

醉后吹横笛，鱼龙亦出听。

为了亲眼看到大海对面的流求岛，陆游选了个风和日丽的早秋，雷雨初晴的日子，他乘大船出海，后来写下了很有气魄的《航海》《海中醉题时雷雨初霁天水相接也》两首诗。据说，这次航海给陆游留下了深刻和终生难忘的印象，即使是到了晚年 80 多岁的时候，在一个天朗气清的秋天，老年诗人陆游想起了当年航海的情境，恣意盎然，大笔一挥，写下了一首名为《感昔》的诗，当然这首诗就是在追忆过去："行年三十忆南游，稳驾沧溟万斛舟。常记早秋雷雨霁，柂师指点说流求。"

作为文人骚客，陆游也和古代诗人一样都喜欢交游、交友，即所谓以文会友。在福州任上，除了繁忙的公务外，他也与当地的文人交游。陆游在当地结交的第一个文人是张维，字仲钦，又字振纲，福建剑浦（今福建南平）人，绍兴八年（1138）中进士，陆游在福州决曹任上时，张维为闽县县令。二人的共同点很多，其中最大的共同点，也就是他们能成为朋友的原因在于，他们都是主张抗金的爱国士人。在年龄上，张维长陆游12岁，一直反对和金人议和，主张收复中原失地，隆兴和议时，他曾上书反对议和，反对向金人卑躬屈膝，指出"符离之役失败在于过于轻率，而人心终不能收复；而被弃守的四郡（指宋割海、泗、唐、邓四州给金人）的百姓却急于休养生息，而人心向背最终不是我们希望的那样"，朝廷应当"修明政事，使人心清楚知道朝廷没有忘记收复中原"。共同的抗金爱国思想，是陆游和张维交游、成为朋友坚实的思想基础。陆游在77岁的时候，在为张维《槃涧图》写的跋文中追述了他和张维的友谊，同时又写了一首诗《寄题张仲钦左司槃涧》：

剑溪之南有佳处，山灵尸之不轻付。

张公鼻祖晋司空，谈笑得地开窗户。

溪光如镜新拂拭，白云青嶂无朝暮。

伏几读书时举头，万象争阵陶谢句。

公今仙去有嗣子，关塞崎岖方叱驭。

山城何曾叹如斗，皦皦不受世俗污。

君不见伾文往者势如山，朝士几人无汗颜？

尊公遗事不须述，但看当时出处间。

当时，陆游与之交游的还有另外一个人，就是朱景参，字孝闻，浙江青田人，绍兴二十四年（1154）进士，当时为宁德县尉。绍兴二十九年（1159），陆游与朱景参相会于北岭，北岭位于福州与宁德之间，陆游自己说他们当时是会面于北岭下僧舍。陆游在这年写的词中对此事有很好的记载，即《青玉案·与朱景参会北岭》。

曾经北岭下，蛮江边，僧舍内，品小槽红酒，赏晚香红荔，二人互吐衷肠。时过境迁，那个暂住军营、气势壮阔的老朋友，一定要记着那个失意的老友。

陆游在《道院杂兴》诗中也对与朱景参交游的情况有所说明。《道院杂兴》其实是一组诗，共五首，追忆与朱景参交游的是第三首。诗云：

早岁知闻久已空，岿然犹有灞城翁。

东楼谁记倾春碧，北岭空思擘晚红。

冉冉流年霜鬓外，累累荒冢绿芜中。

琳房何日金丹熟？老鹤犹堪万里风。

陆游与朱景参友谊甚笃。陆游年老时，曾写过一首诗来追忆与亡友交游的情形。诗的名字很长，题为《予初仕为宁德县主簿而朱孝闻景参作尉情好甚笃后十馀年景参下世今又几四十年忽梦见之若平生觉而感叹不已》：

白鹤峰前试吏时，尉曹诗酒乐新知。

伤心忽入西窗梦，同在埔村折荔枝。

开禧元年（1205）秋，陆游在山阴老家。此时老友已经死去多年，在这首诗中更多的是对老友的追忆。此时陆游已 81 岁了，回想起二人曾经把酒吟诗、折荔赏景，不免感叹。写诗追忆过往的人和事是文人骚客的通常做法，也说明了陆游的多情和对好友的用情至深。

三、临安三年

福州在南宋还是地处偏僻、炎热难耐的地方，用现在的话说，有点不太适合人居住。

绍兴三十年（1160），陆游离开福州，被召回至行在，也就是南宋小朝廷的都城临安。临安之名可谓是苟且偷安、偏安一隅之意，所谓临时的偏安之地，之后就成为"长安"了，毕竟南宋在这里苟延残喘了 150 多年。抛开这些不说，南宋时期的临安是异常繁荣的，是当时世界人口最多的大都市，极盛时人口达到 150 万之多。市场繁荣，市井文化也很发达，临安在当时应该是人间天堂了。纸醉金迷、苟且偷安的气息和氛围弥漫在这里，难怪诗人说"暖风熏得游人醉，直把杭州作汴州"。

陆游离开福州，到京城任官，虽说官位不高，但进了京，能见到皇上就不一样了，从此也能和那些决定自己命运的大官为伍了，因此千万不要小瞧京城里芝麻绿豆的小官。陆游对于能进京为官，离开这个不是人待的福州，自然是非常高兴的。高兴了，作为一个诗人，就要写诗了："福州正月把离杯，已见醋釀压架开。吴地春寒花渐晚，北归一路摘香来。"可见，当时陆游的心情是多么的愉快，可以说是一路唱着歌，来到了京城临安。他自己说是从福州一路摘香来到临安的，当然这也只是形容他开心来京做官而已。

陆游到京城临安做什么官呢？对于一个不是正常的科举出身的人，陆游何德何能被选为京官，召至行在呢？这些都是值得玩味的地方。

据史料记载，陆游到京城临安任敕令所删定官，官位比以前的三十七阶上升了三个阶位，为三十四阶。《宋史·陆游传》说，"以荐者除敕令所删定官"。《建炎以来系年要录》说绍兴三十五年（1165）五月辛巳，"右从事郎陆游并为敕令删定官。游，山阴人也"。敕令所其实也是官方修史机构，负责整理、编辑敕令诏旨，删定官则是具体从事整理、编辑工作的办事人员。当时南宋朝廷有修书局四所，即玉牒所、国史院、日历所、敕令所，实际是属于史官系统。因此敕令所删定官也算是史官了，所以历史上说陆游在临安做过三年的史官。

陆游不是科举出身，也没有背景，怎么一下从边远的福州决曹被提拔为敕令所删定官呢？历史上有两种说法，一种说法是陆游给汤思退写信要求回到临安工作，另一种说法是陆游来临安任敕令所删定官是由他的老师曾几举荐的。这两种说法都有理有据。

我们先来看第一种说法。陆游给汤思退写信，希望调离福州。汤思退为什么要帮陆游呢？原因在于，陆游是名门之后，颇有卓行。更为关键的是汤思退喜欢网罗天下人才为自己所用，优秀的陆游自然就进入了汤思退的视野。因此，陆游在福州为官的时候，曾得到了汤思退的关照，用陆游自己的话说是"辱在记怜"。

汤思退是什么人呢？其实就是一个小人，是秦桧的党羽，十足的投降派。大家都要问了，陆游是一个爱国人士，一心想抗金收复失地，怎么会向一个卖国贼投降派写信求得离开福州呢？因为，那时陆游还没有看清楚他的嘴脸。汤思退当时为左丞相，位高权重，他是处州人，和陆游也算是老乡了，绍兴二十九年（1159）由右丞相改为左丞相。汤思退本是秦桧的党羽，依靠和攀附秦桧才得以年除岁迁，升任宰相。但是这个人的高明之处在于，在关键的时候没有收受秦桧千两黄金的贿赂，他的这一行为蒙蔽了很多人，包括高宗都误认为他不是秦桧党羽，所以在秦桧死后，宋高宗重用了汤思退。《宋史·汤思退传》中是这样说的：秦桧病情严重，召参知政事董德元及思退至卧室内，嘱咐身后事，各赠黄金千两。德元不敢推辞，接受黄金千两；思退考虑到秦桧快死了，所以不敢接受黄金。高宗听闻这件事后，以为思退不受秦桧赠金，不是秦桧的党羽，因而对汤思退很信任，委以重任。而在为人处世上，汤思退为人巧诈，亦有小善，外若纯笃，中实奸佞，善施小惠而市私恩。汤思退奸诈圆滑的为人处世之道，当然也蒙蔽了一些读书人，陆游也不例外，所以他才会有写信给汤思退之举。但是陆游并没有看到汤思退排斥忠良和抗金人士的一面，尤其是对李纲、张浚、杨时的排挤和打击以及在很多方面汤思退对秦桧的效仿，甚至于后来汤思退割让四郡、暗通金国，都发生在陆游写贺启、谢启给汤思退之后。对于之后要发生的事情，陆游肯定是没有未卜先知的能力的，只是被汤思退的小恩小惠小善所蒙蔽了，因此陆游一直认为汤思退对自己有知遇之恩。所以陆游在担任敕令所删定官时写了《删定官供职谢启》，再次表达了对汤思退的感恩，用陆游在文中的话说是"恩重如山，感深至骨"。

绍兴三十年（1160），陆游到临安任职后，感慨万千，写下了《除删定官谢丞相启》，再次表达了对汤思退的感恩之情。

这些只能说明陆游没有看到汤思退的真实面目，即所谓知人知面不知心吧，同时，这也是陆游的局限，但这种局限不妨碍陆游在我们心目中的爱国主义诗人的形象。没有必要苛责古人，更没有必要苛责陆游。

另一种说法是，陆游调离福州，北上临安任官，与他的老师曾几（自号茶山居士）的大力推荐有关。陆游在他的《渭州文集》之《谢曾侍郎启》中说得很清楚。

当然，存在这种可能，那就是陆游的老师曾推荐陆游来京为官，得到了汤思退的首肯，汤思退最终批准了陆游调离福州来临安任官。因此，从这个角度来说，陆游是受到了曾几和汤思退两位大人之恩惠的。

绍兴三十年（1160），陆游36岁。当时的局势是金人可能败盟，撕毁绍兴和议签订的盟约，重启战端。参知政事贺允中等出使金国归来，向朝廷汇报，金人一定会撕毁盟约开启战端，应该及早做好应对的准备。局势很紧张。陆游还在自福州北归临安的路上。五月，陆游自福州北归，路过浙江永嘉时，游览了石门，与老洪道士痛饮赋诗，王仲信为此创作了石门瀑布图。陆游自己说，"自来福州，诗酒殆废，北归始稍稍复饮。至永嘉括苍，无日不醉，诗亦屡作，此事不可不记也""绍兴庚辰，余游谢康乐石门，与老洪道士痛饮赋诗，既还山阴，王仲信为予作石门瀑布图"。陆游为此写了两首诗。

《绍兴庚辰余游谢康乐石门与老洪道士痛饮赋诗既还山阴王仲信为予作石门瀑布图今二十有四年开图感叹作》：

一

二十余年别石门，灯前感旧欲消魂。

人生万事皆如梦，自笑区区记剑痕。

二

爱酒黄冠鬓如雪，石门邂逅一樽同。

悬知久作此山土，愁对画图秋雨中。

青田县石门是自永嘉到括苍的必经之地，在浙江处州府青田县75里。《永嘉记》说，"石门洞，周回四十里，青牛道士居之"。谢灵运曾为永嘉太守，游历经过石门，唐李白赠魏万诗云"岩开谢康乐"，说的就是这个地方。王仲信是陆游好友，仲信是他的字，他的名字是王廉清，汝阴人，与弟王明清齐名。

正如陆游自己说的那样，他是一路喝着酒，会着友，唱着歌来到临安的，喜悦和快活应该是此时陆游的主要心情。

陆游从宋高宗绍兴三十年（1160）夏任敕令所删定官至孝宗隆兴元年（1163）夏被赶出朝堂，在京城临安生活和工作了整整三年。其间所任官职也有所变动，并与很多名士结下了深厚的友谊。

先说陆游在临安为官的经历吧。陆游由福州到临安所任官职是敕令所删定官，实际上是一个小得不能再小的京官。敕令所删定官是将皇帝下达的诏书、圣旨和法令分类编纂，其中敕令所的提举官由宰相兼任，详定官以侍从官兼任，删定官以职事官兼任。敕令所的删定官本来是定员编制，随事而定。与陆游同时到任的有徐履以及可以说是前辈的闻人滋、李浩、王秬等人。这么多人员在职，恐怕是南宋时期敕令所删定官职员最多的时期，因为当时要赶修"吏部法"，需要这些俊才加入进来。陆游和他们处得很好，结下了深厚的友谊，这是后话。由于陆游的加入以及前面几位前辈的加盟和共同努力，吏部法的编纂工作进展得很顺利，至绍兴三十年（1160）八月，这部鸿篇巨制终于修成问世了。在当时的史家熊克《中兴小纪》，李心传《建炎以来系年要录》《建炎以来朝野杂记》中都有关于这项工作的记载。宋高宗也对此事高度重视。陆游等人很快完成了这项工作，敕令所的历史使命也完成了，原本没有编制的官员也因此要裁汰了。此时陆游没有去处，没有官职，只好到礼部等候新的任命了。后来，开禧二年（1206）陆游在《跋曾文清公奏议稿》中说：我去职以后，朝廷并没有新的任命给我，于是我只好回到老家山阴。恰巧那时我的老师曾几居住在会稽，我便经常去拜访老师茶山先生。两人见面，常常一起谈论国是，忧国忧民。

直到绍兴三十一年（1161）七月，陆游终于等来了新的任命，他被任命为大理司直。《建炎以来系年要录》里说"绍兴三十一年秋癸未（十二日），敕令所删定官陆游为大理司直"；《宋史·陆游传》说，"迁大理寺司直兼宗正簿"。大理寺是南宋最高法院，负责审理全国各地的重大疑难案件，主管折狱量刑鞫谳。宗正寺则是管理皇室宗派属籍纂修谱牒等事务的机构。由大理司直兼宗正寺主簿，显然是一个跨系统的兼职。这两部门在当时都很清闲，大理寺曾于本年五月上奏狱讼清简，乃至"狱空"。宗正寺是管理赵宋皇族内部事务的机构，官员原本由赵氏皇室宗亲担任，后来渐渐放宽了，非宗亲的官员也可以担任。此外，宗正寺外还有大宗正司，专门负责皇族之事。其实，这两种机构存在一定的重叠，都属于比较清闲的工作。

但是陆游以大理司直兼宗正簿的工作却很忙，他的主要工作是为皇族纂修"玉牒"，其实也就是一名正儿八经的史官。在宋代，由宗正寺主管的纂修牒谱图籍，有五大类。一是"玉牒"，主要工作是"以编年体之手法编写皇帝日常事务，主要记载政令、赏罚、封域、户口、丰凶、祥瑞等情况"。按照宋代旧制，玉牒十年一进，设"玉牒所"专司其事。南渡后诸事纷繁，至绍兴二十年（1150）重建玉牒所，而于绍兴二十九年（1159）八月二十三日并入宗正寺。玉牒所在朝天门之南。对于在宗正寺纂修玉牒的这段经历，后来，也就是在淳熙十三年（1186）冬，陆游在《岁晚书怀》中追述了这段经历，并在这首诗自注上说，"绍兴末，游官玉牒所"。其诗云：

早见龙翔上太清，即今孤宦老山城。

灵丹不解换凡骨，薄命枉教生太平。

积雪楼台增壮观，近春鸟雀有和声。

如山吏牍何时了？惆怅西窗晚照明。

此外，绍兴三十二年（1162）冬陆游还写过一首名为《玉牒所迎驾望见周洪道舍人》的诗：

自卜河桥宅，清谈喜屡陪。

今年见腾踔，不恨老氛埃。

晓放宫门钥，霜彫辇路槐。

班回独小立，为待绣鞍来。

可见，陆游在玉牒所修史时间很长，到绍兴三十二年（1162），还在那做事，实际上此时他已经为枢密院编修官，但是玉牒所没有裁撤，他依然要过去做事。《宋史·陆游传》说，"孝宗即位，迁枢密院编修官兼编类圣政所检讨官"。而清代赵翼却认为是高宗时。对此，陆游在《跋陈鲁公所草亲征诏》里有所交代，实际说的就是绍兴三十一年（1161）冬任枢密院编修官兼编类圣政所检讨官。

枢密院是位高权重的部门，掌管宋代军事大权，即所谓"掌军国机务边防备戎马之政令，出纳密命，以佐邦治"。枢密院的编修官本无定员，随事而设，绍兴年间一般置员二人，主要编纂枢密院的文件、例册等。官阶为正八品，还是属于史官的系列。但是因为它是枢密院下的官署，所以地位因之水涨船高了。不过，陆游只是一个正八品的编修小官而已，自然重要不到哪里去，其实就是一个闲职。

不过，历史的转机很快就来了，陆游由闲职变得重要起来。绍兴三十二年（1162）六月丙子（十一日），宋高宗赵构内禅，传位于养子皇太子赵眘，就是南宋比较有作为，立志北伐而不得的孝宗皇帝。按照宋朝祖宗家法，前任皇帝退位后，后任皇帝要为其修史，记录他一生德政情况。如果是传位的皇帝早已经驾崩了，那么修的"史"被称为实录，若是健在，则称为"圣政"。每个后继的皇帝都会十分重视这项事业，而对于以孝道闻名的孝宗赵眘来说，就更加重视为宋高宗修"圣政"的事了，他养子出身的身份决定了他更不会怠慢此事，只会比其他人更加积极。况且高宗还健在，贵为太上皇，对朝野的权力控制和影响还是十分强大的存在。这些都决定了赵眘不敢懈怠，只会做得更好。

很快，这年九月十一日，宋孝宗赵眘下诏改敕令所为圣政所，为太上皇赵构修"史"的机构。十月二十四日，孝宗诏命尚书左仆射陈康伯提举编类圣政所，参知政事史浩同提举。由两位宰相兼任修史提举官，这个规格是非常之高，足见宋孝宗对为高宗修圣政的重视程度。这样，陆游的机会也就来了。陆游和陈康伯、史浩都有交往，交情不错，陈康伯和史浩也很欣赏陆游的才华，以及兼任圣政所详定官的周必大是陆游的挚友。在他们大力举荐和邀约下，陆游顺理成章地来到圣政所，参与编修高宗圣政，这时陆游的官职是以枢密院编修官兼编类圣政所检讨官。后来陆游的长子在陆游《剑南诗稿跋》中追述了这段经历："我已故的父亲是名史官，在晚年的时候自号放翁。绍兴末辛巳年间，在高宗皇帝时期，升迁枢密院编修官。孝宗皇帝刚即位不久，便召至便殿答对，由此赐进士第出身。当时开始置编类太上皇帝圣政所之机构，妙柬时髦，我已故的父亲被确定为首要的人选，被擢升为检讨官。"字里行间充满了自豪。值得注意或者夸耀的是，陆游这次见到天颜了。皇帝孝宗召陆游到便殿入对，也许是陆游回答皇帝的问话应对如流，给皇帝留下了很好的印象，加上之前皇帝早就听闻了陆游的盛名及因为种种原因却没有通过科举获得功名，所以这次皇帝赐予了陆游进士出身。当然，也存在另一种可能，说明宋孝宗高度重视编修高宗圣政，所以赐陆游进士出身，希望他好好干活，做好编修圣政之事。

宋孝宗隆兴元年（1163）三月，孝宗下诏"修太上皇帝圣政"，向朝野和天下臣民宣布这项伟大工程的正式启动。陆游在圣政编修所具体的工作是撰写凡例、收集资料等前期编撰工作，事情繁杂，任务繁重。后来他在回忆这段经历时说："我被征召为修光尧皇帝圣政，草草编写了凡例，网罗放逸，废寝忘食不敢耽误。不敢私存书稿为己所用。闲暇之日偶然想起此事追记得此，于是命儿辈记录下来。"由于陆游出色的工作，得到了上司的认可和赏识，参知政事兼权知枢密院事史浩和同知枢密院黄祖舜向孝宗推荐陆游"善词章，谙典故"。所以，绍兴三十二年（1162）十一月四日陆游得到了上文所述的觐见皇帝的机会，并被孝宗皇帝赐予进士出身。这次经历在《宋史·陆游传》《建炎以来系年要录》《宋会要辑稿》中均有相关记载。陆游被赐进士出身，是他一生的荣耀，也是他在编修圣政所取得的一大成就。这在重视科举考试的宋代显得尤为难得，宋代历史上赐进士出身的现象不多见。北宋时期有梅尧臣、王安国等寥寥数人获得过"赐及第"或"赐出身"。王安国能得此殊荣，多因是王安石之弟，宋神宗皇帝为了重用王安石变法，褒奖王安石，所以才有此举。说白了就是王安石太重要了，变法太重要了。而陆游却是"不试而与"，所以"尤为异恩"。因此，陆游在他的《辞免赐出身状》中说："我只是一个偏远的小官，承蒙皇帝多次召见，多次受到关照和称誉褒奖。仰望天地间，只有父母之恩，故当誓死图报。唯有赐予科名，近岁以来，少有能和此相比的，没有经过科举考试而获得了功名，这尤其称为特殊的恩典。"

陆游在临安行在的一大政治表现和功绩是极力主张抗金，收复失地，为国效命。到行在的第二年（1161），发生了金主完颜亮大举南侵之事，这激发了陆游的爱国热情。他在《送李德远寺丞奉祠归临川》的诗中说："旰食烦明主，胡沙暗旧京。临分一襟泪，不独为交情。"又在《送杜起莘殿院出守遂宁》说："羽檄联翩昼夜驰，臣忧顾不在边陲？"《闻武均州报已复西京》诗里陆游的爱国情操被表述得最为慷慨淋漓："白发将军亦壮哉，西京昨夜捷书来。胡儿敢作千年计，天意宁知一日回。列圣仁恩深雨露，中兴赦令疾风雷。悬知寒食朝陵使，驿路梨花处处开。"此外，陆游还极力主张迁都建康，便于北伐。他在《上二府论都邑札子》中把自己忧国忧民的情怀表现得淋漓尽致："我听闻江左自三国时期吴国以来，未曾有舍弃建康建都其他的……皇帝车驾驻跸临安，也只是出于权宜之计，本非定都于临安。以当今天下和临安所处的地理形势来看，则不利于固守；就获得粮饷、财帛来说则不方便；靠近海道，凛然常有意外危险……现今如果不作为，过后肯定不会有作为。"陆游的政治主张的另一表现是针对朝廷内外的弊端，条陈改革意见。主要有七条主张革新的建议。

第一是，有国之法，应当防微杜渐；对于人臣的诫勉很迫切……自今而后非宗室外戚之家，即使有功勋，也不得封王。

第二是，朝廷常派小臣小吏办理差事，他们领有专命，又没有统属和约束，作威作福，所到之处无不受到干扰。朝廷如有大事，应当选取有德望和才能的朝臣去办理，这样会不负使命，不会造成弊端，这对天下百姓来说也是幸事。

第三是，定名分，设定官职，革除现有官职的弊端。

第四是，选贤任能和抚恤百姓。

第五是，废除严刑峻法。

第六是，远离宦官。

第七是，打击邪教和蛊惑民众的言论。

此外，陆游还替朝廷写了《与夏国主书》和《蜡弹省札》。《与夏国主书》主要是提出了与夏世修盟好，共同对付金国，实际还是联夏抗金之计。《蜡弹省札》写给沦陷区的武装首领，陆游劝沦陷区的武装头目弃暗投明归顺南宋王朝，系陆游联合沦陷区抗金力量的主张。

　　其实陆游被贬的原因也与他积极抗金的政治主张有关。陆游在编修圣政的岗位上干到隆兴元年（1163）五月，那时陆游39岁了，已人到中年，但是一个并非偶然的事件使陆游触犯了天威，得罪了宋孝宗，随即葬送了自己在临安的前途和大好局面。为什么会出现这种情况？其实正是因为陆游积极的政治主张和积极的抗战热情，陆游因言获罪，最终被宋孝宗赶出了行在临安，贬为江苏镇江通判了。史书说：

　　"时龙大渊、曾觌用事，游为枢臣张焘言：'觌、大渊招权置党、荧惑圣听，公及今不言，异日将不可去。'焘迟以闻。上诘语所自来，焘以游对。上怒，出通判建康府。"

　　上述记载可见，陆游因为上书直谏，得罪了孝宗宠信的龙大渊、曾觌，孝宗态度发生了很大的转变，由原先对陆游的赏识变为厌恶，最后更是把陆游贬谪到镇江。龙大渊、曾觌是孝宗藩邸旧臣，孝宗对他们是宠信有加，爱护有加。孝宗即位后，这二人也是鸡犬升天了，曾觌获得了御器械和知阁门事的官职，不久官至开府仪同三司。这两人仗势欺人，气焰嚣张，自恃有皇帝的恩宠，为非作歹，残害忠良，结党营私，专权弄权，几凡二十年，以致"罢丞相，易大将，待其言而后决"。于是，文武官员多依附他们，处在他们的门下。对于这些佞臣把弄朝政，结党弄权，自然不为忠良正直的陆游所容，于是陆游与他们进行了斗争，虽然最终失败了，但不失为一个爱国者、忠臣。不只陆游，孝宗时期，南宋很多大臣，如给事中周必大、金安节，当时还是南康守的朱熹，著作郎胡晋臣，参政张焘、陈俊卿，御史周操，右正言龚茂良，等等，对曾、龙二人的专权行为都十分不满，坚决反对和抵制，纷纷上书弹劾。朱熹直言说："这两个近臣蛊惑陛下心志，而那些所谓的宰相师傅宾友谏诤之臣有的反而出自他们的门墙，秉承观望他们的旨意和风向动静。"

最终，他们中的大多数人和陆游一样被贬谪，甚至有的大臣被贬死岭外。可以说，在与曾、龙二人斗争的过程和行为中，陆游不是一个孤独者，他身后还有一帮和他一样正直的大臣。这是南宋朝廷之幸，然而却是南宋忠良正直之臣的不幸。曾、龙的后台自然是孝宗了，陆游与他们争持，自然也是得不到好处，反而落得一个被皇帝讨厌、远走镇江的下场。这就是政治。陆游为什么一定要这样做呢？除了他的正直外，更多的是和他的抗金北伐、收复失地的愿望相关。在陆游看来，曾、龙二人专权弄权已经严重威胁了国家安全，损耗了抗金力量，所以陆游会坚决反对曾、龙二人的所作所为，陆游与他们的矛盾不可调和。

陆游对自己因为正直进言被贬谪，内心一直是耿耿于怀的，直到淳熙五年（1178）除提举福建常平茶事时，还在为当年被贬斥的事情愤愤不平。被诬为"牛李之党"，难怪诗人心里一直难以释怀。隆兴元年（1163）夏，陆游被贬后，自京城返回家中时，写了一首名为《出都》的诗，自嘲太愚，正直进言被贬，还不如闲云野鹤，不要多管闲事。诗云：

> 重入修门甫岁余，又携琴剑反江湖。
>
> 乾坤浩浩何由报？犬马区区正自愚。
>
> 缘熟且为莲社客，伻来喜对草堂图。

西厢屋了吾真足，高枕看云一事无。

陆游被贬出京后，圣政所编修高宗圣政的进度也受到了很大的影响，原本的修史力量遭到了很大的削弱。直到乾道二年（1166），这部仅仅 30 卷的高宗圣政《光尧圣政录》才宣告修成。

陆游在行在临安为官三年，也结识了很多志同道合、意气相投的朋友。这些朋友都是力主抗金、收复失地的。这是他们成为朋友的共同的思想基础。他们是闻人滋、李浩、王秬、周必大、曾季貍、郑樵、王十朋、杜莘老、林栗、刘仪凤、邹极、范成大、韩元吉等，其中陆游尤和周必大、范成大、韩元吉等交往甚密，以至于彼此惺惺相惜，以国事为忧。

闻人滋，字茂德，是位德高望重、以和善著称的老儒。

李浩，字德远，绍兴十二年（1142）进士，也是一位积极主张抗金收复失地的爱国人士，在《宋史》本传中他以天下安危为己任，性情忠烈，对当局多有忠愤激烈之词，因此受到猜忌。

王秬，字嘉叟，号复斋，是王安中之孙，绍兴、乾道间名士，也是一位爱国者，自幼生长在行伍间，谙熟戎事，希望能得到步骑五千，施行自己的收复失地的方略。魏了翁称其为"敢于谏言，忠心耿耿"，"就像杜少陵杜甫那样每次进餐都会想着皇帝"。在临安时，陆游与王秬交往密切。绍兴三十一年（1161），王秬到南昌任职，陆游写了一首诗《送王嘉叟编修出佐南昌》为他送行：

　　玉殿求衣早，鸾台退食迟。

　　君看多故日，宁是弃言时。

　　小作南州计，方观急诏追。

　　归来上霄汉，莫遣此心移。

　　乾道九年（1173），陆游听说王秬去世了，内心悲痛，写了这首《闻王嘉叟讣报有作》，追忆二人过往：

　　呜呼嘉叟今信死，哭君寝门泪如水。

　　我初入都不妄交，倾倒如君数人耳。

　　笼灯蹋雪夜相过，剧论悬河骇邻里。

　　地炉燔栗美刍豢，石鼎烹茶当醪醴。

　　上书去国何勇决，作诗送君犹壮伟。

　　十年偶复过都门，君方草制西垣里。

　　鬓须班白面骨生，心颇疑君遽如此。

　　西来例不候达官，每欲寄声中辄止。

　　只鸡絮酒纵有时，双鱼素书长已矣。

　　生前客屦纷满户，身后人情薄于纸。

　　悬知海内莆阳公，独念遗孤为经纪。

　　陆游与李浩、王秬因为共同的理想走得更近。陆游在《送李德远寺丞奉祠归临川》诗中说："旰食烦明主，胡沙暗旧京。临分一襟泪，不独为交情。"

范成大，字至能，号石湖居士，吴郡人。绍兴二十四年（1154）进士。曾出使金国，辞气慷慨，不辱使命而还，除中书舍人，累官四川制置使、吏部尚书、参知政事。卒封崇国公，谥号文穆。曾写了两首诗为陆游送行，题为《送陆务观编修监镇江郡归会稽待阙》：

一

宝马天街路，烟篷海浦心。非关爱京口，自是忆山阴。

高兴余飞动，孤忠有照临。浮云付舒卷，知子道根深。

二

是说云门好，全家住翠微。京尘成岁晚，江雨送人归。

边锁风雷动，军书日夜飞。功名袖中手，世事巧相违。

周必大，字子充，一字洪道，庐陵（今江西吉安）人，是陆游交往最为密切、关系最好的朋友。他是绍兴二十一年（1151）进士，又中博学鸿词科。累官左丞相，封益国公。致仕后，自号平园老叟。他们在临安为官的时候是邻居，连墙而居。周必大曾写诗给陆游《许陆务观馆中海棠未与而诗来次韵》：

莫嗔芳意太矜持，曾得三郎觱篥吹。

今日若无工部句，殷勤犹惜最残枝。

绍兴三十二年（1162）陆游作《周洪道学士许折赠馆中海棠以诗督之》一诗回应了周必大的赠诗：

嫋嫋柔丝不自持，更禁日炙与风吹。

仙家见惯浑闲事，乞与人间看一枝。

陆游与查籥交往甚厚。查籥，字元章，今江苏泰州人，绍兴辛未中了进士，乾道中官至户部郎中，总领四川财赋司。据《蜀中广记》说，宋孝宗隆兴初，查籥以御史身份外任夔州路通判，到任后以民为便，宽恤民力，后为成都路转运使。因此，隆兴二年（1164）二月陆游在被贬谪镇江后，写了《送查元章赴夔漕》这首诗，追忆和查籥告别依依不舍，不知何时能再相见以及昔日交往的点滴：

柳色西门路，看公上马时。

亦知非久别，不奈自成悲。

白发刘宾客，青衫杜拾遗。

分留端有待，剩赋竹枝词。

至于查籥在朝在京做御史官好好的，为何要被一贬再贬？陆游在《跋查元章书》中说是查轮不被容于朝廷，实际指的是查轮主张抗金的政治抱负不被容于朝廷之上，没有被最高统治者所喜欢，所以只能被一贬再贬。

陆游与韩元吉也交往甚厚。韩元吉，字无咎，号南涧，今河南开封人，曾官至吏部尚书，晚年隐居广信，即今江西上饶，著有《南涧甲乙稿》《桐阴旧话》。韩元吉平生喜欢交游，与陆游交往相善。陆游要去镇江赴任，韩元吉写了四首《送陆务观得倅镇江还越》，送别陆游，现摘其一：

前年边马饮江水，烽火瓜州一水间。

正使楼船多战士，要须京岘作重关。

平戎得路可横槊，佐郡经时应赐环。

把酒赋诗甘露寺，眼中那更有金山。

四、被贬镇江

陆游因得罪孝宗宠臣，遭到了贬谪，被贬镇江，由枢密院编修官出任镇江通判。这一年陆游39岁，人到中年，在古代应该是儿孙满堂的时候了。陆游并没有立刻到镇江去上任，而是回了趟老家山阴。隆兴元年（1163）心灰意冷的陆游回到了阔别已久的老家，而他一待就是十个多月。陆游临走之前，范成大、周必大、韩元吉等都写诗送别，周必大称陆游为范蠡，范成大、韩元吉称许他的爱国忠心，是为孤忠、许国丹心。这次的挫折和打击让陆游的心情沉重而矛盾。

他回家多日，于这年九月，拜访故人老友弈公于青山之下，久别十余年，二人相见分外亲热，嘘寒问暖，互诉衷肠。不久，浙东提刑（实际上是提点刑狱公事）前辈王葆来访，这让官场失意的陆游很是感动，于是写下了《谢王彦光提刑见访并送茶》：

迩英帷幄旧儒臣，肯顾荒山野水滨。

不怕客嘲轻薄尹，要令我识老成人。

帆回鼓转东城暮，酒冽橙香一笑新。

遥想解酲须底物，隆兴第一壑源春。

王葆是何许人也？王葆字彦光，宋徽宗宣和六年（1124）进士，曾于宋高宗绍兴改元时期，上书痛陈时弊，深中时病。因此，自丽水县令迁知宜兴县令，后来历任登闻检院、宗正寺丞、司封郎中兼国子司业。秦桧曾经私下问王葆，他自己想告老返乡，怎样？王葆答道，这件事不应该问他。秦桧又问，其他人不敢以实言相告，只有你正直敢言，所以才又问你。王葆说，你真的是要告老返乡的话，那么在选择宰相人选时，就要做到不问亲仇，举人以贤，那么天下老百姓就有福气了。秦桧听后默然不语。那个时候，很多官员都不敢直言决断，王葆作为考功御史，秉公办理，刚直不阿。前宰相秦桧去后，皇帝在考虑宰相人选的时候，很多官员都有私心，都有自己的打算，只有王葆不偏不倚，秉持中正。后来出知广信军，移守汉州，擢泸南安抚使、知泸州。孝宗时诏为大理寺少卿，王葆以病为由辞官，改为浙东提点刑狱，在任上秉公办理，打击权要，得罪了不少人。因此就请求回到宜兴任官，遂终老矣。

隆兴二年（1164）陆游40岁，二月由山阴老家来到镇江上任，为镇江通判。通判是知州、知府下的辅佐官，在知州和知府之下。镇江府当时属于两浙西路，管辖丹徒、丹阳、金坛三县，为军事战略要地。陆游说它是"处在淮河和长江的要冲，起到屏卫王室的作用"。因而，在与金人对抗的时期，镇江时常有如临大敌的危机或者氛围，当完颜亮南下侵宋之时，镇江人民感到不知所措。陆游到任镇江通判时，由于宋金在和议，镇江显得很平静，陆游更是清闲，"午坐焚香常寂寂，晨兴署字亦寥寥"。这就是陆游在镇江为官生活的日常写照，用无所事事好像有点过分，但是也差不多。

不过，这种生活，很快被张浚和韩元吉的来访打破了，不然，会更加使诗人苦闷不已的。隆兴二年（1164）三月，也就是陆游到任一个月后，张浚以右丞相的身份监督视察江淮兵马，路过镇江，陆游前去拜谒这位世交。所谓世交，是由于陆游之父陆宰与张浚在南郑结识，结下了深厚的友谊。而张浚来视察江淮兵马的背景是，符离兵败后，宋孝宗开始处罚相关将佐，或是贬窜，或是降级，而重新重用主和派（投降派）汤思退等人。隆兴元年（1163），汤思退复为右相，同年十二月，主战派陈康伯被罢官，汤思退取而代之为左相。主和派重新得势，乘机诋毁张浚，"主和派暗自庆幸主战派的失败，横加议论谣言很多，张浚上疏向皇帝请罪。……罢免张浚都督之职，改为宣抚使，治理扬州"。幸得陈俊卿等人一再为张浚上疏力争，张浚才免于杀身之祸。于是，才有张浚来江淮督军之事，也才有机会路过镇江与陆游相聚。

开禧三年（1207），陆游83岁时，写了《跋张敬夫书后》一文，追忆当时与张浚等人在镇江相会的情境以及张浚视师过镇江的情况。又因为张浚与陆游家是世交关系，所以张浚对陆游也是顾遇甚厚，陆游后来在《感知录》中也有直言不讳的记录。

在镇江的时候，与陆游交谈中，张浚提及过镇江军事战略地位的重要性。希望他们熟知军务，多与老将老兵交游。不过，陆游以自己不熟悉军事且体弱多病为由拒绝了张浚的建议。张浚见陆游不肯，就想把陆游招至自己的麾下，陆游还是加以拒绝，怕给张浚添麻烦。

此时，随张浚而来与陆游相聚的，还有张浚之子张栻以及幕僚陈俊卿、冯方、查轮，此外还有王秬、任尽言等，他们都是主战派。陆游与他们相聚在一起，心情很愉快，被贬谪的郁闷感暂时被掩盖了。隆兴二年（1164），张浚视察督掌江淮军时，不断招徕山东、淮北忠义之士，以充实建康、镇江两军，人数多达1.2万余人，万弩营所招淮南壮士及江西群盗又有1万余人。凡是要害之地，皆筑城置堡，其可因水为险者，皆积水为匮。增置江淮战舰，诸军弓矢器械悉备。当时金人屯兵于淮河之南，为了虚张声势促成和议，造成刻日决战之势。当金人听闻张浚来到江淮视察军务后，便迅速撤兵北归。从淮北来归降张浚的人络绎不绝，山东豪杰都愿受张浚节度。张浚声望很高，颇得人心。可在南宋，这些都不是什么好兆头，张浚越得人心，打击就来得越快。因为此时，朝廷充满着主和的空气，一切不利于主和的声音和动作，都是要被消除的。

很快，汤思退等人见张浚努力治军，局势一派大好，便很是害怕和恐慌，怕威胁自己的地位，他们知道要想和金人达成和议，必须像当年除掉岳飞一样，除掉张浚。在他们这些人的思维逻辑中，只要除掉张浚，和议必然就成了。张浚一倒，主战派自然就失去了重心和主心骨，自然是树倒猢狲散了，就不会有什么声音，自然也就不会威胁到主和派的统治地位了。所以等待张浚的命运是悲惨的，等待主战派的命运也是一样，所谓一荣俱荣，一损俱损。不久，张浚被罢官，心情极度烦闷，自己努力治兵整军为的不就是南宋朝廷和天下百姓吗？没想到最后却落得一个罢官的下场。最终，在隆兴二年（1164）八月，张浚在忧愤中病逝于今江西省余干县。

噩耗传来，陆游万分悲痛，恰逢此时张浚督军江淮时的老部下王质因上书批评宋孝宗在宰相人选以及和战问题上的摇摆不定，遭到罢官，回归故里的时候，王质途经镇江。二人见面，听闻王质的遭遇，再加上张浚病逝的噩耗，陆游十分难过，于是写下了《送王景文》（王质，字景文）的诗，名为送王景文，实际上却是为哀悼张浚而作：

> 张公遂如此，海内共悲辛。
>
> 逆胡犹遗种，皇天夺老臣。
>
> 深知万言策，不愧九原人。
>
> 风雨津亭暮，辞君泪满巾。

张浚是值得陆游悲痛的，他的死对于南宋上下来说，都是巨大的损失。

因为，张浚是爱国忠义之士，是自岳飞之后南宋朝廷抗金收复失地的中坚人物。可惜还是被昏庸的朝廷排挤打击而屈死。张浚死前，自觉没有脸面面对列祖列宗，于是写了一封手书给儿子："我多次执掌国家大权，却不能恢复中原，为祖宗报仇雪恨雪耻，即使死了，也不能把我葬入祖坟旁，葬我于衡山脚下就心满意足了。"这是何等的悲壮啊！与那些屈膝求和的投降派高下立判。乾道元年（1165）冬，张浚已葬于南岳衡山。对此，陆游感叹不已，乾道元年（1165）陆游在今江西南昌写下了《去年余佐京口遇王嘉叟从张魏公督师过焉魏公道免相嘉叟亦出守莆阳近辱书报魏公已葬衡山感叹不已因用所遗挂颊亭诗韵奉寄》的诗，表达了对张浚的无限哀思，诗云：

> 河亭挈手共徘徊，万事宁非有数哉！
>
> 黄阁相君三黜去，青云学士一麾来。
>
> 中原故老知谁在，南岳新丘共此哀。
>
> 火冷夜窗听急雪，相思时取近书开。

陆游在镇江任上，好友韩元吉来访，给他无聊的生活带来了不少乐趣。隆兴二年（1164）闰十一月，韩元吉赴镇江省亲，与陆游诗酒唱和 60 日之久，他们这段诗歌唱和成为当时文坛诗坛的一段佳话。韩元吉的到来，让陆游很高兴，写了《无咎兄郡斋燕集有诗末章见及敬次元韵》：

城楼画角吹晚晴，梅花堕地草欲生。

绮盘翠杓春满眼，我胡不乐君将行。

君归吾党共增气，往往怪我衰涕横。

我来江干交旧少，见君不啻河之清。

北风共爱地炉暖，西日同赏油窗明。

微吟剧醉不知倦，坐阅汉腊逾周正。

君文雄丽擅一世，凛凛武库藏五兵。

酸寒如我每自笑，顾辱刻画为虚声。

乃知好士如好色，遇合不必皆倾城。

君方与世作水镜，如此过许人将惊。

千金敝帚有定价，周玉郑鼠难强名。

失言议罚不可缓，敬白府主浮金觥。

君看失脚落尘土，岂复毫发余诗情。

自伤但似路旁堠，雨剥风摧供送迎。

    陆游和韩元吉友情深厚，相和文辞朴实，令人心生羡慕。然而，由于种种原因，现存的陆游与韩元吉唱和的诗词不多，仅存《无咎兄郡斋燕集有诗末章见及敬次元韵》《赤壁词·招韩无咎游金山》《浣溪沙·和无咎韵》等少数几篇。

    与诗人朋友在一起，除了吟诗作对、诗词唱和外，他们其他喜欢做的事情就是游山玩水了。镇江名胜古迹很多，在镇江期间，陆游与韩元吉、何德器、张玉仲一起游了焦山。当时下着雪，但并没有影响他们一行人的兴致，他们踏雪观看《瘗鹤铭》，这个铭文历史悠久，是著名的摩崖石刻，华阳真逸撰。为了纪念这次出游踏石，陆游写了《焦山题名》，记述了这次游玩活动，第二年甘露寺禅师把陆游写的《焦山题名》刻在焦山的石头上：

隆兴甲申闰月十九日，陆务观（陆游）、何德器、张玉仲、韩无咎（韩元吉），一同踏雪观看《瘗鹤铭》，置酒上方。烽火不息，看到望风樯战舰在烟霭中若隐若现，非常感慨，于是他们都喝醉了。临近傍晚，又一起划着小舟自甘露寺归来。韩元吉等算是陆游以前在临安交往的朋友。他在镇江任上，还与他的上司方滋交往甚厚。当时，方滋为镇江府知府，妥妥的是陆游的上司。

方滋，字务德，桐庐人。宋室南渡后，三为监司，五为郡守，七领节帅，在两广时任经略。知建康府时兼行宫留守，知鄂州时兼领管内安抚使。其知秀州时，注重减轻当地百姓的负担。知镇江时，金人南下侵宋，进犯至淮河一带，淮河一带的百姓争先渡河，他为这些渡河而来的百姓积极奔走，为他们提供避风的港湾和粮食。可以说，方滋在镇江府任上还是很有作为的。陆游在镇江时，还与方滋游览了甘露寺多景楼，为此，陆游还写过一首《水调歌头·多景楼》的词：

江左占形胜，最数古徐州。连山如画，佳处缥缈著危楼。鼓角临风悲壮，烽火连空明灭，往事忆孙刘。千里曜戈甲，万灶宿貔貅。

露沾草，风落木，岁方秋。使君宏放，谈笑洗尽古今愁。不见襄阳登览，磨灭游人无数，遗恨黯难收。叔子独千载，名与汉江流。

　　陆游看到连山如画，遥想三国的孙权、刘备，晋代羊祜襄阳登楼，由史及人，旨在表达宋金对峙中的政治态度和对方滋的期待。此词由张孝祥书写，后刻到崖石上。张孝祥，字安国，历阳乌江人，绍兴二十四年（1154）试策第一，累官集英殿修撰，历知平江、静江、荆南。张孝祥还写了《题陆务观多景楼长句》记述了陆游与方滋游多景楼作词以及张孝祥书写后刻石的经过。

　　乾道元年（1165）元宵节，镇江知府邀请陆游、韩元吉宴饮赏梅。韩元吉写了《方务德元夕不张灯留饮赏梅务观索赋古风》，对这次赏梅的经过作了一个说明，同时也对方滋在镇江府上积极作为进行了歌颂。

　　　　昨日风雨今日晴，绿水桥南春水生。

　　　　使君元夕罢高宴，亭午邀客花间行。

　　　　危亭直上花几许，水仙夹径梅纵横。

　　　　不须沈水薰画戟，帘幕自有香风清。

　　　　门前纷纷乌鹊乱，隐几坐爱寒江明。

　　　　忆昨淮南戎马动，岂谓景物还新正。

　　　　遗民归公十万口，鼙鼓日日严刀兵。

　　　　眼看指麾尽摩抚，闾里愁叹成欢声。

　　　　酬功端合侍玉辇，安得坐啸江干城。

景龙灯火公尚记，耆旧出语儿童惊。

我来两月滥宾客，况有别驾能诗名。

相从一笑说万事，重贵美酒勤杯觥。

东风摇荡入烟柳，歌管错杂催离情。

诏书徵拜那可后，为公前马遥相迎。

三月，方滋改授两浙转运使。七月，陆游改任通判隆兴府军事，离开镇江，不少好友前来浮玉亭送别，依依不舍，难舍难分，为此，陆游写了首《浪淘沙·丹阳浮玉亭席上作》的词抒发了当时的离别之情。

绿树暗长亭，几把离尊。阳关常恨不堪闻。何况今朝秋色里，身是行人。

清泪浥罗巾，各自消魂。一江离恨恰平分。安得千寻横铁锁，截断烟津？

五、再贬隆兴

乾道元年（1165）七月，南宋小朝廷改任陆游为通判隆兴府军事。从对金战略要地镇江调换到远离对金前线的隆兴府，即今天江西南昌。当时，属于江南西路，江南西路社会经济文化发达，是南宋重要的财富来源之地。从一般做官的角度，隆兴府比镇江府肯定要好，稳定繁荣，且隆兴府是大府，而镇江府却处于抗金前线，危险性很大。但是对于渴望建功立业的诗人陆游来说，在镇江府参赞军事，那是再好不过的了。然而，纵然你精忠报国又能怎样，一心只想苟且偷安的南宋小朝廷最怕最担心的就是这些渴望北伐金人收复失地的抗金之士。在南宋统治者看来，陆游是危险的，危险在于他渴望北伐中原，收复失地，危险在于他身处镇江府要职，存在威胁宋金和议的可能，也因此，陆游被无情地调离开来。

陆游被从镇江府再贬至隆兴府，实际还与此时南宋小朝廷主和派占据主导地位密切相关，原先的主战派失势，实力大不如前，史浩罢相，张浚、陈康伯等先后离世。主和派抓住这一千载难逢的机会，拼命打击原先支持张浚抗金或与张浚关系密切的人，这样陈俊卿、张孝祥、王质、冯方、查轮、王十朋、王秬、邹柽等先后遭到贬谪外放，或去到边远荒僻的州县。而一向与张浚关系密切且两家有着世交的陆游，还在镇江与张浚交游的时候，曾劝说其积极抗金北伐，即所谓的"力说张浚用兵"，这一行为决定了陆游不能在镇江府继续待下去了，因此后来自然也就被调离了军事战略要地镇江府。

然而，耐人寻味的是，南宋小朝廷给出的调离陆游的理由是"回避"制度。这实在是太牵强了，无法令人信服。那么，这到底是怎么回事呢？且看《宋会要辑稿》给出的理由："（乾道元年）三月八日诏书：权通判镇江府陆游与通判隆兴府毛钦望互相调任。中书门下省奏称，陆游因为其兄沅提举本路市舶，钦望与安抚陈之茂职事不协调，关系不和，一起乞求回避，因而有这样的任命。"这个官方解释非常牵强，并没有说明陆游被贬的真正原因，反而有点莫须有的嫌疑。陆沅是陆游伯父陆寘的儿子，是他的堂兄，比陆游大 15 岁，字子元，与权相汤思退是同学，又与史浩是姻家。虽然有这层特殊的关系，但是陆沅从未私下与汤思退和史浩有交往，更没有攀附他们谋求晋升，一直在州县发展，后来被调任两浙市舶司提举，由此，需要陆游"回避"，这不免显得有些荒唐。而恰巧当时毛钦望因为和陈之茂关系不好，所以要求调离隆兴，而陆游此时因为要"回避"，所以就和毛钦望调换了。这对于陆游来说，有好有坏吧。好的方面是陈之茂和陆游关系很好，陈之茂主持浙江漕科的时候，曾为陆游打抱不平。不好的一面是，陆游离开了镇江，离开了他做梦都想抗金北伐、收复失地的对金前线，再一次壮志难酬了。对于这次人事变动，陆游早有预见，可尽管如此，他也是很苦闷的，所以他会说"在北固（也即镇江）做幕僚，还没有等到尝到新熟的麦子；就这么快更换到南昌上任，瓜还未成熟就被任命了"。以此足见陆游的困惑与郁闷。为此，他的好友韩元吉第一个站出来为陆游鸣不平，对朝廷的这次人事任免表达了疑惑不解和不满。这在韩元吉写的《送陆务观序》中有充分的表达："还没有来得及施展抱负，就被派往下一郡施政，难道这是士之进退必然有时机哉！"韩元吉的牢骚满腹，只能是泄一时之愤，根本改变不了局面，朝廷的任命自然不会因此改变，但是却在患难中闪耀出友情的光芒。

乾道元年（1165）丙戌七月，陆游携一家老小从镇江移居南昌，这年陆游 41 岁。此时正值夏秋之际，沿长江而行，大风大浪，波涛汹涌，增加了陆游一家前行的困难和风险，就这样一路颠簸，陆游一家渡过星子县，不到半日行至吴城山小龙庙，不久安全到达隆兴。陆游在隆兴通判的任上时间很短暂，从乾道元年（1165）七月至乾道二年（1166）五月被免职回归故里山阴，前后不到一年。

在隆兴这一年左右时间的通判任上，除了公务性应酬，陆游基本上比较清闲，无所事事，本来通判一职事情也不多，再加上陆游郁闷的心情，办事积极性不高，自然也就事情很少了。报国无门，也只好看看书，写写诗，会会友，游览山水，除此以外，诗人还能做什么呢？

不过，令人高兴的事还是有的。乾道二年（1166）正月，陆游第六子出生了，取名约，字文清，因陆游的缘故，后来以父待制补承务郎，后官至朝请大夫，知辰州军。此外，在前往隆兴途中，还有一件足以快慰平生的事情，是乾道二年（1166）二三月间陆游到临川时，在临川驿站遇到了自己的好友李浩。五年多未见的好友，相见格外高兴，一起畅游写诗，自然少不了连床夜语，一直通宵达旦。李浩字德远，是陆游在临安行在敕令所的同事，两人曾先后上书弹劾权贵杨存中，因为这件事情，李浩被祠归临川。其实在临川没有多久，宋孝宗即位后，李浩又被召回朝廷任用，但是李浩是坚定的主战派，与主政的主和派宰执不和，所以不久又被外放到今广西桂林，以直宝阁身份知静江府兼广西安抚使。李浩当时正是到静江府赴任，路过家乡临川时与陆游奇迹般地邂逅了。两人相处三日后，便依依不舍地告别了。陆游离开临川后，写了《寄别李德远》诗二首，记述了他们在临川相见的情境和两人的遭遇以及对时局的忧虑。

萧萧风雨临川驿，邂逅连床若有期。

自起挑灯贪夜话，疾呼索饭疗朝饥。

即今明月共千里，已占深林巢一枝。

惜别自嫌儿女态，梦骑羸马度芳陂。

又

李侯不恨世卖友，陆子那须钱买山。

出牧君当千里去，归耕我判一生闲。

中原乱后儒风替，党禁兴来士气屏。

复古主盟须老手，勉追庆历数公间。

　　总体上，陆游在隆兴任上生活和工作都是平淡无奇的。平淡的生活加上时局的变化，使本身就郁闷的陆游更是增添了不少愁绪。他虽居处隆兴，远离了抗金前线，却依然保持抗金收复失地的雄心壮志，始终心系沦陷的中原地区。不能为抗金做点实事，便只好把这种情感寄托在诗词之中了。这首在隆兴作于乾道元年（1165）冬的《夜梦从数客雨中载酒出游山川城阙极雄丽云长安也因与客马上分韵作诗得游字》诗，就是陆游这种心情的真实写照。

有酒不谋州，能诗自胜侯。

但须绳系日，安用地埋忧。

射雉侵星出，看花秉烛游。

残春杜陵雨，不恨湿貂裘。

好一句"残春杜陵雨，不恨湿貂裘"，写尽了陆游对中原的相思，而相思的背后就是渴望收复失地。据说陆游一生写了上千首诗，其中有 99 首诗，写他做梦都想收复中原，所以清代的赵翼说陆游"人生安得有如许梦，此必有诗无题，遂托之于梦耳"。赵翼说得太对了，就是因为无法实现北伐中原的梦想，所以陆游不得不把中原寄托于梦中。这是诗人的无奈，也是那个时代的悲哀。

有志不得伸，这对立志收复中原的陆游来说，是多么的苦闷，多么的残忍啊！心事重重，矛盾重重，于是，乾道元年（1165）秋在隆兴陆游写下了这首诗《往在都下时与邹德章兵部同居百官宅无日不相从仆来佐豫章而德章亦谪高安感事述怀作歌奉寄》：

巷南巷北秋月明，东家西家读书声。

官闲出局各无事，冷落往往思同盟。

出门相寻索一笑，亦或邂近因俱行。

黄中掀髯语激烈，韶美坚坐书纵横。

子充清言喜置酒，赤梨绿柿相扶擎。

寒灯耿耿地炉暖，宫门风顺闻疏更。

故交一作霜叶散，外物已付秋毫轻。

两穷相遭世果有，我与邹子俱南征。

豫章高安本一郡，挂帆起梅无三程。

簿书衮衮不少借，怀抱郁郁何由倾。

明年君归我亦去，早卜三亩开柴荆。

软红旧路莫重蹋，二升脱粟同煨铛。

　　这首诗写出了陆游在隆兴通判任上的无所事事，这就是所谓的"官闲出局各无事"，沉闷至极，"怀抱郁郁何由倾"，并表达了自己对想和朋友一样挂冠而去，回到老家重归田园生活的向往。

　　乾道元年（1165）十月，陆游在隆兴病了一场。病中写了这首《病中作》，记录下了自己生病的过程和郁闷愁苦的感受。

豫章濒大江，气候颇不令。孟冬风薄人，十室八九病。

外寒客肺胃，下湿攻脚胫。俗巫医不艺，呜呼安托命！

我始屏药囊，治疾以清静。幼妄消六尘，虚白全一性。

三日体遂轻，成此不战胜。长年更事多，苦语君试听。

　　这种郁郁不得志的苦闷情绪还在陆游乾道二年（1166）正月所作的另一首诗《自咏示客》中再次表达出来。

衰发萧萧老郡丞，洪州又看上元灯。

羞将枉直分寻尺，宁走东西就斗升。

吏进饱谙箝纸尾，客来苦劝摸床棱。

归装渐理君知否，笑指庐山古涧藤。

　　陆游渴望回归故里，果然天遂人愿了一次。乾道二年（1166）陆游被当局罢官，"奉祠"山阴。他被罢官的理由是有言官向朝廷反映陆游曾经"力说张浚用兵"，不管这个理由现在看来有多么荒唐，但是在乾道二年（1166）宋金签订和约，南宋向金屈膝投降，割地纳贡，宋孝宗做了侄皇帝，不再是儿皇帝。宋高宗比金世宗大，自然成了金世宗的大哥了，这着实让宋高宗高兴了一阵，朝野上下对此次盟约成功忙得不亦乐乎，宋高宗也做了个顺水人情，美滋滋地给金世宗准备了礼物，这就是所谓的"隆兴和议"，也称"乾道之盟"。主和派高兴了，痛快了，以前追随张浚主张北伐的主战派可就遭殃了，死的死，散的散，还有人被贬谪到远方，几乎所有与张浚有瓜葛的，都被清算了一次，陆游也不例外。他在《晓叹》中"少年论兵实狂妄，谏官劾奏当窜殛"表达了他不否认与张浚论兵之事。这次南宋小朝廷的那些主和派，索性直接把陆游一撸到底，让他回家养闲去了。而这一年五月，陆游的老师曾几也死了，这对陆游来说是一个巨大的打击。

六、罢归山阴

乾道二年（1166）的春天，陆游在隆兴任上被罢官。四月，陆游带着一家老小从隆兴坐船东归山阴，此时他的第六个儿子陆约还只是几个月的小婴儿，也要跟着父母迎着风吹雨打，一路颠簸回故乡，用陆游的话说是"父子扶携返故乡"。对于能东归家乡山阴，陆游是非常开心的，他在《初夏道中》诗里表达了这样欢快的心情。

桑间葚熟麦齐腰，莺语惺憁野雉骄。

日薄人家晒蚕子，雨馀山客买鱼苗。

丰年随处俱堪乐，行路终然不自聊。

独喜此身强健在，又摇团扇著絺蕉。

一路上，一家人经过进贤、上饶，五月初到达玉山。玉山有两位旧相识，自然要停下来叙叙旧。

这两位旧相识，一位是尹穑，另一位是芮烨。尹穑，字少稷，兖州人，南宋建炎中兴时，自北方南渡，受到南宋朝廷重视，绍兴三十二年（1162）与陆游同为枢密院编修官，同赐进士出身。孝宗即位时，为了北伐，奖用西北人士，尹穑被任命为监察御史。符离兵败后，孝宗理想幻灭。尹穑作为汤思退的"鹰犬"，主张对金和议，极力打击主战派大臣，做尽了构陷排挤之能事，据说自张浚以下，凡20余人，都受到了他的迫害。隆兴二年

（1164）十一月，太学生张观等72人上书天听，乞求斩杀汤思退、王之望、尹穑三大奸臣。在这种政治环境下，尹穑被踢出朝廷，隐居在江西玉山。这样，乾道二年（1166）端午节，陆游与尹穑在玉山见面了，一起在信江观看了龙舟竞渡。为此，陆游写下了《重五同尹少稷观江中竞渡》的诗：

> 楚人遗俗阅千年，箫鼓喧呼斗画船。
>
> 风浪如山鲛鳄横，何心此地更争先。

其实，陆游与尹穑虽曾经共过事，但是两人政治立场完全不同。后两句诗可以看作是对尹穑的敲击，也符合陆游当时的心境，所谓"何心此地更争先"，此时此刻，此情此景，陆游自然不会再和他一争高下了。

芮烨，一字仲蒙，又字国器，湖州乌城人，与陆游是同乡，绍兴十八年（1148）进士，为官忠于职守，秉持公正，从不与人相争，更不会攀附权贵，不为秦桧所喜，远放化州（今广东化县），直到秦桧死后，才被召回朝廷。绍兴三十二年（1162）五月以秘书省正字兼国史编修官，后为监察御史、枢密院检详诸房文字。绍兴三十二年（1162）在国史编修官任上与陆游是同僚，两人政治立场相同，都主张积极抗金，收复失地，可谓是志同道合的朋友。老朋友在玉山相见，格外高兴，芮烨还赠送了禄米给陆游在路上用。和芮烨分开后，也就是乾道二年（1166）夏回到山阴后，陆游写了《过玉山辱芮国器检详留语甚勤因寄此诗兼呈韩无咎右司》的诗，记述了他与芮烨在玉山相见的种种。

辽东归老白襦裙，名字何堪遗世闻。

便谓与公长契阔，不知留语故殷勤。

诗章有便犹应寄，禄米无多切莫分。

倘见右司烦说似，每因风月怆离群。

　　这次相逢的喜悦和对芮烨的感激之情在诗句间流淌，话语幽默，亦可见其友情的深厚。

　　不久，也就是大约乾道二年（1166）五、六月间，陆游由玉山经过浙西翻山越岭回到了老家，住在他早已筑好的三山新居。早在镇江任上，他就做好在老家山阴盖新居的打算，与其说陆游预料到哪一天会被罢官归家，不如说陆游其实早就有退隐家乡、回归田园的打算。陆游为官清廉，造屋建新居的钱主要来自他俸禄收入的节余。房屋建在山阴镜湖之三山上。至于什么时候开始建造新居，陆游在《春尽遣怀》中说是"予以乾道乙酉（元年）卜筑湖上"，而在另外一首诗《家居自戒》中又说是"曩得京口俸，始卜湖边居。屋财十许间，岁久亦倍初。艺花过百本，啸咏已有余。犹愧先楚公，终身无屋庐"。而在《幽栖》诗中说是"乾道丙戌（二年）始卜居镜湖之三山"。不管怎么说，陆游动心思在山阴镜湖盖房子都是由来已久。镜湖环境优美，附近名胜很多。

　　陆游赋闲在家，开始过上了一直想过的乡村生活，写写诗，读读书，还给自己的书房取了"可斋"的名字。所谓"可斋"，陆游说是"得福常廉祸自轻，坦然无愧亦无惊。平生秘诀今相付，只向君心可处行"，以此足见他怡然自得的满足。乾道三年（1167）陆游为左通值郎虚衔，为江西黄龙山写了《黄龙山崇恩禅院三门记》，还写下了《游山西村》《观村童戏溪上》两首诗。大家熟知的《游山西村》描写了乡村农家的生活和农人的淳朴、美好。

> 莫笑农家腊酒浑，丰年留客足鸡豚。
>
> 山重水复疑无路，柳暗花明又一村。
>
> 箫鼓追随春社近，衣冠简朴古风存。
>
> 从今若许闲乘月，拄杖无时夜叩门。

《观村童戏溪上》描写了雨过天晴后，村童玩耍嬉戏的场景，这些农家的孩子们冬三月要去读书，但闲时也要帮助家里做农活，读书识字的目的也就是可以完成家里的赋役而已，并没有更高的入仕的想法。

> 雨馀溪水掠堤平，闲看村童戏晚晴。
>
> 竹马踉蹡冲淖去，纸鸢跋扈挟风鸣。
>
> 三冬暂就儒生学，千耦还从父老耕。
>
> 识字粗堪供赋役，不须辛苦慕公卿。

陆游在家就过着这样恬淡的生活，偶尔也喜欢出游。乾道三年（1167）

春天，连续下了十天苦雨，终在雨过天晴的一天，陆游拄着拐杖出游到了西村，一路的春天生机盎然的景色映入眼帘：青蛙叫声不断，两岸的柳树发芽了，海棠花也开了，荠花也开得很好。陆游的心情很愉悦，遇到了卖小鱼的，小鱼待宰，危险在即，陆游买了小鱼放生了。

十日苦雨一日晴，拂拭拄杖西村行。

清沟泠泠流水细，好风习习吹衣轻。

四邻蛙声已阁阁，两岸柳色争青青。

辛夷先开半委地，海棠独立方倾城。

春工遇物初不择，亦秀燕麦开芜菁。

荠花如雪又烂漫，百草红紫那知名。

小鱼谁取置道侧，细柳穿颊危将烹。

欣然买放寄吾意，草莱无地苏疲氓。

在家中无事，诗人自然是喜欢饮酒作乐，借酒消愁吧。陆游罢官赋闲在家的时候，写过很多关于喝酒的诗。如《残春》一诗，说他在钓鱼庵喝醉了，雨不停地从山上的岩石上落下来，很是快意，就不要再想那俗世了。

残春醉著钓鱼庵，花雨娱人落半岩。

岂是天公无皂白，独悲世俗异酸咸。

妄身似梦行当觉，谈口如狂未易缄。

已作沉舟君勿叹，年来何止阅千帆。

《家园小酌》更是写出了在春日雨水多发时，陆游闲居在家，喝喝酒，写写诗，写好后，还拿给儿子们诵读，尽享天伦之乐的情形。真是无比的惬意，与世无争。

一

旋作园庐指顾成，柳阴已复著啼莺。

百年更把几杯酒，一月元无三日晴。

鸥鹭向人殊耐久，山林与世本无营。

小诗漫付儿曹诵，不用韩公说有声。

二

满林春笋生无数，竟日鸬鹚来百回。

衣上尘埃真一洗，酒边怀抱得频开。

池鱼往者忧奇祸，社栎终然幸散材。

世事纷纷心本懒，闭门岂独畏嫌猜。

春天来了，林子里长满了春笋，鸬鹚来回地飞，还是喝喝酒，不要看世事纷争了，闭门在家不只是为了避嫌和躲避猜忌，也是寄情山水。

《岁暮与邻曲饮酒》："出会稽南门，九里有聚落。虽非衣冠区，农圃可共酌。"

除了喝酒垂钓外陆游在家更多的时间还是在读书，读道家之书，固然这与陆家的家学有关，也与此时陆游被罢官后有志不得伸是相关的。读读道家之书，自然有超脱世外的效果了。为此，在乾道三年（1167），陆游写过一首《夜读隐书有感》，说他平生的志行就是向往修道。

> 平生志慕白云乡，俯仰人间每自伤。
>
> 倦鹤摧颓宁望料，寒龟龌缩且支床。
>
> 力探鸿宝寻奇诀，剩采青精试秘方。
>
> 常鄙朣仙老山泽，要令仰首看飞翔。

陆游虽归家田园，寄情山水，但是他那爱国壮志却没有熄灭。即便远离了朝堂，陆游依然在关心国是，关心国家命运与前途。陆游有诗说"余生知有几，且置万端忧"，实际陆游并没有做到把对国家前途命运的忧虑放置一边不管，作为一个积极务实、主张抗金北伐的诗人，他不可能不关心国家命运。陆游在《寄龚实之正言》中流露了真实的想法："学道皮肤虽脱落，忧时肝胆尚轮囷。"此外，在陆游写的《题十八学士图》中，他的爱国精神得到很好的体现。

> 隋日昏曀东南倾，雷塘风吹草木腥。
>
> 平时但忌黑色儿，不知乃有虬髯生。

晋阳龙飞云瀜瀜，关洛万里即日平。

东征归来脱金甲，天策开府延豪英。

琴书闲暇永清昼，簪履光彩明华星。

高参伊吕列佐命，下者才气犹峥嵘。

但馀一恨到千载，高阳缪公来窜名。

老奸得志国几丧，李氏诛徙连孤婴。

向令巫念履霜戒，危乱安得存勾萌。

众贤一佞祸尚尔，掩卷涕泪临风横。

　　陆游这首诗借古讽今，表达了对奸佞误国，尤其是秦桧、曾觌、龙大渊等结党营私、祸国殃民的行为无比痛恨的情感，所以陆游还是放心不下国家，放心不下他的报国之志。陆游还是那个陆游。乾道三年（1167），极力主张和议的宋孝宗宠臣曾觌、龙大渊被陆游的好友陈俊卿等逐出了朝廷。听到这个消息后，陆游十分高兴，欣喜地写下了《十月苦蝇》诗二首：

　　村北村南打稻忙，浮云吹尽见朝阳。不宜便作晴明看，扑面飞蝇未退藏。

　　十月江南未拥炉，痴蝇扰扰莫嫌渠。细看岂是坚牢物，付与清霜为扫除！

　　这两首诗是陆游有感而发，有感于曾觌、龙大渊等权臣被放逐外任，但是还没有完全倒台，仍有卷土重来的可能，所以说"不宜便作晴明看"，而应该继续痛打落水狗，"付与清霜为扫除"，彻底将其清除。

乾道四年（1168），陆游44岁，继续赋闲在家。这年二月，朝廷人事发生了很大的变化，蒋芾为相并兼枢密使。六月，龙大渊死了。十月，重新任命蒋芾为尚书左仆射，陈俊卿为右仆射，并同平章事兼枢密使。不久，各地饥民暴动，南宋王朝遣使赈灾，朝廷面临新的挑战。这年陆游在山阴故里，依旧还是过着闲暇的生活。

乾道五年（1169），陆游45岁，依然身处故里，在家养闲。这年十二月六日，朝廷有消息来，任命陆游以左奉议郎差通判夔州军州事。而这年陆游病了，以久病为由向朝廷乞明年夏初再起行赴任。

乾道六年（1170），陆游46岁，闰五月起身离开山阴老家，赴夔州上任。

第四章

◎

楼船夜雪瓜洲渡，铁马秋风大散关

"楼船夜雪瓜洲渡，铁马秋风大散关"是陆游《书愤》中的诗句，写于宋孝宗淳熙十三年（1186）春天，是年陆游罢官归于山阴老家。大散关是宋金争夺之地，后来成为宋金的分界线，位于今四川和陕西交界处。陆游曾入蜀为官多年，也有在蜀地从戎的经历，所以用这两句诗来形容陆游当时的心情、境遇更具有身临其境之感。

一、入蜀夔州

从镇江贬到隆兴（今南昌），再被罢官归乡里，前后五年多，陆游一直是被朝廷冷落的，这也是陆游郁郁不得志，有志不得伸的时期。突然而来的新的任命，虽然只是通判且地方偏远，但对于困境中的陆游来说，实际上也是一次机会，至少表明朝廷注意到他了。

至于陆游为何会得到这个机会，是源于乾道三年（1167）后南宋朝廷政治风气迎来的新气象。此时，曾觌、龙大渊两大权臣被放外任，龙大渊被外放到浙江为浙东总管，曾觌为福建路总管，这两个致命的毒瘤被割掉，南宋朝廷政治风气得以好转，一些正直忠义的大臣渐渐进入了朝廷的核心部门。虞允文为枢密院事，陈俊卿为参知政事，王炎为签书枢密院事，等等。这样一来，朝廷政治风气得到很大转变。主张屈膝投降的主和派权臣远放后，宋孝宗又重新树立了收复中原的信心和决心。

乾道四年（1168）十一月，主战派陈俊卿被任命为右仆射同中书门下平章事兼枢密使兼国用使。陈俊卿是张浚的老部下，陆游在镇江之时，就与陈俊卿结识了，由于意气相投，志同道合，很快他们成了好朋友。而更难得的是，陈俊卿是孝宗的近臣。孝宗还是普安郡王时，陈俊卿是他的王府教授，为孝宗讲经，是孝宗的老师，孝宗对陈俊卿忠义沉稳多谋略的品质很是欣赏，因而颇为重用他。陆游对陈俊卿任右丞相激动不已。于是，奋笔疾书写下了《贺莆阳陈右相启》，称之为"天定之胜人"，并勉励陈俊卿敢于担当，励精图治，以成巍巍大治。同时，陆游认识到有陈俊卿这样一位贤相主持朝政，自己应该出山，为国家做事，尽自己的责任。形势的发展越来越使陆游深受鼓舞。乾道五年（1169）二月，宋孝宗开始为张浚平反，追赠太师，谥号忠献，充分肯定了张浚北伐金人的功绩。同时，还为岳飞平反，为其立庙；成闵、李显忠也相继官复原职。同月，任命王炎为参知政事，兼同知枢密院事。三月，王炎以参知政事的身份出为四川宣抚使。陆游没有想到的是，王炎极力邀请他入幕，这让陆游既激动又意外。王炎字公明，安阳人，长陆游10岁，因为门荫制度而入仕为官，做过蕲水令、司农寺丞等官，乾道二年（1166）以两浙漕臣除直敷文阁知临安府。乾道四年（1168）被赐同进士出身，签枢密院事。王炎的父亲王绚是一位积极抗金的爱国人士，在北宋末年金人进犯京师之时，虽为一个小小的县令，却能为朝廷分忧，在朝廷危难之际挺身而出，积极抗金。受这样的家庭环境影响，王炎也是一位积极抗金，主张北伐金人、收复失地的爱国志士。因此，刚到四川安抚使任上不久，为了北伐大计，王炎便开始招募志同道合的爱国人士，以图一起完成北伐金人、收复失地的伟业。就这样，原本与王炎没有交集的陆游进入了他的视野之中。因此，王炎即刻邀请陆游入幕，一起来完成北伐大业。陆游对王炎招募自己入幕，很是感激、高兴，他在《谢王宣抚启》中说"衔恩刻骨，流涕交颐"，因此打算"急装俟命，碎首为期"。陆游真的是心动了。作为抗金收复失地的积极分子，陆游能接到王炎北伐金人、收复失地的邀请，当然是欣喜万分的，英雄终于可以有用武之地了。然而就在这时，朝廷新的任命下来了，陆游被朝廷任命为夔州通判。既然有皇命，王炎的私人聘请也只能让位于朝廷诏命了。

皇命难违，接到诏命后，陆游在老家山阴休养了一段时间，于乾道六年（1170）闰五月十八日携带家眷离开山阴往夔州赴任。这就是陆游在《入蜀记》中说的那样："乾道五年（1169）十二月六日，得到朝廷任命的通报，派遣我到夔州任通判。不久病了很久，不堪任遥远的旅行，打算等病好了初夏离开家乡到夔州上任。"这年陆游46岁。接到任命后，陆游写了首《将赴官夔府书怀》，表达了自己对这次重新被朝廷任命的感慨。

病夫喜山泽，抗志自年少。

有时缘龟饥，妄出丐鹤料。

亦尝厕朝绅，退懦每自笑。

正如怯酒人，虽爱不敢釂。

一从南昌免，五岁嗟不调。

朝廷每哀矜，幕府误辟召。

终然敛孤迹，万里游绝徼。

民风杂莫徭，封域近无诏。

凄凉黄魔宫，峭绝白帝庙。

又尝闻此邦，野陋可嘲诮。

通衢舞《竹枝》，谯门对山烧。

浮生一梦耳，何者可庆吊？

但愁瘿累累，把镜羞自照。

　　这道任命让陆游感到惆怅、郁闷，更多的是有志不得伸的苦楚和悲哀。从乾道二年（1166）春在南昌被罢官，再到乾道六年（1170）赴任夔州，前后五年时间，他以满腔的报国之志耐心地等待了五年，结果只是等来了又一个"通判"的职务，一个闲职，况且他已经担任过两任通判了。从镇江到南昌，现在又到夔州，职位没有变化，可是离中枢和抗金前线越走越远，离自己的家乡越走越远，越走越荒僻。更重要的是越来越和陆游抗金北伐的志向相偏离。只能怪造化弄人，朝廷用人不明了。夔州（今四川奉节）这个地方在当时还属于荒蛮之地，荒僻贫瘠，且那个地方还有个十人九瘿的怪毛病，因此，虽然官职都是通判，但夔州自然是与南昌和镇江无法比的。以前总是陆游写诗安慰来夔州任职的朋友，如陆游的朋友张震和查轮曾先后来夔州做过官，陆游写过《寄张真父舍》《送查元章赴夔漕》的诗，对朋友进行宽慰。没想到这次轮到自己来夔州做官了，自然是不胜感慨，有种世事难料、风云变化之感，真可谓"浮生一梦耳"。

而乾道六年（1170）春天，陆游那位在玉山的好友芮烨被朝廷召回，担任国子司业，陆游写了《送芮国器司业》的诗，表达抗金志向，仍然不忘心系国事。

往岁淮边虏未归，诸生合疏论危机。

人材衰靡方当虑，士气峥嵘未可非。

万事不如公论久，诸贤莫与众心违。

还朝此段宜先及，岂独遗经赖发挥。

乾道六年（1170）闰五月十八日，陆游离开老家山阴，赶赴夔州上任。他先是坐小船来到临安，因为不知何时能从夔州回来，所以过来看看朋友，和他们道别。五月二十日到达临安，现在算来，自隆兴元年（1163）被贬出京至今八年未到临安，可谓久违了。然而，此时原本担任右丞相的好友陈俊卿却被罢相，出知福州去了。现在担任参知政事兼知枢密院事的是梁克家。梁克家，字叔子，福建晋江人，他是绍兴三十年（1160）的状元，

在朝廷整顿法度。他不仅文章写得好，军事上也很有远见卓识，是一个有
才华的人。基于这种原因，陆游进了梁府谒见，并写了《投梁参政》一诗
献上，把自己立志恢复雪耻、从戎草檄的志向以及有志不得伸的苦衷说给
梁参政听。

浮生无根株，志士惜浪死。

鸡鸣何预人，推枕中夕起。

游也本无奇，腰折百僚底。

流离蘗成丝，悲咤泪如洗。

残年走巴峡，辛苦为斗米。

远冲三伏热，前指九月水。

回首长安城，未忍便万里。

袖诗叩东府，再拜求望履。

平生实易足，名幸污黄纸。

但忧死无闻，功不挂青史。

颇闻匈奴乱，天意殄蛇豕。

何时嫖姚师，大刷渭桥耻？

士各奋所长，儒生未宜鄙。

覆毡草军书，不畏寒堕指。

六月一日，陆游离开了临安，六月十日到平江，平江为今江苏苏州。

二十五日来到镇江，在镇江神庙遇见义军战士王秀。王秀是博州人，时年51岁。金主完颜亮南侵时，自河朔加入并跟随义军，攻打大名，以等待南宋王师来收复，后来归顺了南宋朝廷，但他的功绩却被朝廷忽略了。因而他自己感叹孤远无路可通，唏嘘不已。听闻这些，陆游深憾朝廷对爱国志士的不公。二十八日，又与好友范成大相遇于金山，当时范成大准备出使金国，目的是为了求陵寝地，且请更定受书礼。范成大是陆游在圣政所的同僚，志同道合，至今八年未见。金山相遇，即邀请陆游来玉监堂一聚。两人分别后，范成大一路北行，陆游一路向西。七月十七日，来到安徽当涂，以诗吊李白，名曰《吊李翰林墓》：

> 饮似长鲸快吸川，思如渴骥勇奔泉。
>
> 客从县令初何有，醉忤将军亦偶然。
>
> 骏马名姬如昨日，断碑乔木不知年。
>
> 浮生今古同归此，回首桓公亦故阡。

八月七日，陆游到达江州，游览了庐山，九日还江州。一路上游山玩水和贫病交加。终于，在乾道六年（1170）十月二十七日到达夔州。这一路走来，太不容易了，费时五个月，行程5000余里，经历夏秋冬三季变化。妻儿以及陆游自己也是病了多次，如到了秀州时，妻子王氏和儿子陆绚都中暑生病了，不得不停下来寻医问药。雪上加霜的是，儿子陆统到了吴江也生病了；到了金陵时，妻子病得更加严重，幸亏在当地官员秦埙的帮助下，请医送药，才渐渐好起来了。祸不单行的是，辛苦的陆游也生病了，至当涂时，不得不请医看病；始料未及的是，陆游刚好不久，女儿灵照也病了，请了鄂州的医生看后，才慢慢好起来了。一路生病，一路向西，使陆游及其家人饱受折磨。西行之路，苦不堪言。

陆游在夔州自乾道六年（1170）十月底至乾道八年（1172）二月，实际上仅有一年四个月。在夔州的这段岁月里，陆游总体上是苦闷的，物质和精神上都是困乏和郁闷的。乾道六年（1170）十二月，陆游作《送关漕诗序》，讽刺朝廷赏罚黜陟不明。也是在这一年陆游的好友张孝祥病逝了，在人生的道路上他又失去了一位志同道合的知己。

乾道七年（1171），陆游47岁，在夔州任上仅仅几个月。这年三月，金人以一品礼葬宋钦宗于巩洛之原。四月，归德府百姓臧安儿反抗金人统治被杀。陆游被任命为系左衔奉议郎通判军州主管学事兼管内劝农事。同年四月，为夔州考监试官，闭试院中一个月左右。陆游在夔州虽然苦闷，但救国之志仍未消弭。登高望远，陆游还寻访了杜甫故居，写下了《东屯高斋记》，表达了对爱国诗人杜甫的敬仰之情。连夜，陆游又登临白帝城，写下了追怀杜甫的诗《夜登白帝城楼怀少陵先生》：

拾遗白发有谁怜，零落歌诗遍两川。

人立飞楼今已矣，浪翻孤月尚依然。

升沉自古无穷事，愚智同归有限年。

此意凄凉谁共语，夜阑鸥鹭起沙边。

　　在来的路上，路过白帝城时，陆游还登上了白帝庙吊古伤今。白帝庙
是蜀人为纪念公孙述而建的，陆游写了首诗《入瞿唐登白帝庙》，表面上是
对公孙述的赞扬，实际却是暗讽南宋朝廷无骨气，皇帝无血性。

晓入大溪口，是为瞿唐门。

长江从蜀来，日夜东南奔。

两山对崔嵬，势如塞乾坤。

峭壁空仰视，欲上不可扪。

禹功何巍巍，尚睹镌凿痕。

天不生斯人，人皆化鱼鼋。

于时仲冬月，水各归其源。

滟滪屹中流，百尺呈孤根。

参差层颠屋，邦人祀公孙。

力战死社稷，宜享庙貌尊。

丈夫贵不挠，成败何足论。

我欲伐巨石，作碑累千言。

上陈跃马壮，下斥乘骡昏。

虽惭豪伟词，尚慰雄杰魂。

君王昔玉食，何至歆鸡豚。

愿言采芳兰，舞歌荐清尊。

陆游用"力战死社稷，宜享庙猊尊。丈夫贵不挠，成败何足论。我欲伐巨石，作碑累千言。上陈跃马壮，下斥乘骡昏。虽惭豪伟词，尚慰雄杰魂"来高度赞扬公孙述宁可战死也不降的伟岸，痛斥刘禅的不抵抗而成昏侯，认为公孙述才是真正的大英雄。公孙述，西汉末年据蜀自立为蜀王，并于东汉建武元年（25）称帝，建元龙兴，尽有益州之地，实力雄厚，兵将数十万，兵多粮足，有与天下英雄逐鹿中原的勇气和志向。光武帝刘秀建立东汉后，着手统一全国，多次遣使致书劝公孙述投降，而公孙述坚决不降，与东汉对阵多年，最终在建武十一年（35）十一月兵败被杀，正如陆游所说的"力战死社稷"，值得充分肯定，不能以成败论英雄。而反观南宋朝廷，也是只有半壁江山，却奴颜婢膝，卖国求荣，委曲求全，屈膝投降，全然没有骨气，没有力战死社稷、百折不挠的那种精神。这是陆游所痛心和不齿的地方。陆游多么希望朝廷上下，尤其是君王，人人奋起，百折不挠，北伐中原，收复失地啊！这就是爱国诗人陆游的天性。陆游的爱国之志，是深入到骨髓的，他在做梦的时候，都担心国家前途和命运，关心国家迁都问题。在一首名为《记梦》的诗中，陆游说："梦里都忘困晚途，纵横草疏论迁都。不知尽挽银河水，洗得平生习气无？"梦里都忘记了自己困在夔州的路途上，却还在纵横千里论迁都，可见陆游爱国之心的坚定不移。

闲暇之余，陆游仍保持读道书的传统，并尝试服食和修真。他给自己在夔州的书斋取了一个道家仙气很足的名字"玉笈"，并在《玉笈斋书事》

诗二首中描述了他在夔州读道书的情况：

> 莫笑新霜点鬓须，老来却得少工夫。
>
> 晨占上古连山易，夜对西真五岳图。
>
> 叔夜曾闻高士啸，孔宾岂待异人呼。
>
> 眉间喜色谁知得，今日新添火四铢。

又

> 雪霁茆堂钟磬清，晨斋枸杞一杯羹。
>
> 《隐书》不厌千回读，大药何时九转成？
>
> 孤坐月魂寒彻骨，安眠龟息浩无声。
>
> 剩分松屑为山信，明日青城有使行。

由这两首诗，可见他读了不少道书，如《连山》《归藏》《周易》，看了《五岳图》，且是"不厌千回读"，还服食丹药和练习吐纳之术，并请来了青城山道士来指导炼丹，在学道的路上他越走越远，颇有进步。

此外，在夔州，陆游还是写了很多诗，据统计有 59 首诗，这些诗中思念故乡的诗比较多。一路西来荒蛮的夔州，陆游心里除了苦闷外，还有很多思乡的愁绪。乾道七年（1171）正月，陆游写了《蹋碛》一诗表达了对故乡的无限思念。

鬼门关外逢人日，蹒碛千家万家出。

《竹枝》惨戚云不动，《剑器》联翩日将夕。

行人十有八九瘿，见惯何曾羞顾影。

江边沽酒沙上卧，峡口月出风吹醒。

人生未死信难知，憔悴夔州生鬓丝。

何日画船摇桂楫，西湖却赋探春诗？

　　来夔州不久，陆游就想着什么时候能回家。因此他说"何日画船摇桂楫，西湖却赋探春诗"。尤其是每当佳节的时候，就更思念故乡了。清明节到了，陆游很惆怅，思念家乡，只恨自己不能亲自去给祖先扫墓，祭拜祖先。于是他写了《乡中每以寒食立夏之间省坟客夔适逢此时凄然感怀》诗二首，表达了清明节不能回乡祭祖的无奈和对故乡的思念。

松阴系马启朱扉，秬秠青红正此时。

守墓万家犹有日，及亲三釜永无期。

诗成谩写天涯感，泪尽何由地下知。

富贵贱贫俱有恨，此生长废《蓼莪》诗。

手持绿酒酹苍苔，今岁何由匹马来。

清泪不随春雨断，孤吟欲和暮猿哀。

　　皂貂破弊归心切，白发凄凉老境催。

　　誓墓只思长不出，松门日日手亲开。

　　"守墓万家犹有日，及亲三釜永无期"，"皂貂破弊归心切，白发凄凉老境催"，守墓无期，归家心切，难怪催生出很多白发。此情此景，思乡情绪一发而不可收，"故山未敢说归期，十口相随又别离"，"头白伴人书纸尾，只思归去弄烟波"，"岁月背人去，乡闾何日归"。而在九月写的《九月三十日登城门东望凄然有感》更是把思乡的愁绪推到了新的高度，而且这个时期陆游病了，在病中的异乡人，是更容易思念故乡、思念亲人的。病中的陆游感觉到"流离去国归无日"，回家的梦想也许是遥遥无期了，病中的哀愁更多的是悲观失望吧。"蜀江朝暮东南注，我独胡为淹此留？"秋雁知归，江水东流，难道我陆游真的要长期在这个鬼地方居留吗？

　　减尽腰围白尽头，经年作客向夔州。

　　流离去国归无日，瘴疠侵人病过秋。

　　菊蕊残时初把酒，雁行横处更登楼。

　　蜀江朝暮东南注，我独胡为淹此留？

　　当然，陆游是心有不甘的，但没有办法，有时候还需要自我安慰一下，所以陆游也会风趣地说"未觉巴山异故乡"。当然这肯定不是他的心里话，也许那个时候他心情大好，所以违心地说出了这句话吧。

　　用陆游自己的话说，他是在异乡夔州作客，久了就自然会想家。对故乡的思念可以列为相思病的一种吧。然而除了心理上的痛苦之外，陆游是真的生病了。来到夔州这个荒蛮之地，瘴疠之所，本来就情绪郁闷，再加上思乡情切，陆游这次病了很久，从春天到秋天，所以他说"瘴疠侵人病过秋"。而乾道七年（1171）八月至九月初，陆游卧病在床达40余日。这期间他写了好几首表面上说自己生病的诗，如《久病灼艾后独卧有感》说的是自己病了很久，卧病在床，还用火灼艾草来治病，江边大雁横飞，墙边稀疏的梧桐下蝉声不见了，不胜感激生活在蛮荒之地。即便是久在病中，深处蛮烟之地，陆游也没有忘记和丧失他北伐中原、收复失地的理想，只是在生病之时，显得有点有心无力罢了，所以他说"诸贤好试平戎策，敛退无心竞著鞭"。

　　　　　　白帝城高暮柝传，幽窗搔首意萧然。

　　　　　　江边云湿初横雁，墙下桐疏不庇蝉。

　　　　　　计出火攻伤老病，卧闻鸢堕叹蛮烟。

　　　　　　诸贤好试平戎策，敛退无心竞著鞭。

　　如《秋晚病起》一诗说，秋天病了的一个早上，陆游起来，他宽慰自己说静心病就痊愈了。昨晚一夜都在下雨，今早天晴了，阳光通过窗户纸照进来，明亮了许多。梧桐叶子落光了，秋天快过去了，冬天就要来临，所以他说"井梧殊可念，无叶送秋声"。病了这么久，这天陆游也许有点高兴了。

> 心静病良已，翛然巾履轻。
>
> 灰深地炉暖，日出纸窗明。
>
> 宿雨全消瘴，新霜剩得晴。
>
> 井梧殊可念，无叶送秋声。

陆游这一病就是40多天。为此，他写了首《一病四十日天气遂寒感怀有赋》的诗，诗中充满了悲凉之感。他感慨自己这个隐逸的闲人，因为生病了所以鬓角的毛发很凌乱，都没有时间去修理，这里九月的天气是很寒冷的，傍晚的鼓角声催断了自己的梦境，早霜染白了一片丹树林。

> 幽人病起鬓毛残，硖口楼台九月寒。
>
> 暮角又催孤梦断，早霜初染一林丹。
>
> 乡闾乖隔知谁健？怀抱凄凉用底宽。
>
> 麴米春香虽可醉，瀼西新橘尚余酸。

病中日久，家口很多，贫困交加，不得已，陆游给左丞相虞允文写了《上虞丞相书》，希望虞丞相能把他调走，也希望朝廷能给他回家的路费。穷困潦倒至此，可见陆游的辛酸与悲哀！此时，陆游在夔州任上已满三年了，按照当时官员任命的规定，在地方官任期满三年就可以"受代"，即可以升级了。陆游此时的官职由左奉议郎晋升为左承议郎，寄禄格由二十四阶升为二十三阶，由正八品升为从七品。

陆游并没有把希望只寄托在朝廷虞丞相那边，他在给虞允文丞相上书的同时，也想起了那个曾经力邀自己入幕的王炎。此时王炎正在南郑策划收复失地的军国大事，官拜四川宣抚使，并加枢密使的头衔。陆游相信自己当时因皇命难违而未应邀，王炎是可以理解的。经过深思熟虑，陆游提起笔来写了《上王宣抚启》，言辞恳切地向王炎请求入幕，以成全抗金收复失地的志向。陆游是幸运的，此时朝廷也有着力收复的打算，并采取了一些动作和部署，如赵雄上书请置局议恢复，得到孝宗的批准，赵雄也因此官升中书舍人；并下诏训练水军等。王炎更是对收复失地、北伐金人踌躇满志，并为了实现这一理想，先后邀请了范中芑、张缜、宇文叔介、刘三戒、周颉、阎苍舒、章森等人入幕，参谋军事，还把四川宣抚使的办公地由益昌迁到了南郑前线，以此表明立志恢复的决心。

对于陆游主动申请加盟恢复之事，王炎当然是求之不得的。曾经因为朝廷诏命原因，没有请到陆游这位抗金名士，颇有遗憾，现在陆游主动请缨，当然是求之不得，于是十分欣喜地接受了陆游入幕的请求。乾道八年（1172）陆游接到了王炎的邀请，开始启程赴南郑。就这样开启了他人生不可多得的壮怀激烈的伟大时刻，抗金收复失地的梦想似乎要成真了。南郑从戎是陆游人生中最为快乐和得志的时候，也是陆游诗歌创作的重大发展和高潮期。

二、南郑从戎

南郑在当时属于抗金前线，离大散关不远，为今陕西汉中。自古以来都是军事战略要地，为咽喉和锁钥之地位。宋室南渡后，南郑更是成为西北国防前线，为宋金必争之地。不少抗金之士都将其视为收复失地的根据地，陆游曾经主张建都南郑。绍兴初年南郑曾一度落入金人之手，南郑人民惨遭屠杀抢掠，受兵灾最为严重。后来，太尉杨政来南郑为元帅，重新恢复，加强治理，经过多年经营才呈现欣欣向荣的气象，人口亦不断增加，逐渐恢复到了承平时期的发展水平，为南郑成为宋金对峙的重要战略要地奠定了物质基础。

乾道八年（1172）正月，陆游开始启程奔赴南郑，从夔州到南郑路途艰险，陆游暂时把妻儿留在了夔州。这年，陆游48岁，在古代48岁已经是很大年纪了，他就这样只身匹马赶赴南郑。一路经过万州、梁山军、邻水、岳池、广安、利州。在途经筹笔驿时，写了《筹笔驿》一诗："运筹陈迹故依然，想见旌旗驻道边。一等人间管城子，不堪谯叟作降笺。"筹笔驿是诸葛武侯北伐出师之地，所谓"运筹陈迹"是指武侯出师故地，一方面赞颂诸葛亮积极北伐，另一方面也讽刺了谯周屈膝投降作降书，实则是在借古讽今。

一路风雨兼程，一路备尝艰辛，终于在三月到达了南郑。在这一路上，陆游的心情是非常欢快的，赶路、写诗，一路上陆游写了30首诗，可谓高兴得很。陆游感到他追求的"平生万里心，执戈王前驱""上马击狂胡，下马草军书"的理想，似乎就要实现了，所以诗歌都是欢快的。到了南郑，看到这里的平原大川，沃野千里，丰富的物产，韩信将坛、武侯祠庙等名胜古迹，陆游很是兴奋，爱国情怀和收复之志也更加汹涌澎湃。于是，陆游写了《山南行》，来描述南郑优美的自然环境和历史文化资源，表达了以南郑为根本，收复中原的信心。

> 我行山南已三日，如绳大路东西出。
>
> 平川沃野望不尽，麦陇青青桑郁郁。
>
> 地近函秦气俗豪，秋千蹴鞠分朋曹。
>
> 苜蓿连云马蹄健，杨柳夹道车声高。
>
> 古来历历兴亡处，举目山川尚如故。
>
> 将军坛上冷云低，丞相祠前春日暮。
>
> 国家四纪失中原，师出江淮未易吞。
>
> 会看金鼓从天下，却用关中作本根。

在来南郑以前，陆游认为应该以江淮为根据地，着手收复中原，到了南郑后，他改变了自己的看法，认为要恢复中原，必须从经略长安为始，"取长安，必自陇右为始"。

陆游在南郑前后总共才8个月时间，在王炎幕府任上，官拜左承议郎权四川宣抚司干办公事兼检法官，其实就是负责军队纪律监督的小官。在南郑从戎期间，陆游和有着共同志向的范中芑等15人交往友善，尤其和张缜交谊甚笃。张缜，字季长，江源人，孝宗隆兴时进士，初为幕职，迁秘书省正字、大理寺少卿，与郡人阎苍舒同官。后出为夔州路转运使，富于文。晚年退休回归乡里，著书立说数百卷。为南郑幕僚时与陆游交往最多，关系最好，以道义相切琢。张缜死后，陆游赋诗以寄托其悲哀之情，诗云"张卿独所敬，夙昔推直谅"，"一恸寝门生意尽，从今无复季长书"。

陆游在南郑的工作主要是参赞军事。乾道八年（1172）七月，陆游向王炎献计献策，希望恢复中原，进进取之策，但是，陆游的建议没有被王炎采纳，不是王炎不采纳，而是实际朝局的发展，让王炎这样立志恢复的封疆大吏身不由己。陆游在诗中说"画策虽工不见用，悲吒那复从军乐"，"登高以望兮慷慨涕流，画策不见用兮宁钟釜之是求"。陆游还向王炎建议，鉴于吴璘之子吴挺手握重兵，骄横跋扈，应该以吴玠之子吴拱来代替吴挺。而王炎却说吴拱怯战没有谋略，与敌人对阵必败。陆游认为即使是吴挺遇到敌人，也不能保证他就会胜利，而且还不好驾驭。王炎对陆游的建议也没有采纳，后来吴挺的儿子吴曦叛变，陆游之前的建言得到了验证。而王炎没有接纳陆游的建议，也有很多原因，主要在于：一是吴挺比吴拱更懂军事，善于治军和临阵作战经验丰富，所谓"挺累从征讨，功效甚著，有父风矣"。二是吴挺在川陕一带经营多年，根基比吴拱要厚实。还有就是王炎经略南郑四年多，只待朝廷一声令下，就会挥师北伐，如果此时临时换将，是兵家之大忌。出于这些原因，王炎没有接纳陆游的建议，但是王炎和陆游应该是私下沟通过的。

虽然王炎没有接受陆游的建议，但是陆游还不忘时刻敲打吴挺，希望他能忠心报国。有一次陆游受邀到吴挺府上做客，文人骚客都喜欢舞文弄墨，武将也喜欢附庸风雅。参与这次宴会的很多都是文人雅士，饮酒吃宴自然还是要吟诗作对。经过文人一番客气后，陆游提笔写下了《次韵子长题吴太尉云山亭》的诗："参谋健笔落纵横，太尉清樽赏快晴。文雅风流虽可爱，关中遗虏要人平。"这首诗实际上是在暗讽吴挺，南郑对敌前线，当时都在整军备战，战士们都在风餐露宿，作为"代掌兵"的大将，你吴挺却在这里附庸风雅，于是借机提醒吴挺，不要附庸风雅，应该时刻关心前线战事，关心将士的生活。这个时候，可见陆游作为一名纪检法官的切合时宜和责任担当。

陆游在南郑的军旅生涯，是一生中最为快乐的时光。虽然他的建议没有得到王炎的采纳，但并不意味他在南郑就没有用武之地。相反，南郑是陆游寄予收复中原抱负的主要地区。这是他平生第一次以从戎的身份投身到抗金斗争的最前线。多年的苦苦追求，终变成现实，着实令陆游高兴、兴奋，便自然觉得自己年轻了许多，不再有壮士迟暮之感了。这时他已是48岁的老人了，却在写的诗中说自己是40岁——"四十从军渭水边"，一副不服老的年轻心态。他再也不说生了很多白发了，而是说"西戍梁州鬓未丝""忆昔西游两鬓青"，压根儿就没有白发，还是一个跨马纵横驰骋的少年，雄姿勃发，"念昔少年日，从戎何壮哉"，"忆昔西征日，飞腾尚少年"。那曾经"杀身有地初非惜，报国无时未免愁"的愁绪一扫而空。在南郑，陆游当然是无愁的，正如他所说的"投笔书生古来有，从军乐事世间无"那样，人生进入了另一个充满昂扬情怀的时期。

　　从军需要吃很多苦，但是在诗人陆游看来，这些苦算不得什么，反而是乐事。他无怨无悔，他乐在其中。因此，在南郑，陆游多次参与重要的军事行动。最为惊心动魄和难忘的是，有一次雪夜突破金兵防线掠渡渭水的军事行动，陆游参与侦察活动。陆游写了好几首诗来追述他的这次军事行动，如："结客渔阳时遣简，踏营渭北夜衔枚。"（《忆山南》）"念昔少年日，从戎何壮哉！独骑洮河马，涉渭夜衔枚。"（《岁暮风雨》）"最怀清渭上，冲雪夜掠渡。"（《秋夜感旧十二韵》）从这些诗句来判断，陆游这次军事行动是与金人统治区那边的义士取得了直接联系。因为，王炎在南郑治军时，一直注重联结关中沦陷区的百姓和义士，派出谍报人员深入金人占领区刺探情报，并与关辅地区的义士取得联系。所以陆游在《昔日》诗中有"至今悲义士，书帛报番情"，陆游在这首诗的注释中写道："我在兴元（南郑）的日子里，沦陷区的长安将吏以申状送至宣抚司，都是用四五寸的绢放在蜡丸里，金军中的一举一动都通过这个蜡丸送过来。"由此得到了证实。《追忆征西幕中旧事》诗说："关辅遗民意可伤，蜡封三寸绢书黄。亦知虏法如秦酷，列圣恩深不忍忘。"陆游自注说："关中将校密报金人的军事行动，都是以蜡书的形式送至宣抚司。"同题诗之三又说："忆昨王师戍陇回，遗民日夜望行台。不论夹道壶浆满，洛笋河鲂次第来。"自注云："在南郑的时候，关中将吏有的敬献蜡书、河鲂二物。"

　　因为工作的需要，陆游多次参与戍守或巡查防务，到过大散关，在巡查防务之时曾与金兵有过小规模的遭遇战。大散关在今陕西宝鸡西南，自古以来都是军事战略要塞，为兵家必争之地，为秦蜀联系往来的要道，进可攻，退可守。绍兴初年，兀术企图攻破大散关，由此入蜀，结果遭到南宋名将吴玠、吴璘的痛击，败下阵来，被阻击在大散关东侧的和尚原一带，这就是历史上著名的和尚原大战；金主完颜亮南侵时，曾遣西路军进攻至大散关，企图攻入四川，威胁南宋西北防线，由此图灭南宋，最终并未得逞。终宋金对峙之时，金人都未尝如愿攻破大散关进入蜀地。大散关如此重要，经略南郑的王炎肯定是十分重视加强在大散关的防务的。陆游在《秋夜感旧十二韵》中说："往者秦蜀间，慷慨事征戍。猿啼鬼迷店，马嘶飞石铺。危岭高入云，朽栈劣容步。"陆游在这首诗的自注中说"鬼迷店在大散关下"，足见大散关的险峻，穿梭其间挺不容易的。淳熙十二年（1185）冬陆游在山阴老家，写了《江北庄取米到作饭香甚有感》的诗，追述他在大散关从事军事活动的情况："我昔从戎清渭侧，散关嵯峨下临贼。铁衣上马蹴坚冰，有时三日不火食。山荞畬粟杂沙碛，黑黍黄穈如土色。飞霜掠面寒压指，一寸赤心惟报国！"从这几句诗来看，陆游在南郑从戎之时在大散关与金兵是有过零星战斗的，或是短兵相接，或者是与金兵对阵。

此外，陆游在南郑的军旅生活中，还有多次夜间行军、野外露宿的军事活动和经历。陆游在《蒸暑思梁州述怀》中说"最思出甲戍秦陇，戈戟彻夜相摩声"，这是一次晚上行军的记述。在《夏夜》诗中也说"我昔在南郑，夜过东骆谷。平川月如霜，万马皆露宿"，这首诗描述了陆游在南郑时的一次晚上行军露营。《梅花绝句》说"忆昔西戍日，夜宿仙人原"，追述陆游他们一次行军到仙人原露宿的情景。《忆昔》这首诗说"屡经汉帝烧余栈，曾宿唐家雪外城"。野外宿营也是军事活动的重要部分，在当时宋金在大散关一带紧张对峙的情况下，宿营也是枕戈待旦的，谁都不敢大意。王炎在南郑的积极经略，金人肯定是看在眼里，他们也是不敢大意。两边都是灯火通明，烽火照耀。陆游有诗记录了当时看烽火的情况："我昔游梁州，军中方罢战。登城看烽火，川迥风裂面。青荧并骆谷，隐嶙连鄠县。月黑望愈明，雨急灭复见。初疑云罅星，又似山际电。岂无酒满尊，对此不能咽。"又有词《秋波媚·七月十六日晚登高兴亭望长安南山》与此相印证：

秋到边城角声哀，烽火照高台。悲歌击筑，凭高酹酒，此兴悠哉！

多情谁似南山月，特地暮云开。灞桥烟柳，曲江池馆，应待人来。

军旅生活闲暇之余，陆游曾多次随士兵外出打猎。打猎其实也可视为平时军事训练的一种形式，所以陆游在《九月十日如汉州小猎于新都弥牟之间投宿民家》中说"吾宁暴天物，战法因得寓"，就是这个意思。在多次打猎活动中，尤其值得一提的是，陆游曾经有一次打死老虎的记载。老虎是百兽之王，凶猛无比，陆游一介年近五十的老儒，岂能有如此本事？实际上陆游是学过剑术的，有武术修养。淳熙八年（1181）陆游在老家山阴写了《十月二十六日夜梦行南郑道中既觉恍然揽笔作此诗时且五鼓矣》这首诗，追述了他亲手杀死一只老虎的情况："我时在幕府，来往无晨暮。夜宿沔阳驿，朝饭长木铺。雪中痛饮百榼空，蹴踏山林伐狐兔。耽耽北山虎，食人不知数。孤儿寡妇雠不报，日落风生行旅惧。我闻投袂起，大呼闻百步。奋戈直前虎人立，吼裂苍崖血如注。从骑三十皆秦人，面青气夺空相顾。"这首诗是说，他在南郑为幕僚时，经常上山打猎，北山的老虎食人无数。一天傍晚陆游行军打猎时，打死了一只老虎，让同行的秦人士兵面面相觑。可见，陆游的勇猛也是非同一般的。可惜的是，空有一身本事又如何呢？陆游抗金北伐、收复失地的理想始终没有实现。陆游在《大雪歌》这首诗中也追述了猎虎的事情，他说："千年老虎猎不得，一箭横穿雪皆赤。拏空争死作雷吼，震动山林裂崖石。曳归拥路千人观，髑髅作枕皮蒙鞍。"陆游在《建安遣兴》中说："刺虎腾身万目前，白袍溅血尚依然。圣时未用征辽将，虚老龙门一少年！"这首诗很具有讽刺意味，陆游是一个文武全才，却没有得到朝廷重用，朝廷对金屈膝投降，这就注定陆游郁郁不得志的命运，所以只会是"虚老龙门一少年"。据说，诗人陆游打死老虎的纪录，至今未被超越，前不见古人，后不见来者，可谓是千古诗人中武力值最高的一位了。

陆游在南郑的时候，还曾出公差至四川阆中，在阆中游览了锦屏山，拜谒了杜甫祠堂，目的是为了怀念杜甫这样的忠义之士。因此写下了《游锦屏山谒少陵祠堂》诗：

城中飞阁连危亭，处处轩窗临锦屏。

涉江亲到锦屏上，却望城郭如丹青。

虚堂奉祠子杜子，眉宇高寒照江水。

古来磨灭知几人，此老至今元不死。

山川寂寞客子迷，草木摇落壮士悲。

文章垂世自一事，忠义凛凛令人思。

夜归沙头雨如注，北风吹船横半渡。

亦知此老愤未平，万窍争号泄悲怒。

锦屏山在今四川省阆中县城外，嘉陵江南岸，山势险峻，秀绝寰区，其上有杜甫祠堂。

陆游在阆中还是壮怀激烈、志在收复的，但是时局和朝局的发展总是不以人的意志为转移。一向对金屈膝投降的南宋小朝廷，此刻又没有骨气了，原本还想振作，为祖宗雪耻的宋孝宗早已不是那个立志恢复的君王了，在投降派群小的口蜜腹剑之下，在临安行在的暖风吹熏下，他仅有的那点志气也被消磨殆尽了。王炎在南郑那个地方积极经营，金人不是很害怕、非常忌惮吗？好，就从这里下手吧，免除金人的心头之患，解除悬在金人头上的一把剑。说干就干，很快，也就是乾道八年（1172）九月初九日前后，宋孝宗下令召回王炎，解除了他四川宣抚使的一切职务，回京"赴都堂治事"，十二日，以虞允文为少保武安节度使、四川宣抚使，封雍国公，就这样虞允文被体面地罢了左丞相，到四川顶替了王炎，宋孝宗给虞允文说的是他要立志恢复，请他先去南郑打前站，做好准备，而实际只是宋孝宗为了安慰虞允文而已。既然如此，虞允文也只好启程到南郑了。可是到了南郑后，宋孝宗的本来面目便暴露无遗了，哪有什么御驾亲征，等来的只是士兵食不果腹，史书记载说"大军月给米一石五斗，不足赡其家"。数十万大军，这点口粮，事实让虞允文醒悟，皇帝所谓御驾亲征的真实用意昭然若揭了。王炎到临安后，方才知晓并非什么"都堂治事"，而是被罢为观文殿大学士提举洞霄宫，实际就是一个闲职，没有任何权力，这对于立志恢复，而且在南郑苦心经营四五年之久的王炎来说，是多么大的打击啊。他的志向是收复失地，而不是做一个闲人，无所事事；他的志向不是做多大的官，仅仅有的一点要求就是希望朝廷能给一个施展抱负、收复失地的机会。否则，做官还有什么意义呢？小人投降派张说被提升为知枢密院事，主战派梁克家却被挤出了朝堂。朝局又逆转回到了从前。乾道八年（1172）十月，陆游自阆中回南郑，行至嘉川时得知王炎被解职召回京了。这对陆游来说是一个极其沉重的打击。此时陆游的心情糟糕透了，诗人只能拿起笔来，写下他聊以自我安慰的诗《嘉川铺得檄遂行中夜次小柏》：

> 黄旗传檄趣归程，急服单装破夜行。
>
> 肃肃霜飞当十月，离离斗转欲三更。
>
> 酒消顿觉衣裳薄，驿近先看炬火迎。
>
> 渭水函关元不远，著鞭无日涕空横。

此时陆游已顾不得十月霜飞，自己衣服单薄，于是星夜兼程，快马加鞭，着急赶回去，希望能见王炎最后一面，送他一程也好。一路上想到以前在渭水函关，士兵们日日夜夜操练，枕戈待旦，严阵以待，日夜盼望收复故土，可是现在遥遥无期了。为此，陆游不由自主地老泪纵横，悲不自胜。事情发生这么快的逆转，陆游肯定是没有做好心理准备的，他还沉浸在准备大干一场的喜悦中呢，没有想到现实给了他当头一棒，打了他一个措手不及，以致他久久没有缓过神来。他不愿相信这是事实，更不愿看到数年的努力经营就此毁于一旦。当他的马蹄踏上南郑的土地，看见这片充满生机的千里沃野时，再也抑制不住自己的心情，写下了《归次汉中境上》：

> 云栈屏山阅月游，马蹄初喜蹋梁州。
>
> 地连秦雍川原壮，水下荆扬日夜流。
>
> 遗虏屡屡宁远略，孤臣耿耿独私忧。
>
> 良时恐作他年恨，大散关头又一秋。

南郑大地沃野平川，汉江之水源源不断向东流，遗虏在那苟延残喘，眼看打败金人指日可待了，但是现在良机错失，无法不令人惋惜哀叹。他慨叹自己作为一个耿耿孤臣能起到什么作用呢，什么局面也改变不了，只能是私下独自一人为国家前途命运担忧而已。良好的机会错失了，只能是留作他年恨，这也许是他在大散关巡视的最后一个秋天了。那天晚上，陆游肯定没有睡好。忧愁占据了他，有志不得伸的痛苦包围了他。什么是遗憾？这就是遗憾，有机会收复失地而不能为的遗憾；什么是遗憾？遗憾就是连时间都无法消磨的永恒伤痛。人生之苦，人生之悲，莫大于有理想而不能实现，有良机却难以抓住。

陆游一行风雨兼程，终于在十月底到达了南郑兴元，可是眼前是宣抚司衙门一片狼藉、一片凄凉的景象。王炎走后，曾经被他聘请而来的15个幕僚也走了，各奔东西，城头上不时传来哀婉和有气无力的号角声，寒风吹着树叶在翻滚。见到此情此景，陆游的心情糟糕到了极点。最让他难过的是，妻儿历尽千辛万苦来到南郑还不到一个月，在南郑第一次见面，就要再次跟随他另迁他处，跋山涉水了。此情此景不禁令他老泪纵横。

王炎被召回，陆游在南郑四川宣抚司的幕僚生涯也就结束了，朝廷任命他为成都府安抚司参议官。乾道八年（1172）十一月二日，陆游携带家眷，拖儿带女，自南郑兴元启程赶赴成都上任。为此，陆游写了首《初离兴元》的诗，表达了无限的惆怅和失意的心情，可谓是心情五味杂陈。

> 梦里何曾有去来，高城无奈角声哀。
>
> 连林秋叶吹初尽，满路寒泥蹋欲开。
>
> 笠泽决归犹小憩，锦城未到莫轻回。
>
> 炊菰斫脍明年事，却忆斯游亦壮哉！

陆游说宁愿自己以前没有来过这里，做梦都没有想到来到南郑，当然，这是陆游说的反话，正话反说其实更可以看出陆游无奈、遗憾的复杂心情。然而又这么匆匆忙忙就走了，前后还不到8个月，真是让人没有想到，这么快就和南郑告别了。陆游此时都有归隐之意了，只是他心有不甘，所以他又说，还没有到成都呢，不能轻言回去。

陆游依依不舍离开了南郑，在前往成都的时候，又写下了好几首诗和词来表达他复杂的心情：

自兴元赴官成都

平生无远谋，一饱百念已。

造物戏饥之，聊遣行万里。

梁州在何处，飞蓬起孤垒。

凭高望杜陵，烟树略可指。

今朝忽梦破，跋马临漾水。

此生均是客，处处皆可死。

剑南亦何好，小憩聊尔尔。

舟车有通涂，吾行良未止。

这首诗写尽了陆游收复失地的志向没有实现的悲哀，所谓"今朝忽梦破""此生均是客"，说尽了无限的心酸，自己对于南郑来说只是一个匆匆的过客而已。成都虽然很好，但也只是闲暇休息之处而已，收复失地的大事恐怕从此要搁置了。

望梅·寿非金石

寿非金石。恨天教老向，水程山驿。似梦里、来到南柯，这些子光阴，更堪轻掷！戍火边尘，又过了、一年春色。叹名姬骏马，尽付杜陵，苑路豪客。

长绳漫劳系日。看人间俯仰，俱是陈迹。纵自倚、英气凌云，奈回尽鹏程，铩残鸾翮。终日凭高，消不见、江东消息。算沙边、也有断鸿，倩谁问得？

这首词说南郑从戎的军旅生活只是南柯一梦，纵有凌云壮志又有什么用呢！帝王不喜欢，也只是徒劳，只是回尽鹏程，铩残鸾翮。这怎么不令人心痛呢？

虽然在南郑只有短短 8 个月，但对陆游的影响却是深远和全方位的。既对陆游爱国主义精神的进一步发展和深化产生了很大的影响，又对陆游的诗歌创作产生了十分深远的影响。

南郑是造就伟大诗人的热土。有研究指出，南郑是陆游诗歌发生质的变化的重要时期，朱东润先生则说是"有了绝大的跃进"。这个时期陆游的诗歌以抗金北伐、收复失地为主体内容，以沉郁悲壮为诗歌创作的主要特征。后来陆游在其诗《九月一日夜读诗稿有感走笔作歌》中总结他在诗歌创作上的经历和南郑对其诗歌创作的影响：

我昔学诗未有得，残余未免从人乞。

力孱气馁心自知，妄取虚名有惭色。

四十从戎驻南郑，酣宴军中夜连日。

打球筑场一千步，阅马列厩三万匹。

华灯纵博声满楼，宝钗艳舞光照席。

琵琶弦急冰雹乱，羯鼓手匀风雨疾。

诗家三昧忽见前，屈贾在眼元历历。

天机云锦用在我，剪裁妙处非刀尺。

世间才杰固不乏，秋毫未合天地隔。

放翁老死何足论，《广陵散》绝还堪惜。

三、成都幕府

乾道八年（1172）十一月二日，陆游从南郑出发到成都，一路跋山涉水，过关通关。至剑门关的时候，陆游写了一首诗《剑门道中遇微雨》，写出了心有不甘，道出了风尘仆仆。这一路陆游虽然喝着小酒，骑着驴，貌似很逍遥，但是诗人内心却在不停地反问自己"此身合是诗人未"，难道我只是满足做一个诗人吗？只满足于现状吗？这是陆游对自己的灵魂之问。可见所谓"消魂"中更多的是失落和惆怅罢了。

衣上征尘杂酒痕，远游无处不消魂。

此身合是诗人未？细雨骑驴入剑门。

又如《剑门关》这首诗，写的也是陆游的忧心忡忡，诗人在忧心国家大事。所谓"存亡终在人"，剑门关形势险峻，易守难攻，但是天下的存亡关键在于人，关键是在那些志在恢复和进取的人。不过，我这个赶路的客人已经垂垂老矣，没有什么作为了，对此也只是高谈阔论而已。可以想见这一时刻的陆游是忧心且无奈的。

> 剑门天设险，北乡控函秦。
>
> 客主固殊势，存亡终在人。
>
> 栈云寒欲雨，关柳暗知春。
>
> 羁客垂垂老，凭高一怆神。

乾道八年（1172）年底，陆游带着朝廷的任命，携带妻儿到达成都，就任成都府路安抚司参议官一职。陆游在《即事》诗中说"渭水岐山不出兵，却携琴剑锦官城"。由此开启了在成都长达五年的任官生涯，闲适无事的日子。但实际上，在这五年内，陆游不只是在成都任官和生活，也奉命权通判蜀州（今四川崇州，别名崇庆）。乾道九年（1173）春，出知嘉州（今四川乐山）；乾道九年（1173）夏，又由嘉州再回蜀州任通判；淳熙元年（1174），九月回成都，不久知荣州（今四川荣县），后又回成都任职。在这里为了方便叙述，所以在标题上写成"成都幕府"。

四川古属益州，成都又称锦官城，被誉为天府之国，在古代一直都是中国经济发达的区域，在唐代有"扬一益二"之称。南宋时期，成都也是社会经济发达的区域，在宋代区域经济中有着一定的地位，经济繁荣，生活安逸，崇尚奢靡。所谓"成都城外皆平壤，竹树蓊蔚，田地膏腴，江河诸流，交错贯络。昔称天府沃野，信非虚语"。

从经济发展水平、生活舒适程度方面来说，南郑是远远比不上成都的。如果单单从做官的角度来说，成都远远优越于南郑，是不二选择。但对于陆游来说，选择在南郑离实现目标和理想则更近一些，在成都就显得不太合适了。只是皇命难违，时局难料，纵使有万千不舍，最终还是要领命来成都上任。陆游无可奈何，也只能奉旨行事了。

陆游虽然远离抗战前线，但是他依然坚定北伐金人、收复中原的理想和志向。正如他在《汉宫春·初自南郑来成都作》的词中写的那样：

羽箭雕弓，忆呼鹰古垒，截虎平川。吹笳暮归野帐，雪压青毡。淋漓醉墨，看龙蛇、飞落蛮笺。人误许，诗情将略，一时才气超然。

何事又作南来？看重阳药市，元夕灯山。花时万人乐处，欹帽垂鞭。闻歌感旧，尚时时、流涕樽前。君记取，封侯事在，功名不信由天。

这首词当作于乾道九年（1173）初春。上阕回顾南郑生活，选取呼鹰截虎、暮归野帐和醉后草书三个典型场景，展现才气超然的壮士形象；下阕面对成都生活，设想重阳药市、元夕灯山和花时乐处三个典型事例，表现闻歌感旧的惆怅情绪，而主旨则在"封侯事在，功名不信由天"的坚定信念上。回天无力而依然执着，这就是爱国诗人陆游的思想境界。

陆游从紧张对峙的前线南郑转入繁华的成都，远离了军阵中的金戈铁马，迎来的却是灯红酒绿，一切都显得那么不适应。最为重要的是，收复失地的抱负受到了很大的打击，有志不得伸，这是陆游最为郁闷和痛苦的地方。而在这时，乾道九年（1173），朝廷时局的变动，更让人看不到希望。宋孝宗的宠臣曾觌、张说、王抃等人把持朝政，打击异己，结党营私，导致国计民生困顿。不久，左丞相虞允文被曾觌排挤出朝廷，右丞相梁克宽也被张说排挤出朝堂。投降派充斥在朝堂之上，政治更加黑暗了。陆游对此愤懑不已。为了宣泄这种不满的情绪，陆游写下了《登塔》一诗：

冷官无一事，日日得闲游。

壮哉千尺塔，摄衣上上头。

眼力老未减，足疾新有瘳。

幸兹济胜具，俯仰临九州。

雪山西北横，大江东南流。

画栋云气涌，铁铎风声遒。

旅怀忽恻怆，涕下不能收。

十年辞象魏，万里怀松楸。

仰视去天咫，绝叫当闻不？

帝阍守虎豹，此计终悠悠。

乾道九年（1173），在金人统治下的汉人百姓，也掀起了反抗金人统治的起义，如这年正月，洛阳百姓聚众攻打卢氏县，杀死县令，起义失败后，南逃至宋境。九月大名府僧人李智究等起义失败被杀。在金人统治的中原地区，时刻都会有汉人起义，这说明中原地区的民心可用，正是抗金北伐收复失地的民意基础。可是南宋小朝廷全然听不到沦陷区人民的心声，是不会管他们死活的，这是多么残酷和残忍。

陆游在成都的政绩如何呢？陆游被朝廷任命为安抚司参议官，其实就是一个闲官闲职，不需要倚马草檄之事，更不用亲临战地参与军机。他所做的工作都是临时性的、替补性的，当辖区内地方官员有暂缺时，陆游就临时替补上去，用现在的话说就是"顶班"了。可以说，陆游在成都府的官僚体系中是最不起眼、可有可无的。如乾道九年（1173）春，蜀州通判暂缺，陆游就去补了这个缺，而当朝廷任命了新的蜀州通判后，陆游又到嘉州去任职。一会儿成都，一会儿蜀州，一会儿嘉州，一会儿荣州的，反反复复，往往来来，基本都是这样来回往返，这是陆游在成都做官的常态。

在成都，陆游是无所事事的，于是便"日日得闲游"，看看花，游览山水名胜，写写诗，交交友。春天来了，梅花、海棠、牡丹次第盛开，异常芬芳，斗艳争妍，深深吸引了热爱大自然的诗人陆游。赏花之余，当然是要赋诗的，如《梅花》《再赋梅花》《西郊寻梅》《分韵作梅花诗得东字》《海棠》《和谭德称送牡丹》等。

梅花

家是江南友是兰，水边月底怯新寒。

画图省识惊春早，玉笛孤吹怨夜残。

冷淡合教闲处著，清臞难遣俗人看。

相逢剩作樽前恨，索笑情怀老渐阑。

再赋梅花

老来爱酒剩狂颠，况复梅花到眼边。

不怕幽香妨静观，正须疏影伴癯仙。

松筠共叹冰霜晚，桃李从教雨露偏。

此去西湖八千里，破愁一笑得无缘？

西郊寻梅

西郊梅花矜绝艳，走马独来看不厌。

似羞流落蒙市尘，宁堕荒寒傍茆店。

翛然自是世外人，过去生中差一念。

浅鬖常鄙桃李学，独立不容莺蝶觇。

山矾水仙晚角出，大是春秋吴楚僭。

馀花岂无好颜色，病在一俗无由砭。

朱栏玉砌渠有命，断桥流水君何欠。

嗟余相与颇同调，身客剑南家在剡。

凄凉万里归无日，萧飒二毛衰有渐。

尚能作意晚相从，烂醉不辞杯潋滟。

分韵作梅花诗得东字

浅寒篱落清霜后，疏影池塘淡月中。

北客同春俱税驾，南枝与我两飘蓬。

从来遇酒千钟少，此外评花四海空。

惟恨广平风味减，坐看徐庾擅江东。

海棠

谁道名花独故宫，东城盛丽足争雄。

横陈锦障阑干外，尽吸红云酒盏中。

贪看不辞持夜烛，倚狂直欲擅春风。

拾遗旧咏悲零落，瘦损腰围拟未工。

和谭德称送牡丹

洛阳春色擅中州，檀晕鞓红总胜流。

憔悴剑南人不管，问渠情味似侬不？

又

吾生何拙亦何工，忧患如山一笑空。

犹有馀情被花恼，醉搔华发倚屏风。

在成都，陆游结交了几个朋友，其中有蜀中名士谭季壬、宇文绍奕、宇文子震等。谭季壬，字德称，做过崇庆府府学教授，有学行，为士人敬仰，多与其交往，陆游与其如兄弟一般。著名诗人杨万里也因陆游在书信中说到过谭季壬，因而有了交往，杨万里说，"当初不知道谭德称国正，因与陆游书信往来，方才知道谭季壬是西蜀名士"，后杨万里写了一首诗与谭季壬唱和。而谭季壬也和范成大有交谊，范成大离开蜀地后，还曾写有赠别诗《谭子资粹清》。庆元四年（1198）在山阴，陆游在《思蜀》诗中，有诗追忆与谭季壬的交往。

> 谭侯才气敌文园，日日银鞍画戟门。
>
> 奇句入神闻鬼泣，巨觥如海看鲸吞。
>
> 一官胄监能令死，万里铭旌忍更论。
>
> 湖上秋来频入梦，凭谁词翰与招魂？

宇文子震，字子友，成都人，隆兴元年（1163）进士出身，淳熙七年（1180）三月为著作郎。陆游与宇文子震友谊甚笃。庆元四年（1198）冬陆游在老家山阴写了《思蜀》，共三首，其中第二首写了他与宇文子震和宇文绍奕之间的交往。

> 二十年前客锦城，酒徒诗社尽豪英。
>
> 才名吏部倾朝野，意气成州共死生。
>
> 废苑探梅常共醉，遗祠访柏亦俱行。
>
> 即今病卧寒灯里，欲话当时涕已倾。

宇文绍奕，字卷臣，又字衰臣，广都人，以承议郎的身份出任剑州通判，守临邛、广汉皆有能名。以谤被黜，著有《原隶》《临邛志》。陆游在蜀时，与之交往甚厚。此外，在成都陆游还游览了张忠公祠，并写下了

《拜张忠定公祠二十韵》。张忠公即张泳,字复之,濮州鄄城人。谥号忠定,自号乖崖。北宋嘉祐时期,凌策主管蜀地军事时,为张泳立祠。乾道九年(1173)正月又去拜了先主庙,并写了《先主庙次唐贞元中张俨诗韵》。先主即蜀汉昭烈帝刘备,昭烈帝庙,在成都府南8里,惠陵东140步。唐人张俨曾于贞元八年(792)十二月拜谒先主庙,写了三首诗,就是《贞元八年十二月谒先主庙》。为此,陆游也写了三首诗和韵张俨,所以有了《先主庙次唐贞元中张俨诗韵》。陆游的这三首诗其实强调了汉中的重要性,汉高祖在汉中成就大业,统一天下,但是昭烈帝刘备却没有重视汉中,打破吴蜀之间唇亡齿寒的关系,连年兴兵攻战,使元气大伤,没有力量再收复两京了,终留下千古遗憾。陆游表面上是在说蜀汉刘备,实际是说给南宋君臣听的,希望他们重视汉中的作用,从汉中北伐,才能统一天下,收复失地。

猾贼挟至尊,天命矜在己。

岂知高帝业,煌煌汉中起。

又

吴蜀本唇齿,悲哉乃连兵。

尽锐下三硖,谁使复两京?

又

> 洛阳化为灰，棘生铜驼陌。
>
> 讨贼志不成，父老泣陵柏。

寺庙道观向来对文人骚客有着很大的吸引力。陆游在成都时，还游览了南禅寺，写下了《简南禅勤长老》一诗。这实际上是一首思念故乡的诗，写满了想回家的愁绪。

> 宦游处处是君恩，归去无期莫更论。
>
> 眼正修行新有力，心空忧患已无根。
>
> 钵盂分我云堂饭，挂杖敲君竹院门。
>
> 屈宋向来堪一笑，故乡何恋更招魂？

乾道九年（1173）春，陆游为蜀州通判。蜀州又名唐安，今四川崇州市，原为四川崇庆县。来蜀州不久，陆游写了《初到蜀州寄成都诸友》的诗，告诉他们自己在蜀州的情况：

> 流落天涯鬓欲丝，年来用短始能奇。
>
> 无材藉作长闲地，有癖留为剧饮资。
>
> 万里不通京洛梦，一春最负牡丹时。

襞笺报与诸公道，卷画亭边第一诗。

陆游在蜀州待的时间不长，很快就回到了成都，而这次回到成都，待的时间也不长，不到半年。回到成都，陆游还是一样闲时无事，不是陆游不想做事，而是尴尬的位置上决定了他事情不多。事情不多，总不能一直闷着宅着吧，还是需要出去寻找点生活的情趣，而诗人的情趣更多地在于山水之间。乾道元年（1165）春，春雨细下，雨水初涨。陆游来到了摩诃池游玩，摩诃池在锦城之西，说是隋朝蜀王杨秀取土筑光子城，因此成为池，有胡僧见到它说："摩诃宫毗罗。"盖梵语呼摩诃为大，宫毗罗为龙，大概是称此池广大而且有龙吧。陆游还参观了嘉祐禅院，写下了《嘉祐院观壁间文湖州墨竹》的诗。成都府嘉祐禅院，古名毗卢，原本是后蜀枢密王处回的院宅，后遭遇兵火，留下了残屋数十间，深处于荒芜之中，北宋时期得到修葺，才有了陆游看到的样子。

光是游玩还是不够的，怎么打发无聊的时光，饮酒作乐当然是首选了。这年三月十七日，陆游喝得大醉，写下了《三月十七日夜醉中作》的诗。这首诗是典型的借酒消愁，以前都是踌躇满志，意气风发，在南郑还曾上南山打虎，现在却是颓废得让人可笑，头发白了很多，老态尽显，都不好意思照镜子了。不能这样颓废下去，因为逆胡未灭，心难以平静。所谓逆胡实际上指的就是金人。

前年脍鲸东海上，白浪如山寄豪壮。

　　去年射虎南山秋，夜归急雪满貂裘。

　　今年摧颓最堪笑，华发苍颜羞自照。

　　谁知得酒尚能狂，脱帽向人时大叫。

　　逆胡未灭心未平，孤剑床头铿有声。

　　破驿梦回灯欲死，打窗风雨正三更。

　　百般无聊之时，最多的应该是想念自己的家乡了。这年三月陆游写了
《春晚书怀》的诗，表达了对故乡的思念之情。总是想着回去，归心像长
江之水一样源源不断向东流。宋元时期的人记载说，陆游在成都时有了外
遇。用外遇太现代化了，应该是陆游纳妾了，这在古代是寻常之事。陈世
崇《随隐漫录》说：陆游有次夜宿驿站中，见驿站墙上有题诗，好奇询问
是谁题写的，当被告知是驿卒的女儿所写之时，他便很是爱慕，于是就纳
了驿卒之女为妾。然而好景不长，不到半年，就被陆游的夫人赶走了。当
然，这也许只是笔记小说的捕风捉影罢了。陆游后来在《山阴陆氏女墓铭》
中说，"淳熙丙午秋七月，陆游来做新定牧时，八月丁酉生得一女，取名闰
娘，后又更名为定娘。此女生母是杨氏，是蜀郡华阳县人士"。既是成都
人，应该是陆游在蜀做官结束，奉诏东归时带回来的小妾，并非有些人说
的驿卒之女或者妓女。

　　吹尽郊原万点红，燕梁考室亦匆匆。

　　老来偏觉岁华速，客里忽惊春事空。

病有药方传肘后，懒无诗句付囊中。

归心日夜随江水，只欲东门觅短篷。

又

经春淹泊锦官城，作个归期苦未成。

老向轩裳增力量，病于风月减心情。

官闲有味缘高卧，酒贵无忧为细倾。

忆探梅花如昨日，西斋榆荚与阶平。

又

老客天涯心尚孩，惜春直欲挽春回。

长绳纵系斜阳住，右手难移故国来。

暑近蚊雷先隐辚，雨前蚁垤正崔嵬。

茹芝却粒终无术，万事惟须付一杯。

　　乾道九年（1173）夏，陆游摄知嘉州事，嘉州即今四川乐山。从成都到嘉州，途经峨眉山，结识了隐士师浑甫。陆游在《老学庵笔记》中说，"师浑甫，本名某，字浑甫。即拔得解元，然而却志在高远，不去参加省试，他的弟弟于是冒用他的名字行世，不以此告诉浑甫。不久，他的弟弟中了进士。浑甫因此把自己的字改为伯浑"。陆游对伯浑一见如故，对其卓行很是钦佩和敬仰。淳熙元年（1174）陆游在《师伯浑文集序》中充分表达了这样的感情，追忆与师伯浑的交往，并高度赞扬了他的为人和道德文章。

陆游的多年好友韩元吉寄来了他写的《好事近》的词，这是他这年三月出使金国所写。词曰：

凝碧旧池头，一听管弦凄切。多少梨园声在，总不堪华发。

杏花无处避春愁，也傍野烟发。惟有御沟声断，似知人呜咽。

为此，陆游写了一首《得韩无咎书寄使虏时宴东都驿中所作小阕》抒发了自己的情感。

大梁二月杏花开，锦衣公子乘传来。

桐阴满第归不得，金辔玲珑上源驿。

上源驿中搥画鼓，汉使作客胡作主。

舞女不记宣和妆，庐儿尽能女真语。

书来寄我宴时诗，归橐知添几缕丝。

有志未须深感慨，筑城会据拂云祠。

这一年十月，陆游的好友王秬病逝了，陆游很是悲痛，写了挽诗。

闻王嘉叟讣报有作

呜呼嘉叟今信死，哭君寝门泪如水。

我初入都不妄交，倾倒如君数人耳。

笼灯蹋雪夜相过，剧论悬河骇邻里。

地炉燔栗美刍豢，石鼎烹茶当醪醴。

上书去国何勇决，作诗送君犹壮伟。

十年偶复过都门，君方草制西垣里。

鬓须班白面骨生，心顾疑君遽如此。

西来例不候达官，每欲寄声中辄止。

只鸡絮酒纵有时，双鱼素书长已矣。

生前客屦纷满户，身后人情薄于纸。

悬知海内莆阳公，独念遗孤为经纪。

陆游在嘉州任上干得不错，《乐山县志》说，"乾道中陆游担任嘉州监郡。改风易俗，推行善政，至今当地百姓多称颂和赞誉他"。这个评价很高，陆游给当地的百姓带来了实惠和善政，所以至今都被当地百姓称颂。那么，陆游在嘉州即乐山到底做了什么事情，让当地百姓如此称赞颂扬呢？据记载，陆游为当地百姓着实做了不少实实在在的事。第一件是修建浮桥。这年十月一日，在花费很大的人力和物力下，青衣江、沫水汇合处浮桥终于建成了，使得百姓得到了实惠。因此他说是"西山下竹十万个，江面便可驰车辕"，此举大大方便了当地百姓的出行。为此陆游写了一首诗纪念这座浮桥建成，并欢庆宴请宾客于凌云山，《十月一日浮桥成以故事宴客凌云》记述了当时的情况。

阴风吹雨白昼昏，谁扫云雾升朝暾？

三江水缩献洲渚，九顶秀色欲塞门。

西山下竹十万个，江面便可驰车辕。

巷无居人亦何怪，释未来看空山村。

竹枝宛转秋猿苦，桑落潋滟春泉浑。

众宾共醉忘烛跋，一径却下缘云根。

走沙人语若潮卷，争桥炬火如星繁。

肩舆睡兀到东郭，空有醉墨留衫痕。

十年万事俱变灭，点检自觉惟身存。

寒灯夜永照耿耿，卧赋长句招羁魂。

第二件惠民大事是修筑江堤防水患。陆游是在吕公堤的基础上进行修筑的，吕公吕由诚做过嘉州知州，吕公堤是由其修筑而成的，当地百姓感怀其德，所以命名此堤为吕公堤。由于时间久了，吕公堤有所损坏，需要重新修筑，恰好此时陆游来到嘉州，鉴于该堤的现状，陆游出面组织百姓修筑江堤。当时是农闲时期，老百姓有时间应役参加修筑江堤，于是陆游率领百姓筑堤，百姓是一呼百应，出现了"千夫在野筑登登"的盛况和感人至深的画面。而这次筑堤能成功，关键在于陆游采用了先进的筑堤方法，即吴中用大石修砌的先进技术和方法，改变以往筑堤用织竹贮江石的办法，所以才大功告成。对此，陆游在《出城至吕公亭按视修堤》的诗中有记载，并在自注中说"西州修筑堤坝，织竹贮存江石，不到三年都坏了。意谓如果如吴中郡一样取大石筑堤，就可以支撑很久，往后当有利用此法来筑堤的人"。诗云：

> 翠霭横山澹日升，孤亭聊借曲栏凭。
>
> 霜威渐重江初缩，农事方休役可兴。
>
> 重阜护城高历历，千夫在野筑登登。
>
> 寓公僅蹑前人迹，伐石西山恨未能。

陆游在嘉州做的第三件事是主持过一次"大阅"。时间是在这年八月二十二日。这日他身着戎装，穿戴好装备，认真地检阅了一下军队。高兴和得意之情，表现得淋漓尽致，可以说这是陆游从南郑到成都以后，最为开心和快意的时候了。陆游这次阅兵的目的还是在为收复中原失地做准备，所谓"要挽天河洗洛嵩"。陆游在《八月二十二日嘉州大阅》这首诗中记述了这次阅兵的情况和感受。

> 陌上弓刀拥寓公，水边旌旆卷秋风。
>
> 书生又试戎衣窄，山郡新添画角雄。

早事枢庭虚画策，晚游幕府愧无功。

草间鼠辈何劳磔，要挽天河洗洛嵩。

　　第四件事是陆游始终关心百姓生活、生产和生存。陆游初到嘉州时，久旱不雨，严重影响了老百姓的生产生活，他很是着急，日盼夜盼早日下雨，终于盼来了大雨，陆游随即高兴得写起诗来。

　　《癸巳夏旁郡多苦旱惟汉嘉数得雨然未足也立秋夜三鼓雨至明日晡后未止高下沾足喜而有赋》：

画檐鸣雨早秋天，不喜新凉喜有年。

眼里香粳三万顷，寄声父老共欣然。

又

五十衰翁发半华，犹能把酒醉天涯。

丝毫美政何曾有，惟把丰年赠汉嘉。

　　陆游谦虚地说"丝毫美政何曾有"，他没有辜负嘉州百姓，正如他在诗歌中勉励自己不要辜负嘉州百姓一样，"公事无多厨酿美，此身不负负嘉州"。同样，嘉州人民对陆游的治绩也是满意的。但是对于这些实效的治绩，高高在上的一些朝廷大臣反倒看不见，反而诬陷陆游"燕饮颓放"，无所事事，整日饮酒作乐，很是颓废。面对一些大臣的指责和毁谤，陆游无所畏惧，也没有去辩护，反而自号"放翁"，洒脱超然的性格表露无遗。陆游在《和范待制秋兴》的诗中说："策策桐飘已半空，啼螀渐觉近房栊。一生不作牛衣泣，万事从渠马耳风。名姓已甘黄纸外，光阴全付绿尊中。门前剥啄谁相觅，贺我今年号放翁。"好一个"贺我今年号放翁"，从此我就是一个放达洒脱的老翁了，如此超然脱俗，如此可爱。这就是陆游的真心。

其后陆游在《海棠》诗第二首中对一些大臣的无端指责进行了反击，抒发了不平之气，表达了自己的愤怒。

蜀地名花擅古今，一枝气可压千林。

讥弹更到无香处，常恨人言太刻深。

人言可畏，往往对陆游打击很大很深，此致名花之香不香了。

淳熙元年（1174），陆游50岁。这年朝廷政局风云变幻，人事变动频繁。二月，四川安抚使雍国公虞允文卒。三月，参知政事郑闻以资政殿大学士出任四川安抚使。四月，姚宪任参知政事。户部尚书叶衡任签书枢密院事。六月，右丞相曾怀罢，叶衡任参知政事。七月，复以郑闻为参知政事，罢四川安抚使；以成都府路安抚使薛良朋为四川安抚制置使。复以曾怀为右丞相兼枢密院使。十月参知政事郑闻卒。叶衡以参知政事兼权知枢密院事。十一月，龚茂良任参知政事。曾怀罢。叶衡为右丞相兼枢密使。十二月，以资政殿学士荆南府沈夏加大学士为四川宣抚使。新四川制置使范成大改管内制置使。

这年春，陆游离开嘉州，又到蜀州来任官。蜀州州城之东南有东湖，州衙署即政府所在地西边有西湖，政府办公地里面有笔画池，这些都是陆游休息和游玩的地方。范成大《吴船录》卷上记载："到蜀州后，郡园圃内西湖面积极其广袤，荷花开得正盛，招呼湖船泛游，景物非常美，是西州胜景处。"东湖、西湖如此之美，陆游当然是要写诗了，更何况这里是他办公、生活起居和游玩的地方。用陆游的话说，他是"春来日日在东湖"。如《晚步湖上》《暮春》《池上醉歌》《雨后集湖上》《夏日湖上》等记录了他这段任职期间的生活。

晚步湖上

云薄漏春晖，湖空弄夕霏。

沾泥花半落，掠水燕交飞。

小倦聊扶策，新晴旋减衣。

幽寻殊未已，画角唤人归。

暮春

忙里偷闲慰晚途，春来日日在东湖。

凭栏投饭看鱼队，挟弹惊鸦护雀雏。

俗态似看花烂熳，病身能斗竹清癯。

一樽是处成幽赏，风月随人不用呼。

池上醉歌

我欲筑化人中天之台，下视四海皆飞埃。

又欲造方士入海之舟，破浪万里求蓬莱。

取日挂向扶桑枝，留春挽回北斗魁。

横笛三尺作龙吟，腰鼓百面声转雷。

饮如长鲸海可竭，玉山不倒高崔嵬。

半酣脱帻发尚绿，壮心未肯成低摧。

我妓今朝如花月，古人白骨生苍苔。

后当视今如视古，对酒惜醉何为哉？

雨后集湖上

野水交流自满畦，芳池新涨恰平堤。

花藏密叶多时在，莺占高枝尽日啼。

绣袂宝裙催结束，金尊翠杓共提携。

白头自喜能狂在，笑囊蛮笺落醉题。

夏日湖上

乌帽筇枝散客愁，不妨胥史杂沙鸥。

迎风枕簟平欺暑，近水帘栊探借秋。

茶灶远从林下见，钓筒常向月中收。

江湖四十馀年梦，岂信人间有蜀州。

陆游在蜀州任上，看似事情不多，工作轻松，但是他时刻关心政治和国家大事，始终关心北伐金人、收复失地的伟业。当在三月的时候，听到郑闻被任命为四川宣抚使时，他很是高兴，写了恭贺郑闻担此大任的贺启，题为《上郑宣抚启》，提出了希望郑闻以秦蜀为根据地，收复中原，把以往对王炎的期望寄托在了郑闻身上，可以说是重新燃起了新的希望的火种。

不久，郑闻死去，朝廷以薛良朋为四川安抚使，陆游同样对其寄予收复失地的厚望，仍不忘恢复之志。并写有贺启，题为《贺薛安抚兼制置启》。陆游在贺启中纵论当时天下形势，提出很多收复中原的主张。

十月，他得知叶衡为参知政事兼枢密使时，同样对叶衡寄予收复中原的厚望，写了贺启，也向叶衡提出了收复中原的策略，这就是《贺叶枢密启》。

陆游总是把收复中原的希望寄托在他人身上，当然是行不通的，这些主张和建议提了也是白提，除了徒增烦恼外，没有其他的作用。但他此时也只能以这种方式来表达自己的一腔报国之情。这一时期陆游的爱国精神，还体现在他的诗歌创作上。如《塞上曲》《晓叹》《神君歌》《对酒叹》《蒸暑思梁州述怀》《秋声》《古意》《六月二十五日晓出郊》等。

塞上曲

三尺铁如意，一枝玉马鞭。

笑把出门去，万里行无前。

当道何崔嵬，云是玉门关。

方当置屯守，征人何时还？

马色如杂花，铠光若流水。

肃肃不敢哗，遥望但尘起。

日落戍火青，烟重塞垣紫。

回首五湖秋，西风开芡觜。

晓叹

一鸦飞鸣窗已白，推枕欲起先叹息。

翠华东巡五十年，赤县神州满戎狄。

主忧臣辱古所云，世间有粟吾得食！

少年论兵实狂妄，谏官劾奏当窜殛。

不为孤囚死岭海，君恩如天岂终极。

容身有禄愧满颜，灭贼无期泪横臆。

未闻含桃荐宗庙，至今铜驼没荆棘。

幽并从古多烈士，悒悒可令长失职？

王师入秦驻一月，传檄足定河南北。

安得扬鞭出散关，下令一变旌旗色！

神君歌

泰山可为砺，东海可扬尘，惟有壮士志，死生要一伸。

我梦神君自天下，威仪奕奕难具陈。

飞龙驾车不用马，诃前殿后皆鬼神。

奇形诡状，密如鱼鳞，鬛鬛鬐鬐，争扶车轮。

黑纛白旄，其来无垠。黄雾紫氛，合散轮囷。

考录魑魅，号呼吟呻。约束蛟螭，夭矫服驯。

后车百两载美人，巾褠鲜丽工笑颦。

金尊翠杓溢芳醇，琵琶箜篌饰怪珍。

世间局促常悲辛，神君欢乐千万春。

呜呼，生不封侯死庙食，丈夫岂得抱志长默默！

对酒叹

镜虽明，不能使丑者妍；酒虽美，不能使悲者乐。

男子之生桑弧蓬矢射四方，古人所怀何磊落！

我欲北临黄河观禹功，犬羊腥膻尘漠漠；

又欲南适苍梧吊虞舜，九疑难寻眇联络。

惟有一片心，可受生死托。

千金轻掷重意气，百舍孤征赴然诺。

或携短剑隐红尘，亦入名山烧大药。

儿女何足顾，岁月不贷人；

黑貂十年弊，白发一朝新。

半酣耿耿不自得，清啸长歌裂金石。

曲终四座惨悲风，人人掩泪无人色。

蒸暑思梁州述怀

宣和之末予始生，遭乱不及游司并。

从军梁州亦少慰，土脉深厚泉流清。

季秋岭谷浩积雪，二月草木初抽萌。

夏中高凉最可喜，不省举手驱蚊蚋。

藏冰一出卖满市，玉璞堆积寒峥嵘。

柳阴夜卧千驷马，沙上露宿连营兵。

胡笳吹堕漾水月，烽燧传到山南城。

最思出甲戍秦陇，戈戟彻夜相摩声。

两年剑南走尘土，肺热烦促无时平。

荒池昏夜蛙阁阁，食案白日蝇营营。

何时王师自天下，雷雨汹洞收挽抢。

老生衰病畏暑湿，思卜鄠杜开紫荆。

六月二十五日晓出郊

剑南作客岁再淹，正如病翼遭橘黏。

短衣射虎性所乐，不耐龌龊垂车幨。

今晨偶出得一快，欣然意若脱楚钳。

晓星已疏更磊磊，残月欲尽犹纤纤。

鸡鸣已与夜漏断，鸦起似逐朝阳暹。

扬鞭走马忘老惫，自笑狂疾何由砭。

不管别人怎么看，怎么做，陆游都要表明收复失地的重要性。别人不做什么行动，陆游还是只要有机会，都要做些行动和准备，以向天下人表明他志在恢复的决心。

所以在蜀州任上，八月二十七日，陆游在蜀州举行大阅，检阅了蜀州军队，并写了记述这场大阅的诗《蜀州大阅》。记述了当时的阅兵情况和自己的感受以及他收复中原的理想，但是没有天下英雄和他一起共举大业，这是多么悲哀啊！

晓束戎衣一怅然，五年奔走遍穷边。

平生亭障休兵日，惨澹风云阅武天。

戍陇旧游真一梦，渡辽奇事付他年。

刘琨晚抱闻鸡恨，安得英雄共著鞭！

陆游永远都是那么壮怀激烈，正是因为他的大喜大悲的性情，在蜀州也许是因为郁郁不得志，得了一场大病。即使是在生病之中，陆游也渴望收复中原，他在诗句中说"我亦奋迅起衰病，唾手便有擒胡兴""草罢捷书重上马，却从銮驾下辽东"，这便是他的《秋声》诗：

人言悲秋难为情，我喜枕上闻秋声。

快鹰下韝爪觜健，壮士抚剑精神生。

我亦奋迅起衰病，唾手便有擒胡兴。

弦开雁落诗亦成，笔力未饶弓力劲。

五原草枯苜蓿空，青海萧萧风卷蓬。

草罢捷书重上马，却从銮驾下辽东。

陆游喜欢饮酒，可是他的酒量一般，这年在蜀州，陆游没少喝酒。也许他喝的不是酒，喝的是一种寂寞，寂寞的是没有志同道合的朋友；喝的是一种忧愁，忧愁中原不复；喝的是一种思念，思念故乡。也许喝酒只是诗人的一种爱好吧，所以在蜀州时期，他多次饮酒。这年夏天陆游不无寂寥，写了不少有关饮酒的诗，他说"酒虽美，但不能使悲者乐"，只能说借酒消愁愁更愁。他说"止酒亡聊还自笑，少年豪饮似长鲸"，并写下了《饮酒》诗，可见他在无聊时需要酒，在有志不得伸的时候亦需要酒。

陆生学道欠力量，胸次未能和盎盎。

百年自笑足悲欢，万事聊须付酣畅。

有时堆阜起峥嵘，大呼索酒浇使平。

世间岂无道师与禅老，不如闭门参鞠生。

朋旧年来散如水，惟有铛杓同生死。

一日不见令人愁，昼夜共处终无尤。

世言有毒在鞠蘖，腐胁穿肠凝血脉。

人生适意即为之，醉死愁生君自择。

陆游喜欢游山玩水，这是诗人的天性。在蜀州，夏天的时候，陆游拜谒了英显王庙。英显王庙，也称二郎庙，祭祀着为蜀地修建了都江堰的蜀郡太守李冰父子，位置在成都府东。参观完后，陆游写了《神君歌》。蜀州名胜很多，陆游游览了翠围院、化成院、慈云院、灵鹫寺、白塔院等不少地方，每到一处，诗人都要写诗。翠围山，在永康县西北8里，前有绳桥，上有翠围院。化成山在州西北。隋大业间赐额曰化成，因此得名。有太岁寺，一名化成院，地势宏敞，古木千章，耸翠云端。白塔山，在州西20里，上建有白塔院，下有池，龙盘其中，祷雨辄应。山上有塔，其顶已失，仅存半焉。白塔斜阳，是蜀州八景之一。陆游在游白塔院的时候，下着小雨。因而他写下了《白塔院》：

> 冷翠千竿玉，浮岚万幅屏。
>
> 凭栏避微雨，挈笠遇归僧。
>
> 残月明楼角，屯云拥塔层。
>
> 溪山属闲客，随意倚枯藤。

淳熙元年（1174）九月间，陆游又被调回了成都，他从蜀州经江源县及双流到达成都，在成都多住在多福院，为此陆游写了《客多福院晨起》一诗，说自己这是第四次到成都了，有诗句为证："四到锦城身愈老，更堪重入少年场。"并写下了《长歌行》，大有中原未复而壮士暮年之感。国仇未报壮士却老了，宝剑也只有在夜间空发出声音。

> 人生不作安期生，醉入东海骑长鲸。
>
> 犹当出作李西平，手枭逆贼清旧京。
>
> 金印煌煌未入手，白发种种来无情。

成都古寺卧秋晚，落日偏傍僧窗明。

岂其马上破贼手，哦诗长作寒螀鸣？

兴来买尽市桥酒，大车磊落堆长瓶。

哀丝豪竹助剧饮，如钜野受黄河倾。

平时一滴不入口，意气顿使千人惊。

国雠未报壮士老，匣中宝剑夜有声。

何当凯还宴将士，三更雪压飞狐城。

　　九月，陆游到三井院游玩，观看壁画，写下了《游三井观》的诗，由此怀念雍洛历史名迹，不禁感慨万千，实际是对于中原故土未复的悲伤。在这期间，陆游的爱国主义精神再次萌发，总是有种郁郁不得志，借诗歌抒发自己的爱国情怀之感。为此，他写了《江上对酒作》，依然充满了收复失地、平定中原的渴望，似乎只要给他一尺檄文，就可以收复中原故地了。虽然此时陆游已是50多岁的老者，却和年轻人一样，依然是满怀雄心壮志的。只可惜是饮酒后的狂想曲罢了，朝廷不会给陆游这样的机会，陆游也只有自作多情了。

把酒不能饮，苦泪滴酒觞。

醉酒蜀江中，和泪下荆扬。

楼橹压溢口，山川蟠武昌。

石头与钟阜，南望郁苍苍。

戈船破浪飞，铁骑射日光。

胡来即送死，讵能犯金汤。

汴洛我旧都，燕赵我旧疆。

请书一尺檄，为国平胡羌。

现实如此，诗歌自然成了抒发陆游雄心壮志、伟大抱负的最好的方式。在诗中他有千军万马，可是现实中，他只是一个以放翁自号的闲职小官而已。陆游也意识到自己的狂想，所以不久，他写了一首《自嘲》的诗，自我嘲讽，真的是需要勇气，自嘲的背后是对现实的清醒。

淳熙元年（1174）冬十月，陆游被朝廷任命为荣州州事。临别成都时，好友谭德称等人来给陆游送行，并在城南万里桥畅饮，为此，陆游写了《临别成都帐饮万里桥赠谭德称》的诗。即使是朋友一起喝酒送别，陆游还是想着他的理想，所以他在诗中说"判无功名著不朽"，但是也只有"惟仗诗酒宽无聊"。在赶往荣州的途中，夜宿二江驿。二江驿，在双流县南40里二江寺侧，即锦江和流江合流处。这一夜，他写了一首《夜宿二江驿》的诗，表达了强烈的收复中原故地的迫切想法，他说"丈夫要为国平胡，俗子岂识吾所寓"。不久，渡过白马江，陆游又写了《涉白马渡慨然有怀》，依然表达的是抗金北伐的志向，如诗中说"太行之下吹虏尘，燕南赵北空无人"。不久陆游取道青城山至荣州。在青城山参观游览了丈人观、上清宫、延庆宫、长生观、储福观、龙门洞、布金院、玉华楼等，都留下了诗作，并在丈人观看到了孙太古画范长生像，在离堆伏龙祠观看了孙太古画英惠王像，并写诗记述了这次游览活动。途中，陆游还登上了灌口庙东大楼观看岷江的雪景，写了《灌口庙东大楼观岷江雪山》一诗，表达了大丈夫应该做点大事才能不至于碌碌无为的思想。后经郫县、彭山、眉州、平羌、井研、赖牟镇到达了荣州。在途经郫县的时候，陆游写了首思念故乡山阴的诗，题为《郫县道中思故里》，充满了回归家乡的强烈愿望，如诗中说"客魂迷剑外，归思满天南"。经过这些州县，陆游一路都是在作诗吟咏。经过辗转，十一月，陆游终于到达了荣州。他高兴地写了首诗《初到荣州》，说出了他对荣州的初步印象和感想。

乱山缺处城楼呀，双旗萧萧晚吹笳。

烟深绿桂临绝壑，霜落残濑鸣寒沙。

废台已无隐士啸，遗宅上有高人家。

铃斋下榻约僧话，松阴枕石放吏衙。

杯羹最珍慈竹笋，瓶水自养山姜花。

地炉堆兽炽石炭，瓦鼎号蚓煎秋茶。

少年远游无百里，一饥能使行天涯。

岂惟惯见蓬婆雪，直恐遂泛星河槎。

故巢肯作儿女恋，异境会向乡闾夸。

一杯径醉愤自坠，灯下发影看鬖鬖。

淳熙元年（1174）十一月，朝廷政局又发生了变化，龚茂良担任参知政事，为此陆游写了贺启。再次把北伐金人、收复中原的希望寄托给了这位龚宰相，希望这位宰相能重振朝纲。因为陆游很敬重这位龚宰相，敬佩他的为人。龚茂良，字实之，兴化军人，绍兴进士，在吏部郎官任上时，曾上疏朝廷去除曾觌、龙大渊等心腹之患。

同月，陆游第六子子布降生于蜀州。子布，字思远，小字英孙，后因陆游的原因，荫补为从仕郎，历任平军通判、将监簿、知高邮军、淮南东路提刑、通奉大夫。十二月，陆游的妻儿家属从蜀州来到荣州，陆游写下了《自唐安徙家来和义出城迎之马上作》的诗，表达了复杂的感情——想投笔从戎，不愿被家事所累的内心想法。这实际上还是为他的建功立业的功名心所累。所以在诗中说"三更冒急雪，大战梁楚郊"。不久，除夕日，陆游得制置司檄，就是说得到上级的文书，告诉他朝廷任命他为朝奉郎（正七品）成都府路安抚司参议官兼四川制置使司参议官，上级不断催促陆游早点来上任。对此，陆游在淳熙二年（1175）正月写了首诗《乙未元日》：

五十人间老大身，更堪从此数新春。

咚咚漏鼓催窗色，急急文书动驿尘。

病后光阴常自惜，客中节物为谁新？

壮心只向邮亭尽，自搔头颅莫问人。

淳熙二年（1175）正月初十日，陆游带着朝廷的任命启程回成都上任。

临别之际，写下了一首《别荣州》的诗。这首诗写出陆游的消极和沉闷，想着到成都后清游自在的日子会很少，锦城是一个花花绿绿的世界，难免会沾染红尘的尘土和气息，还是山城荣州好，在这里自由自在，无忧无虑，可以喝喝酒，踏寻名胜古迹。

浮生岁岁俱如梦，一枕轻安亦可人。

偶落山城无事处，暂还老子自由身。

啸台载酒云生履，仙穴寻梅雨垫巾。

便恐清游从此少，锦城车马涨红尘。

淳熙二年（1175）正月，陆游写了《沁园春·三荣横溪阁小宴》的词，表达了以身许国，却报国无门的悲哀。

粉破梅梢，绿动萱丛，春意已深。渐珠帘低卷，筇枝微步，冰开跃鲤，林暖鸣禽。荔子扶疏，竹枝哀怨，浊酒一尊和泪斟。凭栏久，叹山川冉冉，岁月骎骎。

当时岂料如今，漫一事无成霜鬓侵。看故人强半，沙堤黄阁，鱼悬带玉，貂映蝉金。许国虽坚，朝天无路，万里凄凉谁寄音？东风里，有灞桥烟柳，知我归心。

不久，得知从兄升之死亡的讣告，为其作诗而哭之，据说陆游哭了三天。陆游自荣州来到成都，住在成都花行，距离大圣慈寺数里之遥。成都东门名胜很多，有禹王庙、大圣慈寺、散花楼、合江亭、薛涛井、海云寺等。大圣慈寺是唐至德年间所建，以前有唐肃宗书写的"大圣慈寺"四个字，因为是皇帝钦赐的缘故，所以唐武宗会昌灭佛时得以保存下来，延续至南宋时期，陆游因此看到了。围绕大圣慈寺周围也发展起来不少市场，成为百姓节日游玩的胜地。因此，陆游在五月天中节（端午节的别称）曾经夜游大圣慈寺，节日里的大圣慈寺灯火通明，人山人海，怎一个盛字了得，陆游写了首诗记述当时的盛况。《天中节前三日大圣慈寺华严阁燃灯甚盛游人过于元夕》：

> 万瓦如鳞百尺梯，遥看突兀与云齐。
>
> 宝帘风定灯相射，绮陌尘香马不嘶。
>
> 星陨半空天宇静，莲生陆地客心迷。
>
> 归途细踏槐阴月，家在花行更向西。

淳熙二年（1175）四月，南宋爆发了赖文政领导的茶商军起义，起义军在湖北起势，后转入湖南和江西，多次打败官军。朝廷没有办法，只有请辛弃疾来镇压农民起义军，不久茶商军攻入广东。九月辛弃疾诱杀了赖文政，茶商军起义宣告失败。茶商军起义说明南宋统治的腐败和黑暗，致使百姓铤而走险，不得已揭竿而起。南宋朝廷时刻处在金国的虎视眈眈下，国内人民又不断起义反抗黑暗统治，可谓是内忧外患。

　　不久，成汉卿将军被任命为成都路兵马钤辖，陆游整日与他在一起，相从甚密。绍熙二年（1191）陆游在老家山阴写了一首诗，追忆了他和成汉卿在成都交往的情况。淳熙二年（1175）六月，多年好友范成大来成都做官了，这次他被朝廷任命为文渊阁直学士知成都府权四川制置使，这对陆游来说是一个好消息。自乾道六年（1170），陆游赶往夔州任上时与范成大在金山一别后，两人已经五年多没有见面了。范成大的到来让陆游很高兴，从此陆游成了范成大的下属。既是朋友又是上下级，所以《宋史》中记载说，"范成大为蜀地统帅时，陆游为参议官，他们以文字相交，不拘礼法"，纯粹就是朋友之间的无所顾忌的交往，哪有什么上下级关系，上司和下属之间的关系和该有的礼法界限，全然被两位心意相通的好友打破了。这种文人相交的习性，很快招致外人嫉妒，多被其他人"讥其颓放"，也就是说被他们那些人讥讽颓废不做事，奔放不属礼节。就因为一个"颓放"，让陆游付出了沉重的代价，用代价来说也许不合适，因为陆游内心中其实并不怎么在乎官职，他只是有着收复中原的理想而已，不然还不如在家修道呢。即便如此，我们姑且还是说成代价吧。不久，陆游就遭到弹劾被罢官，没过多久又罢知嘉州。理由也是因为"颓放"，所谓陆游"摄嘉州，燕饮颓放故也"，就是说陆游在嘉州的任上喝酒行乐，无所事事。

　　在这次成都的任上，陆游有一次经新都到汉州公干出差。炎炎的夏六月，一路上陆游也是一边写着诗，一边赶着路。到了新都县后，陆游拜谒了位于新都县北弥镇八阵前的诸葛亮武侯庙，写下了歌颂诸葛亮忠义，矢志不渝地北伐，希望北伐金人、收复失地的诗，也反映了陆游以蜀汉为正统的道统观和历史观, 这首诗就是《谒诸葛丞相庙》。

> 汉终四百天所命, 老贼方持太阿柄。
>
> 区区梁益岂足支, 不忍安坐观异姓。
>
> 遗民亦知王室在, 闰位那干天统正。
>
> 公虽已没有神灵, 犹假贼手诛钟邓。
>
> 前年我过沔阳祠, 再拜莫俎衰泪迸。
>
> 洁斋请作送迎诗, 精忠大义神其听!

不久, 陆游回到成都, 在成都举行了大阅兵, 并写了阅兵后的所想所感所叹的诗。他感叹自己是一个儒生的身份, 而不是一个兵士军人的形象, 念念不忘的恢复之志彰显于诗句之间。在《成都大阅》诗中, 陆游说:

> 千步毬场爽气新, 西山遥见碧嶙峋。
>
> 令传雪岭蓬婆外, 声震秦川渭水滨。
>
> 旗脚倚风时弄影, 马蹄经雨不沾尘。
>
> 属櫜缚袴毋多恨, 久矣儒冠误此身!

淳熙三年 (1176), 陆游 52 岁, 还在成都任上。二月, 宋孝宗检阅了福建两浙路的兵马, 任命汤邦彦为申议使, 到金国乞求陵寝地, 只是金国不同意, 乞求没有得到满足, 有辱使命而归。从此河南之议停息下来, 朝廷不再遣使向金人讨回河南之地。

　　元宵佳节，陆游写了《上元》这首诗，虽然是节日喜庆的氛围，陆游却没有高兴起来，好像还病了，心里别有一番滋味。"归时瘦马崔嵬影，定有游人笑此翁。"看似诙谐，实则是陆游有志不得伸的真实写照。不久，好友谭季壬（字德称）来到成都，与陆游见面从游，两位好友见面分外高兴，赋诗畅谈则是常态。陆游写了《喜谭德称归》的诗，这是他们友谊的见证。陆游说志不在诗词歌赋章句诗文，他志在经世致用，收复失地，伊尹和姜尚才是他的偶像和目标，成为能帮助帝王成就大业的人，是陆游的自我期许。但是现实总是残酷的，陆游也是感叹一下而已，而真正能和他一起共谋不朽事业的人，现在看来，好像也只有你谭季壬了，由此可见，陆游与谭季壬关系非同一般，真是志同道合的朋友。

少鄙章句学，所慕在经世。

诸公荐文章，颇恨非素志。

一朝落江湖，烂熳得自恣。

讨论极王霸，事业窥莘渭。

孔明景略间，却立颇眦睨。

从人无一欣，对食有三喟。

谭侯信豪隽，可共不朽事。

天涯再相见，握手更拉泪。

欲寻西郊路，斗酒倾意气。

浩歌君和我，勿作寻常醉。

　　春天来了，正是鲜花盛开，出游赏花的好时节。海棠花开得很盛，陆游借春游之机，游遍了成都诸家园林，自然也写了不少诗。如游览成都西市施家园，因为这天是晴天，所以陆游写了《春晴暄甚游西市施家园》，表达了想念故乡，渴望回归故里的想法，诗中说"东风好为吹归梦，著我松江弄钓舟"。陆游还写了首《花时遍游诸家园》的诗："看花南陌复东阡，晓露初干日正妍。走马碧鸡坊里去，市人唤作海棠颠。"成都碧鸡坊海棠花开得很盛，成为巴蜀的一道亮丽风景。宋人那个时候都说"巴蜀风物之盛，或者言过其实，……然海棠富艳，江浙则无之"。而碧鸡坊是成都一百二十坊中的名坊，这里种满了海棠，独具一格。陆游是真爱海棠的，在这组诗中的第二首中，诗人说："为爱名花抵死狂，只愁风日损红芳。绿章夜奏通明殿，乞借春阴护海棠。"都爱到了关心海棠的容颜和花落花谢了，愿多借点自己的光阴给海棠，也不想看着它那么快就凋谢了。诗人又说"海棠已过不成春"，意思是说海棠凋谢了，都没有春天的样子了，诗人多么喜欢海棠啊！春风一吹，海棠花随风飘扬，就像雪花一样吹落一地，还没有等到它凋谢完了我就愁得不行了，真所谓"眼看燕脂吹作雪，不须零落始愁人"。

　　二月，陆游游览了合江亭和赵园，写下了《自合江亭涉江至赵园》的诗。这一路陆游看到梅园的梅花盛开，不由得想到了两个都城开封府和河南府，成都的海棠却是开得非常茂盛。乌鸦藏在高高的柳树上，密密麻麻；

马儿渡过了清江，水还没有涨起来；春风吹拂着感觉有点小冷，喝了点酒已感觉微醺了；这把年纪了，还要漂泊到什么时候呢？希望能把我这种断肠人在天涯的愁绪借助角鼓的声音传回家乡吧。

政为梅花忆两京，海棠又满锦官城。

鸦藏高柳阴初密，马涉清江水未生。

风掠春衫惊小冷，酒潮玉颊见微赪。

残年飘泊无时了，肠断楼头画角声。

合江亭在成都府城东南二江合流处，为唐代韦皋所建。唐代，百姓多在这里给朋友践行，许多名士在此题诗，往往在焉。宋人吕大防在成都做官的时候，曾经对合江亭进行修缮，成为船官治事的地方。赵园，即为赵穆仲园，在成都府城东郭外锦江北岸。

陆游写过一首《春晴》的诗，表面上是写春天的景色，实则是写他思念故乡的愁绪。他在诗中说希望能驾一船一路东下回到山阴，所谓"安得一船东下峡，江南江北听莺声"。

在成都，陆游与范成大关系密切，经常在一起吃饭喝酒，吟诗作对。久而久之，陆游也开始厌倦了这样的生活，内心充满了矛盾，他本希望范成大和自己一样都是志在恢复，对他也寄予了厚望。为此，陆游还作了一首《春感》的诗，表达了他渴望建功立业、收复中原的抱负，也写出了对现状的强烈不满。他说离开剑关南山没有多长时间，我陆游都快成了一个糟老头子了，满头白发，到了蛟龙无用的地步了。

少时狂走西复东，银鞍骏马驰如风。

眼看春去不复惜，只道岁月来无穷。

初游汉中亦未觉，一饮尚可倾千钟。

叉鱼狼藉漾水浊，猎虎蹦蹡南山空。

射堋命中万人看，毬门对植双旗红。

华堂却来弄笔砚，新诗醉草夸坐中。

剑关南山才几日，壮气摧缩成衰翁。

雪霜萧飒已满鬓，蛟龙郁屈空蟠胸。

邻园杏花忽烂熳，推枕强起随游蜂。

绕看百匝几叹息，吹红洗绿行匆匆。

暮年逢春尚有几？常恐春去寻无踪。

青钱三百幸可办，且判烂醉酤邨筒。

　　一顿牢骚发完，一顿自我省思说完后，生活还是要继续，趁着春天来了，还是要多去寻找春天的踪迹，不然等到春天过去了，就连春天的踪迹都找不到了。该游玩还是去游玩，该喝酒还是去喝酒，该和朋友见面还是去见面吧。陆游还是忍不住寂寞，跑到观音院来游玩和题诗了，到锦亭参加夜宴，参观昭觉寺。三月一日，作诗，并为范成大诗集作序。

　　三月的某天，陆游被朝廷免官，为此他写下了《饭保福》的诗，对于这次免官陆游觉得终于可以无官一身轻了。

> 廉雨云低未放晴，闭门作病忆闲行。
>
> 摄衣丈室参耆宿，曳杖长廊唤弟兄。
>
> 饱饭即知吾事了，免官初觉此身轻。
>
> 归来更欲夸妻子，学煮云堂芋糁羹。

四月，陆游参观了华严阁。不久病了，他写了一首《病起书怀》的诗。这时陆游虽然被免官，但他志向还在，并开始对诸葛亮的《出师表》十分推崇。

> 病骨支离纱帽宽，孤臣万里客江干。
>
> 位卑未敢忘忧国，事定犹须待阖棺。
>
> 天地神灵扶庙社，京华父老望和銮。
>
> 《出师》一表通今古，夜半挑灯更细看。

陆游免官后于六月改为奉祠，主管台州桐柏崇道观。桐柏为浙江天台诸峰之一。上面建有桐柏宫，为唐代司马承祯所建，宋真宗大中祥符初年改为崇道观。宋代实行祠禄制度，为了照顾一些年老久病或不宜再担任实职要职的官员，以管理宫观的名义进行安排，根据在任时的官阶高低，分为宫观使、提举、提点、主管之类，目的是为了领取俸禄，因此称之为

"祠禄官"。祠禄官因主持和管理宫观的祭祀，所以又被称为"奉祠"。但实际上，只是挂有这个名义，并不必要亲赴宫观所在主持日常工作，只管照常拿祠禄。实际上，这是宋代对官员的一种特殊恩典和照顾。到王安石变法时期，奉祠的性质也有变化，一些反对变法的大臣也被闲置起来，成为祠禄官。因此，奉祠也成为打击异己，安排不听话的大臣的一种政治手段。

陆游对于自己被朝廷下令奉祠，又高兴又充满了愁绪，于是写下了《蒙恩奉祠桐柏》，既回顾了一路仕途的艰辛，又表达了对朝廷恩准自己回到家乡一带的感激之情。虽然即将回去了，以后还是会想念在成都从游的一切美好。

> 少年曾缀紫宸班，晚落危途九折艰。
>
> 罪大初闻收郡印，恩宽俄许领家山。
>
> 羁鸿但自思烟渚，病骥宁容著帝闲。
>
> 回首舻棱渺何处，从今常寄梦魂间。

淳熙四年（1177），陆游53岁，还在成都，并没有回到浙江台州天台主持桐柏宫，而在成都领取祠禄。范成大在成都沉迷于游玩和宴会，作为朋友，陆游写诗向范成大劝诫，此诗为《和范舍人病后二诗末章兼呈张正字》，意在说中原未复，金人未灭，老兄你就不要整日醉生梦死了。

> 放衙元不为春酲，澹荡江天气未清。

欲赏园花先梦到，忽闻檐雨定心惊。

香云不动熏笼暖，蜡泪成堆斗帐明。

关陇宿兵胡未灭，祝公垂意在尊生。

　　不久，范成大建成了铜壶阁，陆游写有《铜壶阁记》，还是对范成大进行劝诫，对他大兴土木表示了不满，这种行为不足称道，陆游希望他能以收复失地为念。陆游始终不能忘怀收复失地，即使是登西川门，陆游写诗都要与收复失地联系在一起，他在诗中说"诸公勉画平戎策，投老深思看太平"。

　　这年六月，范成大被朝廷召回，陆游为他送行，一路从成都，经永康、唐安，直至送到眉州。一路上，陆游写了很多诗，这些都与范成大有关，如《和范舍人永康青城道中作》《新津小宴之明日欲游修觉寺以雨不果呈范舍人》《送范舍人还朝》。

和范舍人永康青城道中作

风驱雨压无浮埃，骏骕千骑东方来。

胜游公自辈王谢，净社我亦追宗雷。

岷山楼上一徙倚，如地始辟天初开。

廓然眼界三万里，山一蚁垤水一杯。

世间幻妄几变灭，正自不满吾曹哈。

丈夫本愿布衣老，达士讵畏苍颜催。

君看神君岁食羊四万，处处弃骨高成堆。

西山老翁饱松麦，造物赋予何辽哉！

新津小宴之明日欲游修觉寺以雨不果呈范舍人（诗二首）

风雨长亭话别离，忍看清泪湿燕脂。

酒光摇荡歌云暖，不似西楼夜宴时。

又

新津渡头船欲开，山亭准拟把离杯。

不如意事十八九，正用此时风雨来。

送范舍人还朝

平生嗜酒不为味，聊欲醉中遗万事。

酒醒客散独凄然，枕上屡挥忧国泪。

君如高光那可负，东都儿童作胡语。

常时念此气生瘿，况送公归觐明主。

皇天震怒贼得长，三年胡星失光芒。

旄头下扫在旦暮，嗟此大议知谁当？

公归上前勉书策，先取关中次河北。

尧舜尚不有百蛮，此贼何能穴中国。

黄扉甘泉多故人，定知不作白头新。

因公并寄千万意，早为神州清虏尘。

陆游一路送范成大很远，都到眉州了，在古代交通不发达的情况下，足见陆游与范成大友情深厚，感情真挚。在和范成大道别时，陆游还不忘收复中原失地，希望范成大能借进京之际，向皇帝献策，先取关中，再取河北，陆游对范成大此次进京是寄予了收复失地的希望的。送走范成大后，陆游就更孤独了。八月，陆游到邛州，因为这里有他在成都结识的好友宇文绍奕，他现在是邛州的地方长官。在邛州一待就是10日。陆游在诗中说"秋风巾褐添萧爽，又作临邛十日留"。在邛州，陆游写了很多诗。

陆游也游玩了很多地方，如文君井，文君即卓文君，在邛州治所南里仁街巷内，井侧有琴台，有卓氏故居。白鹤馆，在邛州治所之东。白鹤山，在邛州西7里。翠屏阁，在邛州西7里。孤亭为万竹亭，在邛州西白鹤山崖之西，唐代景福年间所建。信美亭，在白鹤山，宋庆历二年（1042）建。幽居院即幽居寺，在邛州城西7里，景最幽雅。中溪寺，在邛州之西白鹤山之上，为山上庵院十四所之一。天台院也是白鹤山中庵院十四所之一。松风亭在邛州和善西崖。这些地方都留下了陆游的足迹。

淳熙五年（1178），陆游54岁。因陆游在蜀期间写了很多诗，这些诗在临安都城也广为传诵，不经意间也被孝宗看到了。于是，朝廷下诏召回陆游。这年春，陆游开始奉诏东归，离开蜀地。宋人叶绍翁《四朝见闻录》说陆游"宦游剑南，所作歌诗，都是寄意恢复，收复失地。书肆广为流传，有人得到陆游的诗后呈给孝宗御览，皇上对于陆游处于抗金前线很忌讳"。陆游的儿子在《剑南诗稿跋》中说"戊戌春正月，孝宗皇帝感念陆游久在外任，故召陆游东归"。对于恢复孝宗始终是心有顾忌，讳莫如深。叶绍翁《四朝见闻录·孝宗恢复》也说"孝宗皇帝每次侍奉光尧皇帝即宋高宗时，必然力陈恢复大计以取旨。光尧至曰：'你等我百岁归天后，再议恢复大计吧！'孝宗皇帝从此之后再也不敢言恢复大计"。实际上，孝宗有恢复之志，却受到太上皇赵构的制约，同时又缺乏主见和毅力，所以一直徘徊不前。陆游能东归，自然有孝宗的怜悯，更多的也是怕陆游的诗在蜀地产生太多太大的影响，不利于他的统治吧，召回来还是比较好控制的。自从陆游乾道六年（1170）夏季进入蜀地夔州，至本年离开成都东归，长达9年时间陆游都在西蜀。所以陆游说"西州落魄九年余""千篇诗费十年功"。

陆游在蜀的9年，是郁闷不得志的9年，也是时刻盼望回归故里的9年，更是痛苦难受的9年。陆游之所以痛苦，根本在于抗金北伐、收复失地的志向和理想没有得到重视和实现，伟大的爱国主义精神遭到了来自现实朝局、时局的影响和无情的打击，自然是精神苦闷，郁郁不得志了。因此，陆游在西蜀9年的时间里，写了大量诗歌，聊以抒怀，表达了他壮志难酬的苦闷和忧愤。他担心自己就这样无所事事地在西蜀死去，留下一生的遗憾。所以他的诗《病起书怀》说："人寿定非金石永，可令虚死蜀山中。"陆游不想就这样死去，因为他想看到收复中原，国家一统。所以在他的诗《感兴》中，他说："我发日益白，病骸宁久存？常恐先狗马，不见清中原！""扶床踉蹡出京华，头白车书未一家。"可见，他渴望国家统一。这是陆游苦闷、忧愤、抑郁的根本所在。陆游对沦陷区的百姓充满感情，实际也是他的爱国精神的一部分。以自己的痛苦和郁闷想到了中原地区百姓的痛苦，诗人始终是与人民在一起的。他的诗《先主庙次唐贞元中张俨诗韵》说："洛阳化为灰，棘生铜驼陌。讨贼志不成，父老泣陵柏。"《观长安城图》也说"三秦父老应惆怅，不见王师出散关"。《关山月》更说是"遗民忍死望恢复，几处今宵垂泪痕"。愈是与沦陷区的百姓感同身受，就会愈坚定陆游的抗金之志，坚定他收复中原，解救百姓于水深火热之中的志向和理想。可越是这样，陆游就越痛苦，理想和志向不能实现，对于一个立志恢复的人来说，无疑是非常残酷的。残酷无比，痛苦无比。

所以，蜀地是让陆游难忘的，难忘蜀地的山水名胜，难忘蜀地的风土人情，难忘蜀地的朋友至交，难忘蜀地的立志恢复，难忘蜀地的日日夜夜。因此，陆游在晚年把自己的诗集命名为《剑南诗稿》，也算是对蜀地的魂牵梦绕和永恒的纪念追忆。

四、奉诏东归

淳熙五年（1178）冬，陆游终于迎来了人生的转机。自范成大走后，陆游在成都又待了半年，久生郁闷之情，终于等来了吏部新的任命通知，经过吏部考核，陆游被派往四川叙州（今四川宜宾）任官。诗人接到任命，还是欣喜若狂的，又开始计划如何收复失地了。他在诗中说"报国计安出？灭胡心未休。明年起飞将，更试北平秋""中原阻绝王师老，那敢山林一枕安"。但是朝局变化多端，天威难测。就在陆游打算去叙州赴任的时候，孝宗皇帝又下了一道指令，让陆游赶紧回到临安来。皇命难违，只有遵行诏令，即刻启程回归临安。

　　三月，陆游携带家眷开始启程东归，一路舟行向东，一路写诗，并写下了《东归有日书怀》的诗。四月行至眉州，陆游在披风榭拜谒了苏轼遗像，写下了《眉州披风榭拜东坡先生遗像》，除表达了对苏轼的敬仰之情外，还有陆游迫切的归乡之情，诗中说"故乡归来要有日，安得春江变酒从公倾"。不久，陆游来到了青神县，在县尉官廨中访借景亭，借景亭在县衙后面，可以鸟瞰史家花园，园内多佳景。借景亭留下过黄庭坚的足迹，他常来这里游玩，题写了"借景"之名，并赋诗。因此陆游写下了《访青神尉廨借景亭盖山谷先生旧游也》的诗，缅怀黄庭坚。山谷是黄庭坚的号，黄庭坚是北宋著名的文学家，是江西诗派的开山鼻祖，而陆游的老师曾几是江西诗派的重要传承人，陆游自然也和江西诗派关系密切，因为路过青神县黄庭坚曾经做官的地方，当然是要写诗追怀祖师爷了。陆游因此发出了"人生能自足，一尉可终身"的感叹。

　　过了青神县后，陆游来到玉津县，写下了《舟过玉津》的诗，回家时陆游虽然很高兴，但是离别时却有许多愁思。他在诗中说"幅巾久已忘朝帻，短剑惟思隐市尘"。不久，船行至叙州，陆游写了《叙州》诗三首。"画船冲雨入戎州，缥缈山横杜若洲。须信时平边堠静，传烽夜夜到西楼。"叙州古称戎州。第二首还是在追思黄庭坚，对其遭到政治迫害和打击鸣不平。"文章何罪触雷霆？风雨南溪自醉醒。八十年间遗老尽，坏堂无壁草青青。"无等院是黄庭坚的旧居，北宋哲宗元符时期黄庭坚曾寓居于此，并建有槁木庵，在南宋陆游时代还保存完好，无等院的寺额为黄庭坚笔迹。据宋人李嘉谋说，北宋绍圣初年，章惇和蔡卞主持朝廷大事，黄庭坚之前任史官的时候得罪了他们，所以被贬到黔州，绍圣二年（1095）又被移到戎州。"当时黄庭坚外迁为涪州别驾，因而自号为涪翁，放浪山水间，根本就没有贬谪困穷之意。城南有溪水，黄庭坚常去游玩，给溪水取了涪溪的名字。其后溪山多以此为名。"黄庭坚被贬谪到叙州时，常来锁江亭游玩，并赋诗纪念，至南宋时，在锁江亭旧基上，别作新亭，和以前的做法一样。陆游到此后，怀念黄庭坚，写了"千寻铁锁还堪恨，空锁长江不锁愁"的诗句，表达了一种不满和不平的感叹。叙州过后，陆游一路行舟东下，不久到了泸州，写下了《泸州使君岩在城南一里深三丈有泉出其左音中律吕木龙岩相距亦里许黄太史所尝游憩也》的诗，表达世事险恶、世事难料的感叹。使君岩在泸州城城南五里，有岩洞深六丈多，宽三丈，岩中有泉水涌出。所谓使君，即魏晋南北朝时期梁朝陆弼，梁朝天监年间为泸州刺史，死后有神异，葬于白崖。此岩为神游宴之所，故号称使君岩。到南宋时又改称为王使君岩，洪迈《夷坚志》说，本朝有英州刺史王献可，为王云之父，知泸州，后亦为白岩神，现在为王使君游宴之地了。

过了泸州，行舟至合江县，此时已是夜晚，陆游写了《夜泊合江县月中小舟谒西凉王祠》，并怀着崇敬和恭敬的心情，拜谒了西凉王祠。西凉王即吕光，是前秦苻坚的大将，以破虏将军平蜀有功。陆游离开合江往涪州行舟，一路顺风顺水，行进速度非常快，在这段水路上行舟，陆游写了《风顺舟行甚疾戏书》的诗，追忆他在南郑从戎的快乐时光，并说自己还没有老，还有雄心壮志，希望能担当大任，收复失地。

昔者远戍南山边，军中无事酒如川。

呼卢喝雉连暮夜，击兔伐狐穷岁年。

壮士春芜卧白骨，老夫晨镜悲华颠。

可怜使气尚未减，打鼓顺流千斛船。

　　到了涪州后，陆游写下了《涪州》的诗。并在涪州停留，带着儿子上岸拜谒了程颐祠堂，写下了《北岩》的诗。绍圣时期，程颐被贬谪涪州，即在普净院辟堂传播《易》学。元符时期，程颐被贬谪到了夷陵。陆游在这首诗中表达了对党禁之祸的不满，他认为如果党禁之祸不解除，那么就会受到胡人的威胁，如诗所说"党禁久不解，胡尘暗神州"。涪州过后不久，陆游行舟至丰都，下船游了平都山，写了《平都山》的诗。平都山在县治所东北一里，山上林木茂密，寺庙很多，很适合游玩。丰都过后不久，舟行至忠州，陆游下船来拜谒了禹王庙，禹王庙在忠州南屏风山，王象之在《舆地纪胜》中说，"禹庙唐碑，今字画漫灭"。也就是说禹王庙的碑是唐代重新立的，到了南宋上面字和画像都看不清楚了。陆游拜谒禹王庙后，写下了《忠州禹庙》的诗，写出了禹王庙一片破败不堪，青草蔓延，青苔都把碑淹没了，这让陆游无限感慨。陆游还到忠州龙兴寺悼念杜甫，写下了《龙兴寺吊少陵先生寓居》的诗。唐代宗永泰元年（765）五月，杜甫携家眷由成都草堂南下，秋天到达忠州，居龙兴寺院。龙兴寺在忠州城东南门外。该诗说明了杜甫到龙兴寺的原因和情况，所谓"中原草草失承平，戍火胡尘到两京。崎跸老臣身万里，天寒来此听江声"。陆游写杜甫的遭遇，其实也在写自己的遭遇，想想二人的遭遇是何其相似。都是因胡人兵祸，导致中原地区沦陷，两人不得不万里远游来做官，来到忠州听长江之水滚滚不息，此时陆游正在听着江声怀念杜甫。不同的是，杜甫的时代收复了两京，而我陆游呢，什么时候收复两京，收复中原失地呢？想到这里不由悲从中来。由忠州过后即至万州，陆游下船游览了岑公洞，写下了《游万州岑公洞》的诗。这是一首充满仙风道骨的诗，有着道家气象。岑公原名道愿，原本是江陵人，隋朝末年避乱避祸来到此洞隐居，活了百余岁。诗中一句"鹤飞忽下青松杪"，充满了仙风道骨，很对陆游的脾性。

五月，陆游行舟至夔州，在白帝庙附近停船，写下了《白帝泊舟》的诗，在诗中表达了厌倦远游的生活，急于到家的想法，所谓"倦游思税驾，更觉爱吾庐"。不久，小船一路东下至归州，正值五月初五端午节，陆游写下了《归州重五》："斗舸红旗满急湍，船窗睡起亦闲看。屈平乡国逢重五，不比常年角黍盘。"表达了对屈原的追思，也是对其爱国情怀的赞许。秭归是屈原故里，屈原祠在归州东南五里归乡沱。此外，陆游还写有《屈平庙》《楚城》等诗追怀屈原："江上荒城猿鸟悲，隔江便是屈原祠。一千五百年间事，只有滩声似旧时。"归州凭吊，陆游感触尤深。由归州而下至夷陵，陆游写了《舟出下牢关》《峡口夜坐》《峡州甘泉寺》《峡州东山》《江上观月》《初发夷陵》等诗，记录了沿途的所见所闻所想所思。从夷陵出发至荆州这一路，陆游是高兴的，因为离家越来越近了，行舟也更快了，如诗说"今朝喜处君知否，三丈黄旗舞便风"。顺风顺水更有便风送舟，能不快吗？其实也可见是陆游的心情快意而已，当然就觉得很快就到江南了。不久，舟行至荆州，陆游在荆州停船下来游玩、喝酒，写下了《初到荆州》《醉归》《出游》《大堤》《阻风》《初发荆州》等诗。其中《大堤》这首诗充满了爱国情怀，当时，陆游站在荆州（今江陵）大堤上多次向北遥望沦陷于金人之手的神京洛阳，情不自禁，潸然泪下。正如诗中所写："累累北门塬，泪尽望神京。"这是一种多么真挚的爱国主义情怀啊！诗人对中原失地充满了感情，所以泪流满面。想到自己一直以收复中原为志向，却一直郁郁不得志，而中原地区还在金人之手，深感自己有志无力的悲哀，怎能不痛哭流涕呢？

荆州过后，行舟至公安县。陆游写下了《泊公安县》的诗，表达了自己以身许国而壮志未酬的感慨和无限的哀愁。正如诗中所言："少年许国忽衰老，心折柁楼长笛哀。"至石首时，陆游写下了《刘郎浦夜赋》的诗。至巴陵时，陆游写下了《小雨极凉舟中熟睡至夕》《岳阳楼》《再赋一绝》《乘大风发巴陵》的诗。其中《乘大风发巴陵》表明了陆游对潇湘地区的喜爱之情，如诗中所说"衡湘清绝地，恨不从此游"。

六月，舟出湖南洞庭湖至鄂州（今武汉武昌），陆游写下了《南楼》一诗，并下船游玩了南楼。王象之《舆地纪胜》说，南楼位于郡治鄂州正南的黄鹄山顶中间，曾改名为白云阁，至元祐年间，知州方泽重建，又改回了南楼之名。写《南楼》这首诗时，陆游的心情是极其复杂和沉重的，无法收复的中原故地，难酬的报国之志，都让他无限惆怅。

十年不把武昌酒，此日阑边感慨深。

舟楫纷纷南复北，山川莽莽古犹今。

登临壮士兴怀地，忠义孤臣许国心。

倚杖黯然斜照晚，秦吴万里入长吟。

其间的其他诗如《黄鹤楼》《头陀寺观王简栖碑有感》《夜热》等，也都宣泄了陆游这一路走来的愁绪和惆怅，感叹和感慨。

没过多久，由鄂州行舟至黄州，陆游写下了《舟中偶书》，再次表达了建功立业和收复失地的雄心壮志："四方本是丈夫事，白首自怜心未灰。"陆游说大丈夫应该在四方建功立业，现在虽然自己满头白发，但是仍雄心万丈，收复失地热情没有熄灭，更没有心灰意冷。这一时期，陆游还写下了一首《灯下读书》的诗，诗中说："少年喜书策，白首意未足。"可见陆游喜爱读书即便白首仍意犹未尽的心情。陆游在黄州，还去寻访了苏轼遗迹，并游览了雪堂、四望亭、安国院等名胜，写下了《自雪堂登四望亭因历访苏公遗迹至安国院》的诗。清代人修的《光绪黄冈县志》说，雪堂在黄州城内东南方向，宋代苏轼曾被贬谪到黄州两年，他的朋友马正卿为苏轼请命于郡，把原来的几十亩营地拨给苏轼耕种，苏轼耕种其中，因此得名为东坡。宋神宗元丰五年（1082），苏轼在东坡的另一边修建堂屋，当时下着大雪，因而绘雪景于堂壁上，故号称雪堂。安国院，苏轼在《黄州安国寺记》中说：城南精舍就是安国寺，有茂林修竹，坡池亭榭。该寺立于后唐年间，始名护国，宋仁宗嘉祐八年（1063）皇帝赐名为安国寺。六月一个有月光的夜晚，陆游步行至临皋亭寻访苏轼足迹，缅怀追念苏轼，

写下了《月下步至临皋亭》的诗。不久，行舟由黄州至蕲州，陆游写下了
《南烹》的诗，该诗表面上在讲烹饪之事，实际却讲的是壮志未酬，收复
中原志向没有实现，使中原百姓仍陷于金人的黑暗统治之下，正如诗中说
"堪笑吾宗轻许可，坐令羊酪僭莼羹"。

自蕲州过后，行舟至江州（今江西九江），陆游望见庐山，心情复杂且
矛盾，写下了《初见庐山》的诗。追忆了自己在梁州南郑从戎的快乐，流
露出此时无奈东归，壮志不得伸，恢复事业不得的无奈和惆怅。

> 从军忆在梁州日，心拟西征草捷书。
>
> 铁马但思经太华，布帆何意拂匡庐。
>
> 计谋落落知谁许？功业悠悠定已疏。
>
> 尚喜东林寻旧社，月明清露湿芙蕖。

六月十四日，陆游在东林寺投宿，写下了《六月十四日宿东林寺》的
诗。江州一过，一路向着临安的方向而去。闰六月，行舟至采石矶，看到
万艘楼船，很是感慨，于是陆游写下了《过采石有感》："明日重寻石头路，
醉鞍谁与共联翩。"采石矶一过，就快要到建康（今南京）了，为此陆游写
了《将至金陵先寄献刘留守》。刘留守即刘珙，字共父，崇安人，为刘子羽
长子，乙科进士，宋高宗末年官至中书舍人。很快，陆游的小舟行到建康
了，下船后陆游登上了赏心亭，写下了《登赏心亭》的诗，诗中说"孤臣
老抱忧时意，欲请迁都涕已流"，流露出一种报国无门的感慨。赏心亭在下

水门之城上，下临秦淮，可以尽览建康名胜。在建康，陆游还写有《夜泊龙庙回望建康有感》，诗中云"世事感予怀，竦身入青天"。建康一过，就到镇江了，陆游在沿途写下了《将至京口》。镇江过后，行舟至常州，写下了《荆谿馆夜坐》，此时陆游好像是认清了形势，不再抱有幻想："人生无蒂风中萍，幸我梦断狂已醒。"

这年秋天，陆游回到阔别已久的京城临安，得到了孝宗皇帝的召见，被朝廷授予提举福建常平茶盐公事。

淳熙五年（1178）八、九月间，陆游在去福建上任之前，回到了久别的家乡山阴。这一去一回时间长达9年。陆游在蜀的时候，多次写诗追忆自己的家乡，渴望回归故里。见了孝宗后，领了新的任命，陆游也算是等着去建安这个地方上任了。陆游在山阴老家，从九月一直待到十月，其间写了很多关于家乡的诗。如《溯谿》这首诗写在家乡逍遥的生活，闲暇宁静。而在《归云门》的诗中，陆游说他回到家乡刚好是丰收之年，在乡里生活乐无穷。但是不久要去福建做官，到时候我会多么想念家乡啊。陆游对家乡那是真的热爱，热爱到了骨子里。这首诗让我们体会到陆游的快乐和愁思。"万里归来值岁丰，解装乡墅乐无穷。甑炊饱雨湖菱紫，筱络迎霜野柿红。坏壁尘埃寻醉墨，孤灯饼饵对邻翁。微官行矣闽山去，又寄千岩梦想中。"在《月下自三桥泛湖归三山》的诗中写了自己在家乡游玩的快乐，但是却不能一直陪伴着村里的钓鱼翁一起垂钓，他还是向往乡间田野之趣，但愿自己也是一个常年钓鱼的老翁。这似乎暗示出陆游在受到孝宗召对后，理想和志向没有得到皇帝的支持，感到很失落，因此有了归隐田园的想法，所以诗中说"白头尚耐清寒在，安得终年伴钓翁"。

回到家乡日久，陆游又开始怀念他在成都生活的点点滴滴。从这年九月算起，陆游别离成都都快大半年了。成都虽然是惆怅不得志的地方，但也是陆游饱览祖国大好山河的佳处，也留下了陆游治理此地的佳话。这个地方当然会让陆游常思常忆。这不，陆游在老家写下了《怀成都十韵》的诗，当然这是怀念成都的诗作了。

> 放翁五十犹豪纵，锦城一觉繁华梦。
>
> 竹叶春醪碧玉壶，桃花骏马青丝鞚。
>
> 斗鸡南市各分朋，射雉西郊常命中。
>
> 壮士臂立绿绦鹰，佳人袍画金泥凤。
>
> 橡烛那知夜漏残，银貂不管晨霜重。
>
> 一梢红破海棠回，数蕊香新早梅动。
>
> 酒徒诗社朝暮忙，日月匆匆迭宾送。
>
> 浮世堪惊老已成，虚名自笑今何用。
>
> 归来山舍万事空，卧听糟床酒鸣瓮。
>
> 北窗风雨耿青灯，旧游欲说无人共。

在成都时间长了，难免会生出很多感情来，除了思念成都的物（尤其是海棠），陆游还时常会想起他在成都结识的朋友。这年九月在老家山阴，陆游想起了他在成都的好友宇文绍奕和谭季壬（字德称），晚上梦见他们了，为此，陆游写了一首诗《夜梦与宇文子友谭德称会山寺若饯予行者明日黎明得子友书感叹久之乃作此诗》，这是一首充满真挚情感的怀念朋友的诗作。

夜梦集山寺，二三佳友生。

相顾惨不乐，若有千里行。

在门仆整驾，临道骓嘶鸣。

我友顾谓我，天寒戒晨征。

迟速要当到，徐驱勿贪程。

丁宁及药饵，依依有馀情。

邻钟忽惊觉，鸦翻窗欲明。

作诗谢我友，有使频寄声。

十月，陆游在山阴，又在梦中回到了成都，于是他写了《梦至成都怅然有作》：梦中，在春天，陆游到了成都游玩、喝酒，但是最可恨的是美梦被五更的鸡鸣打断了，一下让陆游回到了现实中，原来他是在故乡山阴，早与成都有万里之遥了。

春风小陌锦城西，翠箔珠帘客意迷。

下尽牙筹闲纵博，刻残画烛戏分题。

紫氍毹暖帐中醉，红叱拨骄花外嘶。

孤梦凄凉身万里，令人憎杀五更鸡。

又

宦途元不羡飞腾，锦里豪华压五陵。

红袖引行游玉局，华灯围坐醉金绳。

阶前汗血洮河马，架上霜毛海国鹰。

世事转头谁料得，一官南去冷如冰。

　　人生总是矛盾的，因时因地而变。陆游在成都做官的时候，总是会想起故乡山阴，总想有朝一日回家。而当他回到了山阴后，他又是那么想念成都。这一想一念之间充满了情，又怎一个情字了得。在成都也是陆游人生失意和郁闷不得志的时候，在山阴老家更是陆游希望落空的时候，他本来希望从成都回来，能得到皇帝的重视，支持他的伟大抱负和理想。所以，郁闷的时候，都会想念曾经牵挂的地方，毕竟陆游在成都五年了，在那里留下了很多美好的回忆，家乡天然的亲近感就更不用说了。

　　成都比起南郑来，也许陆游更加愿意怀念南郑从戎时光的美好。为此，在家闲时，陆游怀念起了在南郑山南的点点滴滴，写下了《冬夜泛舟有怀山南戎幕》的诗，在十月冬夜的晚上陆游泛着小舟，在河中江中行走之时，不由自主想起了他在南郑山南从戎的景况，一幕幕涌现在脑海里。

钓船东去掠新塘，船迮篷低露箸香。

十里澄波明白石，五更残月伴清霜。

飘飘枫叶无时下，袅袅菱歌尽意长。

谁信梁州当日事，铁衣寒枕绿沉枪。

　　相比成都的繁花似锦，陆游更怀念他的南郑从戎的生活，他更在意他的爱国恢复之志和沦陷区的百姓，更在意北伐金人、收复失地。所以说陆游一刻都没有忘记志在恢复的初心，不管身处何地，不管在何时，收复失地都是陆游的思想中心和行动出发点。

第五章

◎

夜阑卧听风吹雨，铁马冰河入梦来

"夜阑卧听风吹雨，铁马冰河入梦来。"这两句诗是陆游在绍熙三年（1192）写的《十一月四日风雨大作》中的诗句，忧国忧民、志在恢复的陆游跨越千里从成都回来，满怀期待地受到皇帝的召见，本以为还有机会为自己收复中原的理想而奋斗，但是北伐金人、收复失地到底只是一场梦，一场一厢情愿的梦而已。

一、临安梦碎

接到东归的诏令，陆游满心欢喜，以为这次可以得到皇帝的重任，受到皇帝的重视，没有想到最后等来的却是去福建担任常平茶事的闲职，不是那心心念念的能为恢复做点实实在在事情的官职或任命。

回到临安后，陆游受到了孝宗皇帝的亲切接见，就是所谓的召对。召对大概包括孝宗询问陆游对天下形势和时事以及他任官情况的问答吧。原本陆游是带着期望和激动的心情进宫面见孝宗的，但是和孝宗一番对答后，陆游却失望了，结果大大出乎陆游之预想，后来陆游到福建上任后，写了《福建到任谢表》一文表达了他的这种心情。

再后来，陆游写的《鹅湖夜坐书怀》诗"去年乔号召，五月触瞿唐，青衫暗欲尽，入对衰涕滂"同样表达了陆游的复杂心情，由此可见召对效果不尽如人意，让陆游心灰意冷。

虽然陆游逮住了这个机会，拼命地向孝宗阐述他收复中原的设想，但是孝宗根本就不感兴趣。此时的孝宗早已不是那个立志恢复的皇帝了，他现在是坐稳了偏皇帝的人。此时的孝宗也许是无能为力了，只能把恢复之志抛诸脑后。所以陆游把这次皇帝的召对，称为"宣温之对"，意思就是说像汉文帝召见贾谊那样，言不由衷，使贾谊大失所望，陆游同样大失所望。

然而更让陆游感到失望和讽刺、尴尬的是，陆游被贬到了福建卖茶叶的地方去管理茶叶，而不是担任一个可以从戎打仗的职务。对于大诗人陆游来说，肯定是不合适的。这让陆游无比的心寒，所以他在诗中说："世事转头谁料得，一官南去冷如冰。"一句"冷如冰"，使陆游心情坏到了极点，真是世事难料。

在临安陆游的收复中原的理想和梦，再次破灭了。错过了临安这次召对，陆游的一生就再也没有机会参与收复失地的行动了。到头来，陆游只能在心忧天下之中死去。

二、建安匆匆

陆游怀着希望来到临安见到了孝宗皇帝，面陈自己的收复计划，不料没有引起孝宗的共鸣，反至被任命为福建提举常平茶事。按道理，陆游这次能从成都回来，是因为孝宗的关照，孝宗还给了陆游难得的面圣的机会。这一系列的操作，在局外人看来，怕是陆游要高升了。可是最后的结局出乎人意料，陆游没有高升，更没有得到施展抱负的机会。也许是陆游在应对孝宗的时候，还是没有改变自己正直的性情，或是他立志恢复，言必称北伐金人、收复中原的奏对，引起了孝宗的不满。皇帝不高兴了，陆游自然没有什么好果子吃，最终只能被任命为一个无足轻重的小官了。

陆游多年远离朝堂，当然不甚清楚，其实，此时朝廷局势、宋金对峙形势、时局、政局以及孝宗个人的思想都发生了很大的变化，维护统治，不生事端，是最高统治者最希望看到的。但另一种可能是，此时，朝廷的大局由孝宗的宠臣曾觌等人控制，曾觌等人的权势更盛，如日中天。陆游又在乾道年间得罪了曾觌，曾觌等人对陆游进行打击报复自然也就再正常不过了。《续资治通鉴》说：陆游主张抗金雪耻以重振国威和罢黜权幸而统一事权，历年来陆游的论奏、诗歌中都是这两类事情的反映，陆游的这两类主张曾觌集团也是再清楚不过的了，于是双方的矛盾不可调和，曾觌集团自然不给陆游在朝廷立足的机会。再加上与陆游关系好的史浩、韩元吉、周必大等，基本都靠边站了。史浩虽为右相，但没有实权，所以，谁也保护不了陆游。陆游只能来福建担任提举常平茶事了。

　　朋友们难以再帮助和保护陆游，自然也只能和陆游告别了。陆游离开行在的时候，好友周必大、韩元吉都写了诗歌为陆游送别，写诗送别是古代文人之间最为文艺的事情，可以安慰朋友，可以鼓励朋友，可以表达真情实感，也不失浪漫。淳熙五年（1178）八月十九日，周必大写了《送陆务观赴七闽提举常平茶事》的诗，韩元吉写了《送陆务观福建提仓》的诗："觥船相对百分空，京口追随一梦中。落纸云烟君似旧，盈巾霜雪我成翁。春来茗叶还争白，腊近梅梢尽破红。领略溪山须妙语，少迁使节上凌风。"诗里充满了离别之意和依依不舍之情。

　　建安位于今福建建瓯，是南宋有名的产茶区。茶叶在宋代实行禁榷制度，也就是国家专卖制度，由国家负责管理、收售，并设置专门的官员负责管理。不过，在南宋，这个地方还不怎么发达，用荒凉来形容也不为过。虽然福建路属于东南六路，经济发展也不错，但是较之其他东南五路还是有差距的。陆游在《思归》诗中说："谁知建安城，触目非夙昔。冥冥瘴雾细，潋潋蛮江碧。出门无交朋，呜呼吾何适？归哉故山路，讵必须暖席！"可见，南宋时期的建安还是荒蛮、瘴气横生的地方。相比以前陆游任官的镇江、南昌、成都等地还是差远了，但可能比夔州好点。建安再差，陆游也没有选择的余地，一纸皇命谁也不敢违抗。陆游也只好到建安去做官了。但是，陆游是千万个不情愿，他在《适闽》的诗中说：

　　　春残犹看少城花，雪里来尝北苑茶。

　　　未恨光阴疾驹隙，但惊世界等河沙。

功名塞外心空壮，诗酒樽前发已华。

官柳弄黄梅放白，不堪倦马又天涯。

陆游不情愿，心有不甘，不是嫌官小，不是嫌弃地方不好，而是提举福建常平茶事与他的恢复之志风马牛不相及。所以他在诗中说"功名塞外心空壮，诗酒樽前发已华"。空有一腔立志报国、边塞建功立业的雄心壮志，却只能写写诗、喝喝酒，在这样的日子中，不知不觉头发白了，真是空悲切啊！

淳熙五年（1178）十月，陆游准备由山阴去往建安赴任了。本已打算出行，但是天下了大雨，雨连绵不止，陆游想走也得等雨停了，所以陆游写了《欲行雨未止》的诗，实际不是雨不停，而是陆游很不想离开家乡，刚从外地回到了别离了十来年的家乡，在家待了不到几个月，这次又要出远门，到外地上任了，真是舍不得走啊，浓浓的乡关之情不免跃然纸上。正如陆游在诗中说的那样："暂归仍客路，投老倍乡情。"没有等待雨停，在大雨中，陆游还是告别家乡，离开了所居住的三山西村，走在了去往建安的路上，等到了山阴县西南 25 里处的兰亭天章寺时，由于天色已晚，陆游只好在天章寺借住。天章寺由宋朝皇帝宋太宗赐额，由至道元年（995）太监裴愈所奏，在王羲之兰亭曲水及书堂旧基等处，建立了一寺舍，也即陆游现在看到的天章寺。所以陆游写了《大雨中离三山宿天章寺》的诗，清楚地交代了他出发去建安的情况以及晚上住在天章寺的所想所感所思。

苦雨催寒不肯晴，晚来余势更纵横。

云如山坏长空黑，风似潮回万木倾。

要借关河供远眼，不辞泥淖困初程。

解衣一笑僧窗下，几两青鞋了此生。

　　诗的前四句都是在写天气恶劣，大雨连下不止，似乎没有要放晴的迹象，在山上就显得更加寒冷了，到了晚上雨下得更凶更纵横捭阖了。天空一片漆黑，风如大海潮水回潮那样凶猛，感觉山上的万顷树木都倾倒了。面对如此恶劣的天气，陆游此时的心情就可想而知了。他想把遥远的关山河川尽收眼底，这样就可以不辞泥泞的道路而待在刚出发的地方。在僧舍窗前解开衣服一笑，也想像僧人们一样穿着青鞋，从此度过余生。可见陆游不想远游到建安为官，此时他已有了退隐的想法和打算。

　　不久，陆游由山阴到了诸暨，在诸暨干溪吃了早饭。干溪在诸暨县东北 62 里，以吴干吉故居建于此地，所以有干溪之名。陆游路过这里，写下了《早饭干溪盖干吉故居也》的诗：

剑外归来席未温，南征浩荡信乾坤。

峰回内史曾游地，竹暗仙人旧隐村。

白发孤翁锄麦垄，茜裙小妇闯篱门。

行行莫动乡关念，身似流槎岂有根。

陆游在这首诗里说，要好好去建安赴任，不要老是想念家乡，人生就像浮行水上的竹木筏一样随水流漂泊没有根。虽然是从剑南一带回来不久，往南去建安上任总会有转机，要相信乾坤朗朗。

没过多时，陆游一家从诸暨干溪行走到枫桥、化城院一带，据《嘉泰会稽志》记载：枫桥，在县东北 50 里。据说桥建于唐代，后来桥塌了，至南宋理宗淳祐年间重建了此桥。化城院，在县东 52 里。为魏晋南北朝时期梁朝武帝大同二年（536）所建，至唐代武宗灭佛时废弃，宋太祖开宝四年（971）重建，开始名称为紫岩院，后来改为现在的名字。陆游走到这一带，写了《赠枫桥化城院老僧》的诗，描述了他在化城院借宿的情况以及他不愿远走建安的复杂和矛盾的心情，所以诗中说"门前霜半寸，笑我事晨征"。门前下了半寸厚的霜，霜都在笑我明早踏上去建安的征程。冰霜如何会笑人，实际是陆游自己在笑话自己，想给自己不想这么着急去建安找的借口。好笑的是，明明是陆游自己不想踏上征程，却说冰霜在笑他，这两句诗很有意思，符合古代中国诗人的写作手法，值得细品。虽然冰霜有半寸那么厚，陆游还是早上起来就赶路了，不久行至距离诸暨县城 14 里的双溪桥，这时天气变得更冷了，陆游把这天气形容为"寒甚"，正如他在《双桥道中寒甚》一诗中所说，迎面吹来带着霜的风像镰刀一样快速割在脸上，穿着厚厚的衣裤都觉得冷，到了晚上还要添加衣服，"古来共说还家乐，岂独全躯畏楚钳"，这最后两句是陆游对仕途的思考，对人生意义的反思，还流露出了陆游想收复失地、建功立业的想法。

天气虽然寒冷，陆游还是一直在赶路。这天霜下得少了，风也变得温和了，晴朗的天色下行走的路人很多，终于行至诸暨县和义乌县一带的牌头和奴寨了。走在这条路上，陆游感慨很多。于是，写下了《行牌头奴寨之间皆建炎末避贼所经也》的诗，这里曾经是建炎时期百姓避金人之祸的道路，没有想到白头老翁的我也会走到这条路上。建炎避祸至今已40多年了，很多事物都发生了变化，不变的唯有高山大川。如何得到西域的葡萄酒，倒满一杯就着南海的鹦鹉螺下酒。所谓"安得西国蒲萄酒，满酌南海鹦鹉螺"，实际上表达了陆游想收复失地、建功立业的壮志。在奴寨吃过早饭，陆游又开始赶路了，他写了《早发奴寨》的诗，诗中说"丈夫虽有四方志，客子终悲千里行"。大丈夫志在四方，但是可悲的却是远行千里之外。看似可悲，实际可悲的是没有派陆游前往边关建功立业、收复失地而已。发发牢骚可以，现实点，还是赶路吧。"上车莫恨晨霜冷，又得修途一日晴。"坐上公车了就不要怨恨早上的霜寒冷，不是又得到了沿途的一日晴天吗？还是继续赶路吧。不久，陆游来到了义乌绣川驿，绣川驿在义乌县西100步，在旧城东40步，唐代名叫双柏驿，到宋代叫义乌驿，宋神宗熙宁五年（1072），知县茹敦礼把义乌驿迁徙到了距离县城西150步处，离绣州湖很近，因而改名为绣川驿。至宋高宗绍兴十五年（1145），知县董燿重建了绣川驿。绣川湖在义乌县西150步处，广袤数百顷，可以灌溉800亩良田。群峰环列，上下郁郁葱葱，璀璨如组绣，所以叫绣川湖。陆游过此驿，写下了《题绣川驿》的诗。绍兴三十年（1160），陆游自福州北归临安时曾经过此驿站，所以陆游在诗中说，"绣川池阁记曾游，落日栏边特地愁"。陆游这首诗还是写对家乡的思念以及希望终老家乡的矛盾而复杂的心理。所以在诗中，陆游说："归心久负鲈鱼鲙，春色初回杜若洲。会买一蓑来钓雨，凭谁先为谢沙鸥？"有着归隐的复杂心情。

没多久，陆游来到了湖头寺，并在湖头寺借宿，写下了《夜行宿湖头寺》的诗，这首诗与前一首《题绣川驿》在感情上有着很大的不同：前一首诗很消极，有归隐田园的想法；这首诗还是意在说明陆游想建功立业、收复失地的万丈雄心。所以说，陆游的心情和心态是十分复杂和矛盾的。"去国不堪心破碎，平戎空有胆轮囷。泗滨乐石应如旧，谁勒中原第一勋？"中原沦陷让人心破碎，平生从戎空有勇气，泗水之滨的乐石应该保存如旧，谁是第一个把收复中原的功勋刻在泗水之滨乐石上的人呢？这四句实际上是写陆游渴望建功立业、收复中原的雄心壮志。不久，陆游来到了衢州，好像是病了，写下了《衢州道中作》的诗，这首诗总体还是写愁，愁绪何来？还是因不能建功立业、收复失地而来。所以诗中说"无情最恨寒沙雁，不为愁人说杜陵"。路过衢州，往前走到江山县，陆游写下了《过灵石三峰》诗二首，其中第二首也表达了他建功立业、收复失地的理想，诗中说："老夫合是征西将，胸次先收一华山。"由江山县继续行走到了仙霞岭，据《同治江山县志》记载，仙霞岭，在县南 100 里，高 360 级，凡28 曲，长 20 里。这首和前一首又是矛盾的，前一首写建功立业、收复失地的雄心，而这一首又表现得很消极，可见陆游意志是在理想与现实之间徘徊的。"切勿重寻散关梦，朱颜改尽壮图空。"诗人的无奈，再一次梦碎，如诗所说：

吾生真是一枯蓬，行遍人间路未穷。

暂听朝鸡双阙下，又骑羸马万山中。

重裘不敌晨霜力，老木争号夜谷风。

切勿重寻散关梦，朱颜改尽壮图空。

　　仙霞岭或者是仙霞关一过就到福建地界了。仙霞关被誉为"两浙之锁钥，入闽之咽喉"，战略地位很重要，为历代兵家必争之地。宋高宗绍兴年间，大臣史浩曾募人沿径道修筑石块路面。陆游过了仙霞关或仙霞岭就进入了福建蒲城县了，在宋代蒲城县属于福建路建宁府，在府城东北333里。陆游到蒲城县地界约在十一月，一路风霜兼程，鞍马劳顿，陆游病了，连自己喜欢喝的酒也都有几日没喝了。到了蒲城县鱼梁山时，陆游想到好久没有饮酒，于是小酌了几杯，并写下了《道中病疡久不饮酒至鱼梁小酌因赋长句》，晚上陆游夜宿鱼梁驿站，又写了《宿鱼梁驿五鼓起行有感》诗二首，记述了当时的感慨。这一时期，从南郑到成都做官时的清闲、健康的快意生活到现在病来百事哀的境遇，少年时努力读书学剑建功立业的志向到再次认清现实之后的消沉，几种情绪交替冲击着诗人的思绪，在他此时的意识中，所有的这些不过是一场梦，而人们能记住自己的方式只能是在老家葛仙矶湖畔做一个垂钓的老翁，这首诗表明的归隐之意又一次在诗人的心里萌生。

　　蒲城县鱼梁驿一过，就到了建安县境界的梦藤驿了，在这里陆游写了《梦藤驿》的诗两首，其中有诗句"百年常作客，排闷近清樽"道出了陆游一生漂泊他乡、建功立业无望的悲哀，借酒解愁的愁闷。十一月，陆游到了建安任所，开始了他在建安一年左右的提举福建常平茶盐公事的任官生活。

在建安提举福建常平茶盐公事的任上，陆游也是无所事事，清闲无聊。所以他在诗中说"睡足平生是建州""一樽何处无风月，自是人生苦欠闲"。闲时无聊，诗人自然就要写诗了。十一二月的时候，正是梅花香自苦寒来，到处盛开的梅花，吸引了诗人陆游，他一口气写了《梅花绝句》诗十首。看梅花本是一种欣赏和喜悦的心情，可陆游笔下却多是愁绪和无奈。如："广平莫倚心如铁，撩起清愁又破禅。""输君一觉翛然梦，长在清泉白石间。""如今莫索梅花笑，古驿灯前各自愁。""主人岁岁常为客，莫怪幽香怨不知。""一枝只好傍窗看，莫售千金入凤城。""探春岁岁在天涯，醉里题诗字半斜。今日溪头还小饮，冷官不禁看梅花。""池馆登临雪半消，梅花与我两无聊。""渐老情怀多作恶，不堪还作送梅诗。"那些撩起的清愁、幽怨和无聊围绕着诗人。

淳熙五年（1178）年末，陆游唯一高兴的事情，是他最小的儿子子遹出生了。子遹字怀祖。后因陆游的缘故荫补为官，历任新喻县丞、汉阳令，后迁为临安签判、监登闻鼓院、司农丞，出知平江军，召迁吏部侍郎、中奉大夫，赐紫金鱼袋。淳祐时期卒，享年73岁。

淳熙六年（1179），陆游55岁了。这一年天下并不太平，在南宋境内时有农民起义爆发，正月郴州宜章县民陈峒发动农民起义，很快攻破道州之江华、桂阳之蓝山、临武、连州的阳山县。至四月才被官军镇压下去，农民起义失败。但是六月，广西百姓李接又发动暴动，攻破郁林州，进围化州，至十月才被官军镇压。农民起义的不断发生，说明了南宋统治的腐败。在金国境内，七月金国密州百姓许通等不满金人统治，发动起义，不久被杀，起义失败；八月济南百姓刘溪忠不满金人统治，发动抗金运动，不久被杀，运动失败。多起暴动发生在金国统治的原本属于宋国的州县上，可见金人的残暴统治亦不得人心。这也正是陆游认为的中原沦陷区百姓民意可用的原因所在。

　　然而，朝廷却没有给陆游为国分忧的机会。他在任上事情也不多。他在建安做的事情，除了公事外，基本都是作诗、饮酒、喝茶、游玩、交游、忆往昔等，但都是围绕一个愁字而来，如陆游的诗说"风鬟雾鬓归来晚，忘却荷花记得愁"。荷花怎么会记得愁，实际上是陆游不能忘记他的愁绪，忧愁不能释怀。"昨夜月明今夜雨，关人何事总成愁。""年来多病题诗懒，付与鸣蛩替说愁。"怎一个愁字了得！

　　正月，陆游在建安任所写了《对酒》一诗，借酒消愁，诗中说还没有饮酒，愁绪就已经释怀了："欣然对之笑，未饮愁已释。"饮了多少酒？从早到晚，喝了很多："朝饮绩五斗，暮饮髡一石。"当然，这是夸张的手法，陆游虽爱酒，但是酒量不行。喝酒是为解愁，也是为了打发时间，自我安慰。陆游实际上想说的是，在建安任上做不成什么惊天动地的大事来，还不如回家归隐，等待合适的时间再出山吧。所以陆游在诗中说"寄谢采芝翁，无为老青壁"。不久，陆游再次病了，所以在诗中说"疾病侵人酒兴疏"。这年正月，建安下了一场雪，着实让陆游高兴了一回，为此他写了首《建安雪》的诗，说建安的茶叶是天下第一的，用雪水泡茶味道就更好了，此刻也不枉我陆游千里万里来到建安了，此情此景多少有点自我安慰之意。南宋时人王象之说"天下之茶建为最，建之北苑又为最"。看来陆游对建安的茶叶的褒奖一点都没有夸张，名副其实。不光是建安的茶为天下之最，荔枝也是天下第一。陆游的好友范成大在《吴船录》中说"今天下荔枝，当以闽中为第一"。但是正如陆游所说，好茶和荔枝是鱼和熊掌不可兼得，下雪可以泡好茶，但是不能吃到新鲜的荔枝，即使建安生产最好的荔枝也是此时此刻不能兼得的，但也如诗中所言，有银瓶铜碾里雪水浸润的茶香，也不枉此行了。

建溪官茶天下绝，香味欲全须小雪。

雪飞一片茶不忧，何况蔽空如舞鸥。

银瓶铜碾春风里，不枉年来行万里。

从渠荔子腥玉肤，自古难兼熊掌鱼。

不久，雪停了，天空开始放晴，陆游还在病中，出来在任所的后院散步，拖着病体扶着藤杖还在寻觅残剩的梅花，他在诗中说"病扶藤杖觅残梅，牢落情怀怕酒杯"。虽然情绪低落，但是生病了怕喝酒，不能借酒消愁了，还是踏雪寻梅吧。诗人还说："南来强作寻春梦，何处如今更有花？"诗人要园丁们勤快打扫洒水，等待春节一过，春天到来，希望看到万花竞开。

陆游病快好了，来到了建安开元寺游玩，直到傍晚才回任所，并写下了《开元暮归》的诗。开元寺在县城南三里，在云际山麓，为晋朝太康年间所建，初名为林泉寺，唐朝开元中期改为今名。寺有丹青阁、一览亭、定光岩、观音岩、弥陀岩、陆羽泉、石龟池、宝月井等著名八奇景观。陆游在诗中说："白发书生不自珍，天涯又作宦游身。溪桥烟淡偏宜晚，野寺花迟未觉春。"陆游说自己不懂得自珍自爱，白头老翁了又做官宦游天涯，这有什么意思呢？春天还没到野寺那，花儿还迟迟未开。过新年了，陆游的病还没有好，好久都没有喝酒了，所以诗人说"久因多病疏云液，近为长斋进玉延"。

春天来了，陆游游玩了凤凰山，写下了《游凤皇山》的诗。据史料记载，凤凰山在建安县城东北25里，山上有凤凰泉，一名焙泉，一名御泉，自宋代以来，始取此处的泉水泡茶。陆游在诗中说"临溪更觅投竿地，我欲时来小作狂"。虽然陆游病了很久，但是他希望自己还能"小作狂"。不久，陆游在任所的园中游览，写下了《园中杂书》诗四首，诗中说："北窗看镜意凄然，梦断梁州已七年。猎猎彩旗春日晚，不堪花外见秋千。"可以看出诗人凄然的感觉，立志收复的梦想断了。诗人爱喝茶，在建安多烹茶，为此写下了《烹茶》的诗，陆游说他自己衰老了，连喝茶都能使人病："年来衰可笑，茶亦能作病。"

久在病中，陆游自然想念曾经宦游过的地方，抚今追昔。春天来了，本是海棠盛开的时候，于是陆游想起了成都海棠盛开的情境，写下了《病中久止酒有怀成都海棠之盛》的诗：

碧鸡坊里海棠时，弥月兼旬醉不知。

马上难寻前梦境，樽前谁记旧歌辞？

目穷落日横千嶂，肠断春风把一枝。

说与故人应不信，茶烟禅榻鬓成丝。

　　夏天六月中，陆游追忆了他在山南快乐的从戎时光，写了《忆山南·从军岁月》的诗。在南郑从戎的得意，戎马生涯的快乐倾泻于笔端，然而"君王何日奏肤功"一问，让我们看到了陆游这首诗，实际上是表达了何时收复中原失地的慨叹和追问，这是他深深的爱国情怀的体现。

貂裘宝马梁州日，盘槊横戈一世雄。

怒虎吼山争雪刃，惊鸿出塞避雕弓。

朝陪策画清油里，暮醉笙歌锦帐中。

老去据鞍犹矍铄，君王何日奏肤功。

　　秋七月，陆游又想起了他曾经做官的地方唐安，即今天四川崇州市。他写了首《忆唐安》的诗，来追忆他在唐安时的做官情况。

南郑戍还初过蜀，朝衫与鬓犹争绿。

逢春饮酒似长鲸，醉里千篇风雨速。

唐安池馆夜宴频，潋潋玉船摇画烛。

红索琵琶金缕花，百六十弦弹法曲。

曲终却看舞《霓裳》，袅袅宫腰细如束。

明朝解醒不用酒，起寻百亩东湖竹。

归吴寂寞时自笑，纵有诗情谁省录？

今年二顷似可谋，去属云根结茅屋。

秋八月，陆游想起了他在南郑和蜀中任职的情况，写下了《追感梁益旧游有作》的诗。

西游万里倚朱颜，肯放尊前一笑悭。

蜀苑妓围欺夜雪，梁州猎火满秋山。

晚途忽堕尘埃里，乐事浑疑梦寐间。

浮世变迁君勿叹，剧谈犹是诧乡关。

在建安的夏天，炎热，久久无事，陆游开始想念自己的故乡，写下了《思故山》的诗，写尽对家乡美景的热爱，写出了家乡的无比美好，陆游在家乡无比悠闲的怡然自得的田园生活，好生让人羡慕。此时的陆游也许更愿回家做一个乡村老翁，自然是有归隐之意了。陆游的诗"还家谁道无馀俸，倒橐犹堪买钓舟"也是归隐之意的表达。

千金不须买画图，听我长歌歌镜湖。

湖山奇丽说不尽，且复为子陈吾庐。

柳姑庙前鱼作市，道士庄畔菱为租。

一弯画桥出林薄，两岸红蓼连菰蒲。

陂南陂北鸦阵黑，舍西舍东枫叶赤。

正当九月十月时，放翁艇子无时出。

船头一束书，船后一壶酒，

新钓紫鳜鱼，旋洗白莲藕。

从渠贵人食万钱，放翁痴腹常便便。

暮归稚子迎我笑，遥指一抹西村烟。

柳姑庙，据《嘉泰会稽志》记载："山阴县：柳姑庙，在县西边一十里湖桑埭之东，前临镜湖，盖湖山胜绝处也。乡人旧传以为罗东江隐尝题诗，今不传。"道士庄，在镜湖之中，与三山相连接，唐代贺知章致仕归乡，自号皇冠道士，所以得名。

在建安，不得志，心中郁结，思念故乡是陆游的常态，越是不得意，越是在病中，就会越发思念故乡，这是人生的常态。所以陆游说："欲把一杯无奈懒，病来触目动归心。""回首家山又千里，不堪醉里听吴歌！"这年五月，陆游写了《客思》诗二首。所谓"客"是指陆游，他是多年的他乡宦游客了，所谓"思"当然就是思念故乡了。陆游说年华都浪费在了千里关山赶路上，此生都在外乡漂泊，还不如回家乡做一个钓鱼翁快活。

千里关山道路赊，可怜客子费年华。

杯觞滟滟红烧酒，风露盈盈紫笑花。

孤月有情来海峤，双鱼无信到天涯。

此生那得常飘泊，归卧东溪弄钓车。

又

两鬓星星久倦游，凄凉况复寓南州。

未甘蟋蟀专清夜，已叹梧桐报素秋。

绮语安能敌生死，热官正欲快恩雠。

空堂饱作东归梦，梦泊严滩月满舟。

六月，陆游又想家了，他写了《思归》的诗：

平生无宦情，方外久浪迹。

往来梁益间，一笑颇自得。

花稬锦城酒，月白瞿唐笛。

咿哑下江橹，跌宕登山屐。

巴东烟雨秋，渭上风雪夕。

至今客枕梦，万里不能尺。

谁知建安城，触目非夙昔。

冥冥瘴雾细，潋潋蛮江碧。

出门无交朋，呜呼吾何适？

归哉故山路，讵必须暖席。

在病中，陆游越发思念故乡，他写下了《病中怀故庐》的诗：

我家山阴道，湖山淡空濛。

小屋如舴艋，出没烟波中。

天寒橘柚黄，霜落稗柂红。

祈蚕箫鼓闹，赛雨鸡豚空。

叉鱼有餲作，刈麦无遗功。

去年一月留，行役嗟匆匆。

今年归兴动，叙舟待秋风。

社饮可欠我，寄书约邻翁。

陆游在这首诗中说，他家乡山阴，湖光山色，景色很美，湖山隐含在云雾中，小屋在云雾中若隐若现，如行驶在烟波中的小船。天寒之时，橘子熟了，在霜降时，落了满地。祈求来年蚕桑丰收，箫鼓之声很是热闹，人们跑去围观，几乎是万人空巷。去年在家停留了一个月，就匆匆赶路上任，现在我归家的想法很强，等待秋风送我驾舟而回。社饮怎么能少得了我陆游呢？赶快写信寄回去，约邻居老翁一起饮酒。可见陆游满满的思乡之情。

秋七月，陆游思念自己家乡和故庐，写下了《思故庐》的诗，聊解忧思，再一次流露出想归隐家乡的想法和心思。

> 平生一束书，不为屋庐计。
>
> 微官寄邮传，俯仰阅半世。
>
> 草堂白云边，日夜长松桂。
>
> 柴门入幽梦，落日乱蝉嘶。
>
> 宦游有何好，海角愁瘴疠。
>
> 拂衣便可耳，勿使老春荠。

这年夏，钱佃赴临安，陆游写诗送行。钱佃，字仲耕，江苏常熟人，年少入太学，绍兴十五年（1145）中进士，累官婺州太守，劝分移粟，全活甚众，政为诸郡之最。淳熙二年（1175）以江西转运副使除秘阁修撰。陆游为钱佃送行的诗为《送钱仲耕修撰》，诗中说："自应客路难为别，不是阳关作许愁。"名为为钱佃送别，实则羡慕钱佃回到了临安，其实陆游也想回去，他不愿再在建安虚度光阴了，他想回到家乡，所以在诗中说"倦游我梦镜湖秋"。在建安，陆游想念他在成都结识的好友谭季壬（字德称），写了《怀谭德称》的诗："谭子文章旧有声，几年同客锦官城。江楼列炬千钟饮，花市联鞍一字行。人世绝知非昨梦，天真堪笑博浮名。空斋独夜萧萧雨，枕上诗成梦不成。"

不知不觉，陆游来建安都五个多月了。端午节到了，节日本是欢快的时候，而陆游却高兴不起来："建安城里西风冷，白枣堆盘看却愁。"他在这天写了首《建安重五》的诗。这个时候开始下起了黄梅雨，陆游还患了病，一点酒都没有沾，但是他感受到端午节的节日气氛，只是不停地感叹人生匆匆犹如向东流去的江水，奈何白发不停生长，回首去年还在归州作宦游客，今年在建州更加多愁和郁闷了。再次想起归州的时候，向西望归州不由发出三声叹息，感慨世事多变，感叹自己郁郁不得志，感叹自己宦游的沧桑。

> 霏微入户黄梅雨，磊落堆盘碧筒黍。
>
> 病来一滴不饮酒，但嗅菖蒲作端午。
>
> 人生忽忽东逝波，白头奈此节物何！
>
> 去年已作归州客，今年建州更愁绝。
>
> 归州猿吟鸟啼里，屈沱醉归诗满纸。
>
> 即今忆此那可得，西望归州三叹息。

夏日的某天，陆游在雨后天晴的时候，要去任所中的园子里游玩，写下了《雨晴至园中》的诗，并给儿子看，陆游觉得这样很快乐。如诗中说："赋诗示儿子，此乐未易忘。"此外，陆游还写了《夏日》诗三首。但是此时百般寂寥的生活，使陆游又萌发了弃官回家的想法，所以，他很快就把随身携带而来的书画打包装箱，准备发回山阴老家。为此，他还写了《发书画还故山戏书》。为何会有此举？实际上是陆游在建安的任上太无聊了，远离了他收复中原的志向，纯粹为了一顶乌纱帽绝非陆游入仕的本意，所以自觉无趣无意义，自然就想着挂印回家了。正如他在《白发》那首诗中所说："君看世事皆虚幻，屏酒长斋岂必非！"在建安除了作诗外，就没有什么事可做了，这让陆游的愁绪更加浓厚，甚至比建安的酒还浓，所以他在《建安遣兴》一诗中说："建安酒薄客愁浓，除却哦诗事事慵。不许今年头不白，城楼残角寺楼钟。"虽然无事可做，闲得无聊，但是今天头发还是白了，都是一个愁字惹的祸。《建安遣兴》诗有六首。前四首诗主要写思乡，想回家归隐。后两首诗写陆游不忘收复之志，渴望建功立业。其中一首诗说："绿沈金锁少时狂，几过秋风古战场。梦里都忘闽峤远，万人鼓吹入平凉。"另一首诗说："刺虎腾身万目前，白袍溅血尚依然。圣时未用征辽将，虚老龙门一少年。"可见即使处在逆境，在建安百般无聊的任官生活，陆游渴望收复失地、建功立业的志向和抱负从未泯灭，而是时刻以志在恢复为念，以广大沦陷区的百姓为念。这种伟大的爱国精神，不得不令人敬佩和动容。只可惜，诗人不得志，无法实现他的北伐金人、收复中原的伟大理想。这是诗人陆游之痛，也是后世人之痛、历史之痛。"十年一梦今谁记，闭置车中只自哀。"

　　陆游在建安任上，虽不得志，但始终不能忘怀建功立业、收复中原。陆游在《前有樽酒行》的诗中说："丈夫可为酒色死？战场横尸胜床第。华堂乐饮自有时，少待擒胡献天子。"所以陆游也会说："星毬皱玉虽奇品，终忆戎州绿荔枝。""老去据鞍犹矍铄，君王何日奏肤功。""后身作羽林，为国死封疆。"这种收复失地的报国情怀在《大将出师歌》中表现得淋漓尽致，写出了将军出征北伐的气派，陆游多么希望这个出征北伐的将军是自己啊，可是这也许只是梦。

> 将军北伐辞前殿，恩诏催排苑中宴。
>
> 紫陌惊尘中使来，青门立马群公饯。
>
> 绣旗杂沓三十里，画鼓敲铿五千面。
>
> 行营暮宿咸阳原，满朝太息倾都羡。
>
> 天声一震胡已亡，捷书奕奕如飞电。
>
> 高秋不闭玉关城，中夜罢传青海箭。
>
> 可汗垂泣小王号，不敢跳奔那敢战。
>
> 山川图籍上有司，张掖酒泉开郡县。
>
> 还朝策勋兼将相，诏假黄钺调金铉。
>
> 丈夫未遇谁得知，昔日新丰笑贫贱。

淳熙六年（1179）九月，终于迎来转机，朝廷下诏陆游北归临安，接到诏书后陆游非常高兴，立马开始北上归去。在离开建安时，陆游写下了《别建安》诗三首，终于可以离开这个他不想待的地方，别提有多么高兴了。不是因为这个地方不好，而是这个地方远离可以抗击金军的战场，不是陆游建功立业、收复失地的理想地点。所以陆游在诗中说："北岩小寺长汀驿，且喜游山第一程。""欹帽扬鞭晚出城，驿亭灯火向人明。多情叶上萧萧雨，更把新凉送客行。"陆游愉快的心情可想而知。有很多同僚为陆游送别，"车马纷纷送人朝，北岩灯火夜无聊"，一直送到了北岩院。

　　返回临安陆游走了一条和来时不一样的路。由建安直奔崇安，途经他一直梦想的武夷山。不久到了长汀，陆游写下了《长汀道中》的诗。一句"凭鞍久忘发，不是马行迟"道出了陆游急于北归临安的急迫心情。长汀过后就到了崇安。在崇安，陆游游览了日思夜想的武夷山，并写下了《游武夷山》的诗，在诗中陆游写了他很早就有游览武夷山的想法，这次终于实现了。面对武夷山的秀丽险峻，诗人表达了他本意不是要做官，而是要学道成仙的想法，所以在诗中说："学道虽恨晚，养气敢不勤。宦游非本志，寄谢鹤与猿。"陆游还在武夷山九曲溪泛舟，很是快意，写下了《泛舟武夷九曲溪至六曲或云滩急难上遂回》的诗，借诗句"急流勇退平生意，正要船从半道回"表达了归隐之意。崇安过后，陆游来到建阳县，送了双鹅给东观道士。建阳县过后，便来到了铅山县境内的紫溪镇。紫溪镇在铅山县县城南 40 里，是通往建瓯、八闽的重要通道。到了铅山县，陆游最想去鹅湖看看，他之所以选择这条路线回归临安，也和鹅湖的吸引力有很大的关系。因为那里是唐代大义禅师结庵之所。况且，淳熙二年（1175）宋代大思想家陆九渊和朱熹在鹅湖开展了一场震惊南宋学林的心学和理学的辩论，史称"鹅湖之会"。这样，陆游就更加想去鹅湖了。九月，陆游来到了鹅湖，夜宿鹅湖寺，槁叶萧瑟，寒灯照床，抚枕慷慨，夜不能寐，不禁想起在南郑的郁郁苍山之中，铁衣枕戈、霜雪满身的戎马生活，激起了豪迈壮烈的报国之情，于是写下了《鹅湖夜坐书怀》的诗。

> 士生始堕地，弧矢志四方。岂若彼妇女，龊龊藏闺房。
>
> 我行环万里，险阻真备尝。昔者戍南郑，秦山郁苍苍。
>
> 铁衣卧枕戈，睡觉身满霜。官虽备幕府，气实先颜行。
>
> 拥马涉沮水，飞鹰上中梁。劲酒举数斗，壮士不能当。
>
> 马鞍挂狐兔，燔炙百步香。拔剑切大肉，哆然如饿狼。
>
> 时时登高望，指顾无咸阳。一朝去军中，十载客道傍。
>
> 看花身落魄，对酒色凄凉。去年忝号召，五月触瞿唐。
>
> 青衫暗欲尽，入对衰涕滂。今年复诏下，鸿雁初南翔。
>
> 俯仰未阅岁，上恩实非常。夜宿鹅湖寺，槁叶投客床。
>
> 寒灯照不寐，抚枕慨以慷。李靖闻征辽，病愈更激昂。
>
> 裴度请讨蔡，奏事犹裹创。我亦思报国，梦绕古战场。

　　铅山县过后，陆游来到了信州，不久到了玉山，沿途皆有诗作。在玉山到衢州的道中，陆游写下了《枕上感怀》的诗，感慨朝局的无奈，感叹不能收复失地。因此，诗中说："君王虽赏《于芴于》，无奈宫中须羯鼓！"不久，陆游到了衢州，住进了皇华馆。陆游开始冷静下来，深感前途未卜，开始思考未来的路怎么走，决定不再继续北上了。其实，这时陆游决定退隐了，他不想再做一些无意义的官，正如陆游诗中说："人生办此真良图，弃官从翁许我无？"于是陆游向朝廷请求奉祠，并写下了《奏乞奉祠留衢州皇华馆待命》的诗：

> 世念萧然冷欲冰，更堪衰与病相乘。
>
> 从来幸有不材木，此去真为无事僧。
>
> 耐辱岂惟容唾面，寡言端拟学铭膺。
>
> 尚馀一事犹豪举，醉后龙蛇满刜藤。

这首诗说明陆游对自己赴临安即将面临的遭遇看得非常清楚，去了也只会是做一个无所事事的小官而已。所以陆游觉得不要自取其辱了，请求奉祠应该是最好的归宿。

在等待朝廷准许奉祠期间，陆游来到了金华看望在此做官的老友韩元吉，并写下了《婺州州宅极目亭》，同样表达了渴望建功立业的想法以及对沦陷区百姓的关心，如诗中说"莫倚阑干西北角，即今河洛尚胡尘"。韩元吉在《陆务观赴阙经从留饮》的诗中，对老友这次能奉诏入对是很高兴的，寄予了很大的希望，表达了最良好的祝愿，所谓"春风稳送金闺步，看蹑鳌山最上层"。

然而，事与愿违。韩元吉的美好祝愿并没有实现，同样出乎陆游意料的是，朝廷新的旨意是陆游无须入京召对，改授提举江南西路常平茶盐公事。这突如其来的新任命，打乱了陆游原先奉祠回归山阴的计划，"自三衢舟行泛七里濑归山阴"。皇命难违，陆游不得不改变继续东行的线路，而改为向西进发，到抚州去上任了。真的是应了那句老话：人算不如天算。

三、抚州任上

皇命不可违，陆游带着复杂的心情，在淳熙六年（1179）的冬天，被朝廷任命为正七品的朝请郎，提举江南西路常平茶盐公事，并被赐绯鱼袋。于是，陆游拖着疲惫的身躯，带着饱经风霜的家属，由东归山阴改为西进抚州。抚州在当时属于江南西路，为著名的文化名州，经济发达，单纯从做官的角度来说，抚州是一个不错的选择。这里还是著名政治家王安石的故乡。这里与陆游还是多多少少有点关系的，因为陆游的祖父陆佃曾是王安石的学生。

陆游从衢州西进信州，路经上饶县，写下了《月岩》的诗。宋代《太平寰宇记》中说："信州上饶县：石桥山，一名月岩，在县西三十五里。山中壑穴，犹虹矫然。外窥如昼，远望如月，虽天台石桥，不足以比。"陆游在诗中说："几年不作月岩游，万里重来已白头。云外连娟何所似？平羌江上半轮秋。"乾道二年（1166），陆游自隆兴（今南昌）罢官回归的时候，曾经过信州，都没有去月岩游览，至今14年了，而今千里迢迢过来重新游览月岩，已经是头发都白了。

上饶县月岩一过，就到了弋阳县了，一路上陆游的心情很郁闷，充满了哀愁："久客愁心端欲折，何时笑口得频开？"由浙江衢州进入江西上饶地界已是寒冬时刻，天寒地冻，行路也是充满了艰辛。到了弋阳县时，下起了大雪。陆游写下了《弋阳道中遇大雪》的诗，雪下得很大，以致遮蔽了前进的道路，有点迷失前进的方向了。虽雪天迷失了方向，但自己仍壮心不老，内心尚存渴望收复失地、建功立业的抱负和志向。

> 我行江郊暮犹进，大雪塞空迷远近。
>
> 壮哉组练从天来，人间有此堂堂阵！
>
> 少年颇爱军中乐，跌宕不耐微官缚。
>
> 凭鞍寓目一怅然，思为君王扫河洛。
>
> 夜听簌簌窗纸鸣，恰似铁马相磨声。
>
> 起倾斗酒歌《出塞》，弹压胸中十万兵。

下雪天寒赶路，陆游想起了同是下雪天在成都的日子，情不自禁写下了《雪中怀成都》的诗，怀念的不是成都的雪，而是在成都打猎游玩的日子。在成都虽说也是不得志，有点郁闷。但是现在的日子却让人更愁更郁闷，所以说是"愁多自是难成醉，不为天寒酒力微"。俗话说，借酒消愁愁更愁，忧愁越多，就越容易喝醉，陆游却说愁多难成醉，这是反说吧，而又说"不为天寒酒力微"，那就是愁多使人醉了。雪停了，陆游继续赶路，在路上写下了《雪后苦寒行饶抚道中有感》的诗，感慨自己一直在千里万里赶路，辛苦万分，却没有发挥多大的作用，还不如以这样的辛劳换来为国戍边："恨不以此劳，为国戍玉关。"妥妥的爱国情，却没有得到应有的尊重。

淳熙六年（1179）十二月，陆游终于到达了抚州衙署。这年寒冬腊月，陆游开启了在抚州长达一年的任官生涯。在抚州，陆游公务繁忙，赣人好讼，诉讼繁多，比在建安事情多很多。所以陆游在《山中作》诗中说："朱墨纷纷讼满庭，半年初得试山行。"其后在《数日诉牒苦多惫甚戏作》中又说："庭中讼獠不贷人，急甚常如虎遭缚。"繁忙繁杂的诉讼，让陆游深感疲惫，感觉自己如虎入陷阱一般遭到束缚，穷于应付这些杂事。

但是，陆游在抚州一心为民办实事，始终心存人民，为民办事也是十分认真的。这一点是十分难能可贵的。为此，他把在抚州的书房取名为"民为心斋"，意思是全心全意为人民服务，以人民为中心。在抚州，陆游始终关心人民疾苦，赈灾救灾。淳熙七年（1180），抚州大旱，陆游盼望下雨以解干旱之灾。仲夏五月终于下起了大雨，陆游很是欢喜，欣喜地写下了《仲夏小旱方致祷忽大雨连日江水为涨喜而有作》的诗。

> 旱苗垂槁叹何堪，大雨谁知变立谈。
>
> 翠麓青林吞欲尽，恶风白浪战方酣。
>
> 江翻龟窟连云泽，雷挟龙腥起雪潭。
>
> 从此年丰真少事，炷香终日坐蒲龛。

可是江南抚州的大雨不以人的意志为转移，说下就下，说停就停。大雨还在继续下着，陆游以诗曰丰年少事，不承想雨越下越大，终于酿成洪灾了。陆游很着急，时刻关注江水上涨，为此他冒雨到拟岘台察看江水上涨的情况，并写下了《冒雨登拟岘台观江涨》的诗。诗中说："雨气昏千嶂，江声撼万家。云翻一天墨，浪蹴半空花。"可见江水来势凶猛，涨水猛烈，让人害怕。

淳熙七年（1180）夏，抚州大雨连续下了十多天，发生大洪水，陆游写下了《大雨逾旬既止复作江遂大涨》的诗："行人困苦泥没胫，居人悲啼江入舍。便晴犹可望秋稼，努力共祷城南社。"大洪水毁坏百姓的房屋，淹没庄稼。"传闻霖潦千里远，榜舟发粟敢不勉。空村避水无鸡犬，茆舍夜深萤火满。"陆游在这首诗自注中说："民家避水，多依丘阜，以小舟载米赈之。"老百姓避水患，多跑到高一点的丘阜上，陆游以小舟载米去赈灾。《宋史》说陆游在应对江西抚州水灾时，奏拨义仓之米赈济灾民，传檄诸郡发粟米给予百姓。在古代，一般是洪灾之后，瘟疫和凶年就接续而来了。为了应对瘟疫，陆游把多年收集的治病验方编成《陆氏续集验方》在抚州刻印，希望广为传布，利于救济百姓。此外，陆游还至丰城、奉新、高安等地视察灾情，体察民情，关心百姓疾苦，督促官员赈济，对不称职的官员给予严厉批评。陆游在往高安视察的路途中，写下了《寄奉新高令》的诗，严厉责备了高安县令救灾不得力，诗中说："岁饥民食糟糠窄，吏惰官仓鼠雀豪。只要间阎宽棰楚，不须亭障肃弓刀。九重屡下丁宁诏，此责吾曹未易逃。"陆游说百姓都吃不上饭了，以至于食用糟糠，官仓中有粮食宁愿让老鼠和麻雀吃掉，也不用来赈济百姓，只要你这个县官大老爷有垂怜百姓之心，就不会让百姓挨饿受饥，皇帝多次下诏叮嘱赈济百姓，你却置若罔闻，所以你有逃脱不了的干系，是要受到责罚和惩处的。

在高安州有口丹井，相传为李仙人八百炼丹处，喝了此井的水可以长生不老和治愈百病。官府为了独占此井，便不让百姓喝此井水，给此井加上了护栏和锁钥。陆游到达高安后，见此情况，劝诫当地官员，撤除护栏和锁钥，与当地百姓共同享用，大家一起"长生不老"，才有利于应对瘟疫肆虐。陆游对抚州百姓的关爱是自始至终的，即使是他在准备离开抚州往行在复命的时候，仍然记挂、关心抚州百姓的生计和疾苦："山市人经饥馑后"，"凶年菜色繁"。当他离开抚州四五十里之遥后，还在叮嘱给他送行的主簿傅用之，要关心百姓疾苦，"慨然念年凶"。

陆游在抚州的任上为老百姓做了不少实事，发挥了自己的才干，不似在建安那样无所事事。但是还是会抑制不住地思念家乡山阴，时刻都想着归家。其实这也是陆游想归隐田园的表现。"手遮西日成何味，还我平生旧钓竿。"这种念头比在蜀州八年更甚。淳熙七年（1180）正月，陆游在抚州看到大雁南归之景象，不由触景生情，写下了《闻雁》的诗。陆游感慨中原不能收复，不由思念家乡："秦关汉苑无消息，又在江南送雁归。"正月十五元宵佳节，每逢佳节倍思亲，陆游也更加思念故乡，写下了《抚州上元》的诗，诗中说："羁雁同身世，新霜上鬓须。"陆游说他像大雁一样渴望飞回故里，为此愁得鬓发和胡须都白了。这年二月，陆游写了《春雨》的诗，说自己归期未有期，想回家却不得。诗中说："我归未有期，一官寄仓庾。幸复宽简书，不敢恨羁旅。"陆游只有在《雨中遣怀》的诗中自我安慰，说是"摆拨簿书呼酒榼，南湖西塔有幽期"。看来，回家还是指日可待。三月，陆游写了《春晚》的诗，说是"山川信美故乡远，天地无情双鬓秋"。故乡遥远不能轻易回去，只能是以无情地长出的白发寄托对故乡的哀愁。四月，陆游直接写了《思归》的诗，明白无误地告诉大家，我陆游想回家了，想归隐田园了，不想为了五斗米而折腰了，江湖太险恶了，我陆游要追求道家的返璞归真，终老于家乡镜湖。如诗中说："白发满青镜，怅然山水身。那因五斗米，常作半涂人。涉世风波恶，思归怀抱真。会当求铏斧，送老镜湖滨。"五月，陆游在抚州写了《念归》的诗，前八句诗写在抚州任上的情况和当时的景况，触景生情，希望能回到故乡，做个扶犁锄田的老翁。

江城五月朝暮雨，雨脚才收水流础。

酒杯未把愁作病，麈柄欲拈谁共语！

有时暂解簿书围，独坐藤床看香缕。

林塘渺渺鸠正欢，帘幕阴阴燕新乳。

湖山旧隐入我梦，白首忘归独安取？

一生花里醉春风，即今愿作扶犁翁。

陆游时刻都在想着回归故里，他希望终老家乡，做一个垂钓的老翁："烟蓑雪笠家风在，送老湖边一钓矶。"时刻都在怀念家乡："怅然怀故溪，菱丝雨中老。""梦归不恨故山深，霜雪今年已满簪。"七月，陆游在诗中说"严滩已在眼，早晚放孤舟"。九月，陆游又说："菱舟烟雨久思归，贪恋明时未拂衣。""一寸归心向谁说，小屏依约剡中山。""文章不进技止此，仕宦忘归人谓何。"怀念家乡外，陆游也思念曾经宦游过的成都，陆游在诗中说："镜湖烟水摇朱舫，锦里香尘走钿车"。淳熙七年（1180）正月，陆游想起了在成都无事的快乐日子，写下了《旧在成都初春无事日访昭觉保福正法诸刹甚可乐也追怀慨然因赋长句》的诗："忆在西川集宝坊，幅巾萧散日初长。""客路逢春增感慨，旧游回首已微凉。""万里锦城无梦到，岂惟虚负放灯时。"初春时节，陆游在抚州想念起了成都，又写下了《初春怀成都》的诗，诗中说："我昔薄游西适秦，归到锦城逢早春。五门收灯药市近，小桃妖妍狂杀人。"三月，陆游写了《南窗睡起》的诗，诗句中充满成都蜀中的意象，他说："梦中忘却在天涯，一似当年锦里时。""酒来郫县香初压，花送彭州露尚滋。"四月，陆游写了《初夏》的诗，在诗中他再次说想念成都了，说是回首西州就会伤心难过，所谓"浣花光景应如昨，回首西州一怆情"。六月，陆游更是表达了想在锦江大醉一场的想法，他在诗中说："世上悲欢亦偶然，何时烂醉锦江边？"

在抚州，陆游依然忘不了北伐金人，收复中原失地，报效国家，爱国之情永不灭。"狂歌痛饮豪不除，更忆衔枚驰出塞。""秦关汉苑无消息，又在江南送雁归。"四月，陆游在诗中说："蒲萄一斗元无价，换得凉州也是闲。"五月，陆游写下了《五月十一日夜且半梦从大驾亲征尽复汉唐故地见城邑人物繁丽云西凉府也喜甚马上作长句未终篇而觉乃足成之》的长诗，梦中尽复汉唐故地了。

天宝胡兵陷两京，北庭安西无汉营。

五百年间置不问，圣主下诏初亲征。

熊黑百万从銮驾，故地不劳传檄下。

筑城绝塞进新图，排仗行宫宣大赦。

冈峦极目汉山川，文书初用淳熙年。

驾前六军错锦绣，秋风鼓角声满天。

首蓿峰前尽亭障，平安火在交河上。

凉州女儿满高楼，梳头已学京都样。

六月，陆游写了《自咏》的诗，说道："报国有心身潦倒，养生无术病侵寻。"八月，陆游写下了《碧海行》长诗，表达了收复中原失地，扫除和驱逐金人的理想抱负以及伟大的爱国情怀。

碧海如镜天无云，众真东谒青童君。

九奏铿锵洞庭乐，八角森茫龙汉文。

共传上帝新有诏，蚩尤下统旄头军。

径持河洛还圣主，更度辽碣清妖氛。

幽州蚁垤一炬尽，安用咸阳三月焚。

艺祖骑龙在帝左，世上但策云台勋。

九月，陆游在诗中说："中原未复泪横臆，故里欲归身属官。""壮心自笑何时豁，梦绕祁连古战场。""与人多忤谗消骨，报国无功愧满颜。""灞亭夜猎犹堪乐，敢恨将军老不侯。"十月，陆游在诗中说："忽忆从军时，雪夜驰铁骑。壮心谁复识，抚事有馀愧。"十一月，陆游在诗中说："扶衰归北阙，何以报君恩？""浑似军行散关路，但无鼓吹动《凉州》。"这些诗句无疑都是陆游爱国主义思想的集中体现，也是陆游渴望收复失地、建功立业的最为直接的表达。让人看到了一个空有恢复之志，却没有被朝廷重用来担当此大任的陆游，这不仅是陆游的悲哀，也是陆游那个时代的悲哀，更是历史的悲哀。

酒和愁，有酒离不开愁，有愁须借酒，所以酒中有愁，愁中有酒。这也是陆游在抚州任上的一大主题。所以刚进入抚州不久，陆游写下了《对酒》的诗，诗中说："温如春色爽如秋，一槛灯前自献酬。百万愁魔降未得，故应用尔作戈矛。""个中妙趣谁堪语，最是初醺未醉时。""不愁索笑无多子，惟恨相思太瘦生。""江边晓雪愁欲语，马上夕阳香趁人。""春前春后百回醉，江北江南千里愁。""世上悲欢岂易知，不堪风景似当时。病来几与麹生绝，禅榻茶烟双鬓丝。""此梦即今都打破，不妨寂寞住天涯。""抵死愁禁千斛酒，薄情雨送一城花。""悲欢变灭何穷已，学得山僧自一家。"

淳熙七年（1180）三月，陆游喝醉了酒，写下了《醉中怀江湖旧游偶作短歌》的诗。四月，陆游写了首《醉眠》的诗，说："达士如鸱夷，无客亦自醉。"五月，陆游在诗中说："酒杯不解为愁敌，书卷才开作睡媒。"七月，陆游在诗中说："簿书终日了官事，尊酒何时宽客愁？""诗从病后功殊少，酒到愁边量自增。"八月，陆游在《夜酌》的诗中说："悲秋要是骚人事，未必忘情胜有情。"在《社日小饮》的诗中也说："社日西风吹角巾，一尊强醉汝江滨。"又说："醉眼轻浮世，羁怀激浩歌。功名从蹭蹬，诗酒且婆娑。"十月，陆游在诗中说："何许丹青手，端能写此愁。"十一月，陆游在诗中说："少时见酒喜欲舞，老大畏酒如畏虎。一日饮酒三日病，客路那堪夜闻雨。"

游玩赏景也是陆游在抚州的主要活动之一。淳熙六年（1179）冬，陆游抵达抚州后，曾有一天去雪中寻梅，看到瘦弱的梅树，憔悴无比，于是写下了《梅花》的诗。看到梅树的憔悴，也想到自己的不得志，与梅树同病相怜。继而又写下了《雪中寻梅》的诗，说："莫遣扁舟兴尽回，正须冲雪看江梅。楚人原未知真色，施粉何曾太白来！"又说："幽香淡淡影疏疏，雪虐风饕亦自如。正是花中巢许辈，人间富贵不关渠。"后又写下了《江上梅花》。隆冬时节，大雪纷飞自然是常态，对于诗人陆游来说，可以踏雪游玩、欣赏雪景自然是很有诗意。同月，陆游来到拟岘台看雪，并写下了《拟岘台观雪》的诗。淳熙七年（1180）正月，陆游赏玩了衙署园子里的梅花，又写下了《园中赏梅》："阅尽千葩百卉春，此花风味独清真。"足见陆游对梅花的喜爱。但是陆游觉得在外宦游，时间过得太快了，年华匆匆。"羁游偏觉年华速"，"行遍茫茫禹画州，寻梅到处得闲游"。正月初五，陆游郊游到金石台，并写下了《正月五日出郊至金石台》的诗："渐老惜时节，思游那可忘。雪晴天浅碧，春动柳轻黄。笑语宽衰疾，登临到夕阳。未须催野渡，聊欲据胡床。"据《光绪抚州府志》说，"金石台在抚州城15里"。五月，陆游游玩了抚州金溪疏山，写下了《游疏山》的诗。山上有疏山寺，在金溪县西北50里，唐代何仙舟曾归隐于此，中和年间始建立寺庙。陆游在诗中说："我愿匹马飞腾遍九州，如今苦无骒骠与骅骝。"道出了一种身不由己之感。九月，在拟岘台遥望祥符观，写下了《秋晚登拟岘望祥符观》

的诗。

交朋会友，诗文往来，也是作为诗人的陆游在抚州日常生活的一部分。淳熙七年（1180）三月，陆游拜访黎道士，写下了《简黎道士》的诗。陆游虽然为儒生，却有道家修养的家风，对道家多有亲近之感。据《临川县志》记载："黎道士名道华，字师侯，临川人。出家祥符观。曾受《春秋》于邓名世，学诗于谢逸。与曾季狸、僧惠严号临川三隐。自号颐庵。有诗集。"黎道士和陆游的老师曾几有交往，关系不错。陆游是因为这次病了，向黎道士寻医问药而来。所以诗中说："道人昔是茶山客，病叟新为药市游。"并希望黎道士与自己一起归隐山阴，一起乘舟钓鱼："兰亭剡曲春光好，倘肯相从弄钓舟？"与程秀才有徽有诗文往来，读其诗，四月写下了《读程秀才诗》，称其是"英妙非凡质，衰迟畏后生"，并高度赞赏其诗，说是"新诗欲飞动，病眼为开明"。此外，他还写诗寄吕商隐博士，在诗中陆游说："功名君自力，丘壑我平生。"表现出一副看淡功名之意。七月，与黎道士饮酒，写下了《与黎道士小饮偶言及曾文清公慨然有感》的诗，并说："君诗始惬病僧意，吾道难为俗人言。"八月，为李商叟所藏曾几诗卷题诗，写下了《书李商叟秀才所藏曾文清诗卷后》的诗，陆游说他是"西风落叶秋萧瑟，泪洒行间读旧诗"。据陆心源《宋诗纪事补遗》记载："李商叟是临川人。举茂才。曾跟随曾几曾茶山学诗。向王洋请书斋的名字，王洋取书斋名为养源。其后官至知州。著有《半村诗遗》一书。"

九月，陆游写诗寄周必大，淳熙七年（1180）周必大为参知政事，所以陆游写给周必大的诗题为《寄周洪道参政》，洪道即周必大的字，向老友乞求在湖湘之间一州以自适。所以在诗中陆游说："半生蓬艇弄烟波，最爱三湘《欸乃歌》。拟作此行公勿怪，胸中诗本渐无多。"又说："菱舟烟雨久思归，贪恋明时未拂衣。乞与一城教睡足，犹能觅句寄黄扉。""乞与一城教睡足"写出了陆游对仕途的失望至极，只好选择一城睡个好觉，自然有归隐之意了。

不久，陆游写下了《别张教授归独登拟岘》，诗中说："登临客愁里，况是送将归。"十月，陆游去高安的路上路过临川，便写诗追念已故的朋友临川人李浩："故人已作山头土，倦客犹郛陌上尘。十五年间真一梦，又骑羸马涉西津。"对于这位旧友充满了感怀之意，叹时间匆匆，物是人非，所以又在诗中说："十五年前宿战平，长亭风雨夜连明。无端老作天涯客，还听当时夜雨声。"十一月左右，陆游与高安刘清之县丞游大愚观，写下了《与高安刘丞游大愚观壁间两苏先生诗》之诗。从高安回抚州的路上经过南昌，游南昌西山，写诗赠西山老人，诗中说："生世不把笔，残年惟灌园。赁春来并舍，卖画到前村。勤苦供租税，清贫遗子孙。从来栖遁志，剩欲与翁言。"十一月，为晁公迈诗集作序，十九日，作《抚州广寿禅院经藏记》。

同月，陆游得朝廷旨意，即将离开抚州奔赴临安，他和杨秀才告别，写下了《别杨秀才》的诗，诗云："岁暮江头又语离，淡烟衰草不胜悲。俗人愦愦宁知子，心事悠悠欲语谁？灯暗想倾浇闷酒，路长应和赠行诗。人生但要身强健，一笑相从自有时。"刻画出一幅道别的场面，想说道别，却是相顾无言，欲言又止。不久，陆游在抚州时的同僚傅用之来为陆游送别，一送就送到了百里之外，朝夕相处相送，让陆游很感动，于是写下了《白干铺别傅用之主簿》，诗中说："我行忽百里，送客亦已空。傅子独眷眷，旦暮随此翁。"陆游在诗中说傅用之前途无量，让他好好努力，此诗最后一句就是对傅用之的勉励："此别各努力，出处何必同。"

淳熙七年（1180）十一月，朝廷诏令陆游回临安召对。从淳熙六年（1179）十一月至七年（1180）十一月，陆游刚好在抚州任上干满了足足一年，为百姓做了很多好事实事。勤政爱民，辛苦万分。但是陆游在抚州时期，归隐之心仍很迫切，对待功名越发看淡，所以他在这年写的诗中说："浮世何须宇宙名，一狂自足了平生。"陆游还是深感自己像浮萍，漂浮不定，又不知道去往哪里。所以他会在诗中流露出这样的忧虑："叹息明年又安往，此身何啻似浮萍。"虽然说是朝廷主动召回陆游，在外人看来，陆游可能有机会担当大任了，但是陆游自己却不是很看好，因为此前有过奉诏回临安召对，后又被朝廷"放鸽子"的先例，所以陆游对此事有着清醒的认识。可是，那个可爱而善良的陆游还是做好了被孝宗亲自召见的准备，想着和皇帝聊些什么内容。

一路上陆游不顾疲惫，星夜兼程，快马加鞭，经过抚州、东乡、安仁、贵溪、弋阳、永丰、江山、衢州、严州、寿昌等州县，至寿昌乃停止不前，接到朝廷诏令，再次无须入朝召对，也就是说，陆游再次被朝廷"放鸽子"，不用到临安来面见皇帝了。朝廷就这样对待一个爱国之士，召之即来，挥之即去；孝宗就这样对待一个有能力的官员，南宋政治环境可见一斑。但是陆游还是写了感恩诗，感谢朝廷和感恩孝宗，夸赞其为圣主，说自己还没有报过朝廷和孝宗的圣恩，这首感恩诗名为《行至严州寿昌县界得请许免入奏仍除外官感恩述怀》，诗云：

> 晓传尺一到江村，拜起朝衣渍泪痕。
>
> 敢恨帝城如日远，喜闻天语似春温。
>
> 翰林惟奉还山诏，湘水空招去国魂。
>
> 圣主恩深何力报，时从天末望修门。

这首诗写出了陆游矛盾和复杂的心情，可谓是百感交集。陆游说：天刚亮，在江村就收到了皇帝的圣旨，穿起朝衣跪拜接旨，感动得泪流满面，只是恨离帝都临安越行越远了。喜闻皇帝的诏令，却如沐春风一样暖心。翰林在深山中会奉诏而归，而我陆游只能在湖水边打发时间，空有抱负也无能为力。圣主孝宗对我恩深似海，我如何才能报答深恩，只愿有机会为皇帝做点小事，以报君恩。

第六章

◎

长城万里知谁许，看镜空悲两鬓霜

"长城万里知谁许，看镜空悲两鬓霜"是陆游《休日留园中至暮乃归》一诗中的句子，此诗作于淳熙十五年（1188），当时陆游在严州任上。空有一腔抱负的陆游，面对现实却无可奈何，徒增烦恼和无奈的愁绪。陆游该何去何从呢？应该是政治生涯中最好的岁月，却在被起用和罢免中循环往复、周而复始。最终，陆游离他的收复之志越行越远。

一、蛰居山阴

陆游来到严州寿昌县，本来应该继续向临安进发。可是诏令一来，他又不得不停下脚步。虽然陆游名义上仍是朝廷的除外官，但是是哪里的外官，去哪里任职朝廷没有说明白。所以说，此时陆游的何去何从真成了一个问题。

于是，陆游自严州寿昌县开始返回老家山阴，经桐庐、萧山回到山阴。

沿途写下了不少诗作，记录沿途风光，抒写复杂的心绪。在《桐庐县泛舟东归》诗中陆游说："宦游何啻路九折，归卧恨无山万重。"在《渔浦》诗中，陆游则说："桐庐处处是新诗，渔浦江山天下稀。"而在《萧山》诗中，陆游又说："会向桐江谋小筑，浮家从此往来频。"

陆游这次没有被召对回朝任以新命，是遭到了给事中赵汝愚的弹劾所致。《宋史·陆游传》中说"召还，给事中赵汝愚驳之，遂与祠"。吕祖谦是陆游的好友，两人孩童时期就认识，陆游的老师曾几是吕祖谦的外公，吕祖谦又娶了陆游好友韩元吉之女，后继室也娶了陆游好友芮烨之女。所以，陆游与吕祖谦的关系非同一般，吕祖谦为其打抱不平，当属自然，他在《与周子充书》中说："子直（赵汝愚）多以善道而著称，然而却并未尽谙天下事物的曲直。如陆游被疏放，封驳太过，你周必大与子直交厚如此，为何不提前和子直递话呢？"这封与周必大的信中，吕祖谦批评了赵汝愚做事太过，责备太严，埋怨作为参知政事的周必大没有提前和赵汝愚打招呼，提前替陆游安排好出路。淳熙八年（1181）三月，孝宗打算起用陆游，任命他为提举淮南东路常平茶盐公事，但是这次又被赵汝愚所阻，理由是陆游"不自检饬，所为多越于规矩"。就是说陆游不守规矩，豪放自由，招致大臣不满。就这样陆游被罢官了。对此，陆游在《上丞相参政乞宫观启》中说："弹劾如拉朽摧枯一般，不少大臣竞相排挤构陷我。"可见，构陷打击排挤陆游的不只赵汝愚，陆游也在此表达了自己的强烈不满。但这种表达也是无济于事，陆游还是被罢官了。

陆游罢官回到了家乡山阴，从淳熙七年（1180）末至淳熙十三年

（1186）春陆游被重新起用为严州知州，前后在山阴蛰居达七个年头，六年多，从陆游56岁到62岁。在山阴的实际生活也有五年多。这段在家乡蛰居的时光，应该是陆游人生当中比较惬意的时刻。不过，需要指出的是，这个时期是陆游思想成熟的时期，他不再是那个幼稚的政治门外汉，陆游在家的五年生活，主要是关心国是、忧国忧民、游山玩水、以文会友以及日常生活几个方面，具有多元多样化的特点。总体来说，陆游的心情有愉快的方面，也有郁闷和愁苦的部分。愉快是因为赋闲在家，郁闷和愁苦是因为有志难伸，志在恢复不得。

淳熙八年（1181）正月，陆游回到家乡山阴，开始了在家乡多年的生活。这年正月初三下了一场大雪，陆游赏雪观景之余，写诗赞颂瑞雪兆丰年，千里的麦子将迎来一个好的收成。但是陆游诗风一转，说"忽思西戍日，凭堞待传烽"。后在这首《辛丑正月三日雪》诗中自注说："我在军队从戎日子里，经常是在大雪中登上兴元城高兴亭，等待平安火至。"这是陆游对他在十多年前在南郑从戎生活的追忆，那段时光永远都是陆游心中最美的记忆，在他往后的生活中，多次会出现同样的追忆。自始至终陆游都难以忘怀那段岁月，尤其是在郁郁不得志时，他越发喜欢偷偷地追忆那段美好。陆游在建安、抚州的任上，其实表现出了要归隐田园的打算。但是人总是矛盾的，当回归田园，怡然自得之时，往往又会想着功名利禄。陆游虽不在意功名利禄，但他想得最多，也是他一生都难以放下的是北伐金人、收复中原的理想和抱负。所以他会在诗中说"飞蝶鸣鸠俱得意，东风应笑我闲愁"。可以说，陆游就是很矛盾的。

正月十八日，陆游来到若耶溪和云门山中游玩，写下了不少诗。其中他在《大雪歌》一诗中，再次表明了他坚定的爱国之志和渴望收复失地的理想："扶衰忍冷君勿笑，报国寸心坚似铁。渔阳上谷要一行，马蹄蹴踏河冰裂。"三月春晴，陆游出游，写下了《春晴出游》的诗。三、四月间，陆游夜登山亭，不禁发出了"童颜绿鬓无人识，回首尘寰一梦残"的感慨。不久，陆游从西村醉归，写下《西村醉归》的诗："侠气峥嵘盖九州，一生常耻为身谋。""阳狂自是英豪事，村市归来醉跨牛。"说明陆游还是不忘报国之志，收复失地。随后写下《自咏》的诗，表达了对现状的不满："吹笙跨鹤何时去，剩欲平章太华秋。"吹笙跨鹤似有归隐之意。然而在接下来写的《闲中颇有四方之志偶得长句》一诗中又推翻了自己之前的想法，他说："兴来会作飘然去，更续骚人赋《远游》。"《醉题》的诗中，也表达了他的收复之志，所以会说"平生最爱严滩路，早晚貂裘换钓舟"。四月，陆游写下了《小园》诗四首，一说自己勤于农耕，向农民学习耕种，一方面也写出了农事的繁忙。所谓"卧读陶诗未终卷，又乘微雨去锄瓜"，"行遍天涯千万里，却从邻父学春耕"，"麦秋天气朝朝变，蚕月人家处处忙"。可以说，此时的陆游是高兴的，田农之事，让诗人快乐。

夏日，陆游想到洛阳陷没于金人的百姓和故都西京洛阳宫阙，不胜惆怅，写下了《步虚》之诗，他在诗中说："曩者过洛阳，宫阙侵云起。今者过洛阳，萧然但荒垒。铜驼卧深棘，使我恻怆多。"六月，陆游又想起了南郑从戎，写下了"恍如北戍梁州日，睡觉清霜满铁衣"。七月，陆游写下《月夕睡起独吟有怀建康参政》的诗，怀念范成大这位老友，此时范成大出知建康府。不久，好友吕祖谦病逝，后于跋文中悼念。

令人不解的是，陆游在淳熙八年（1181）这一年，才回到家乡一年不到，就在他写的诗句中多次表达了梦到南郑。所以这再次证明陆游是一个矛盾的人，既向往田园隐逸的生活，又迫切地渴望北伐中原、收复失地，渴望大丈夫能建功立业。这一点我们在他这一时期的诗歌中便可捕捉到，如《闻蝉思南郑》中的"逆胡亡形具，舆地沦陷久。岂无好少年，共取印如斗"。即便在病中，陆游还在想着收复失地，志在恢复，如他在《病中夜兴》的诗中说道："钓车且作桐江梦，莫念安西万里行。"十月陆游又病了，但脑海中还是萦绕着收复中原的想法，于是他写下《病中抒怀》表达了强烈的收复之志："衮衮年光挽不留，即今已白五分头。病中对酒犹思醉，梦里逢人亦说愁。青海战云临贼垒，黑山飞雪洒貂裘。丈夫有志终难料，憔悴渔村死即休。"可见这不死不休的志向此时此刻是那么强烈地占据着诗人的心灵，无法消除片刻。二十六日，陆游又梦见了南郑，写下了《十月二十六日夜梦行南郑道中既觉怳然揽笔作此诗时且五鼓矣》，还是渴望收复失地，他在诗中发出了"南人孰谓不知兵？昔者亡秦楚三户"的感叹。十一月，陆游再次写下了渴望收复中原志向的诗《冬暖》，诗中说："老夫壮气横九州，坐想提兵西海头。万骑吹笛行雪野，玉花乱点黑貂裘。"此外，陆游还始终关心百姓疾苦。不久，绍兴府发生水灾，百姓受灾挨饿的状况前所未有，流离失所，哀鸿遍野。陆游写诗给朱熹，希望浙东提举朱熹能尽快赈济灾民。诗中说："市聚萧条极，村墟冻馁稠。劝分无积粟，告籴未通流。民望甚饥渴，公行胡滞留？征科得宽否，尚及麦禾秋。"

在淳熙八年（1181），他为不能收复中原感到非常痛苦和悲愤，心中充满了失地不能收复的忧愁。这在他的《书愤》一诗中表现得淋漓尽致。

今日我复悲，坚卧脚踏壁。

古来共一死，何至尔寂寂！

秋风两京道，上有胡马迹。

和戎壮士废，忧国清泪滴。

关河入指顾，忠义勇推激。

常恐埋山丘，不得委锋镝。

立功老无期，建议贱非职。

赖有墨成池，淋漓豁胸臆。

淳熙九年（1182），陆游在爱国的路途上走得更远，渴望收复、北伐中原的思想变得更加急促。此后在山阴的闲居中，陆游收复的心情日甚一日。据研究，陆游蛰居在山阴时五年多的时间内，写了大约634首诗，其中有84首诗是直接以北伐金人、收复失地为主题或主要内容的，而与此相关的诗就更多了。所谓"数篇零落从军作，一寸凄凉报国心"，这些诗作无不洋溢着陆游的报国心血。如《书悲》《夜观秦蜀地图》《夜泊水村》《醉歌》《哀北》《悲秋》《军中杂歌》《秋风曲》《明河篇》《感愤》《春夜读书感怀》《题海首座侠客像》《书愤》《洊饥之馀复苦久雨感叹有作》，等等。这些诗歌集中体现了陆游伟大的爱国情怀，即使是在罢官、奉祠僻居穷乡之时，他的这种爱国情怀也没有丝毫褪色，反而更加浓烈。

二、起用严州

淳熙十三年（1186）春，久久赋闲在家的陆游，迎来了出来做官的契机。孝宗把陆游罢了七八年，终于想起来了陆游还在老家闲居。于是任命陆游为权知严州军州事、朝请大夫，为从六品。孝宗给陆游选了个好地方，给了陆游一个恩典："严陵，山水胜处，职事之暇，可以赋咏自适。"选了严州这么一个方便陆游游山玩水、写词赋诗的地方。但是，孝宗似乎选择性地遗忘了陆游是一位抗金志士，严州实际并不是陆游想去的地方。即便不是陆游最想去的地方，既然皇帝给了恩典，陆游也只有谢恩的份。所以陆游到朝廷给孝宗谢恩了，到严州后，还写下了《严州到任谢表》，对孝宗的安排表示感谢。并对王淮、梁克家丞相，周必大枢密使，黄洽、施师点参政等上了谢启，表示了感谢。不过，陆游的心情是复杂的，他写下了《临安春雨初霁》的诗："世味年来薄似纱，谁令骑马客京华。小楼一夜听春雨，深巷明朝卖杏花。"表达了一种无可奈何的心情。

陆游在临安行在谢恩时，常设馆于西湖上，多与名士交游。其中陆游与杨万里交游唱和，写下了《简杨庭秀》的诗，诗中说："衮衮过白日，悠悠良自欺。未成千古事，易满百年期。黄卷闲多味，红尘老不宜。相逢又轻别，此恨定谁知？"实际表达了一种壮志未酬的失望和中原未服的悲叹。陆游在都下临安想得最多的还是收复失地，虽然被起知严州，但并没有阻碍他渴望收复中原失地的理想，所以他在诗中说："残年自喜身强健，又作清都梦一回。"不久，陆游回到了山阴，后还去了明州一趟，回来之后，开始去往严州上任。

对于纯粹做官来说，严州是好地方，与临安相近相邻，经济发达。但是陆游志不在做官，而是志在恢复。所以严州对于陆游来说，地理区位的优势可以忽略不计。这年陆游 62 岁了，对于做官真的没有什么奢望，或许他感到生命所剩时日不多，故只在乎是否能在有生之年实现收复中原的理想吧。就这样带着矛盾的心情于淳熙十三年（1186）七月，陆游来到了严州，开始了在严州两年左右的为官生涯。

陆游在严州公务还是比较繁忙的，往来公文多，诉讼没完没了。陆游在诗中说："文符纷似雨，讼诉进如墙。笑杀沧浪客，微官有许忙。""堆案文书生眼黑，入京车马涨尘红。""只道文书无了日。"陆游很是厌倦了这种文书往来，他在诗中说"文符苦酬对，迎饯厌奔走"。说实在话，这些公文往来，诉讼断狱，都不是陆游所长，陆游是诗人和史官，擅长写诗，还喜欢军事，志在恢复。因此，陆游到任严州后，开始好好补习法律断狱诉讼的功课。还在诗中记述了自己补习这些功课的情形，说道："颔须白尽愈落寞，始读法律亲笞榜。讼氓满庭闹如市，吏牍围座高于城。"即便是努力做功课，但是陆游还是穷于应付文书诉讼等工作，文书诉讼繁多，加之业务不熟，也足够让陆游心疲力倦。这种繁多任重的工作，几乎要到休息日才能从中解脱出来，所以陆游有诗说："荒城歌舞难娱客，休日文书且解围。"这是陆游作为诗人的悲哀。"埋没文书每自怜，偷闲出郭一欣然。"陆游这首诗还是在说他公务繁忙，整日忙于文书工作，忙中偷闲出城游玩一下都是奢侈得令人异常高兴的事情，足见其很是可怜。

陆游是一个尽职尽责的人，虽然不想做官，但是他在严州做事认真，恪尽职守，正如他诗中说："溪山胜处身难到，风月佳时事不休。"作为严州的军政一把手、地方父母官，陆游始终心存人民，关心民生，关心百姓疾苦，用他自己的诗说就是"耐辱已惭非士节，端忧未办济民穷""忧民怀凛凛，谋己耻营营"。到任严州不久，见到下雨有利于农事生产，陆游很高兴，他写了《喜雨》诗二首，诗中说："坐知多稼连云熟，不独新凉傍枕来。""万家歌舞丰年乐，未费乌龙一线云。"见到百姓遇上丰收年，病中的陆游也是分外高兴，写下了《官居戏咏》的诗，诗云："灯火市楼知酒贱，歌呼村路觉年丰。谁言病守无欢意，也与邦人一笑同。"陆游与民同乐只为百姓丰收，写诗都说"稻陂雨细丰年候""幼妇髻鬟簪早稻，近村坊店卖新醅""市桥灯火闹，且复喜丰年"。陆游关心百姓的生产生活，以至于久旱不雨，陆游都要去祈祷下雨，一旦雨下多了陆游又要去祈晴；入冬不下雪，陆游就要跑去祈雪，雪下久了，陆游又要去祈求天晴。并分别于淳熙十四年（1187）和淳熙十五年（1188）亲自写下了《丁未严州劝农文》《戊申严州劝农文》，表达了鼓励农民勤于耕种，丰收与民同乐的意愿和祝愿。真是到了事无巨细的地步，严州百姓有陆游这样的父母官是他们的福气。我们知道陆游有勤政爱民的一面，而非只是爱国的一面，也是历史给我们的宝贵财富。

淳熙十四年（1187）冬，严州多次下雪，瑞雪兆丰年，诗人见雪高兴地想到了明年麦子丰收，百姓高兴。陆游写了《屡雪二麦可望喜而作歌》的诗，表达了百姓喜见丰收，兴高采烈，自己与民同乐的激动心情。

苦寒勿怨天雨雪，雪来遗我明年麦。

三月翠浪舞东风，四月黄云暗南陌。

坐看比屋腾欢声，已觉有司宽吏责。

腰镰丁壮倾闾里，拾穗儿童动千百。

玉尘出磨飞屋梁，银丝入釜须宽汤。

寒醅发剂炊饼裂，新麻压油寒具香。

大妇下机废晨织，小姑佐庖忘晚妆。

老翁饱食笑扪腹，林下击壤歌时康。

　　可以说，陆游在严州的实干表现是相当不错的，没有辜负严州百姓，没有辜负孝宗的一片苦心，更没有辜负自己忠贞正直、勤政爱民的士人风骨。正如他到任严州给孝宗上的《严州到任谢表》里说的那样："臣对皇帝任用愚笨和有过错的我，感恩戴德。心存为人民和社会多做贡献的寄托，勤于政事，听讼理事，期望使家族的声望不坠于地；等到新官赴任我就可以回归家乡了，只是觉得没能更多地酬谢皇帝陛下的恩赐。"然而，十分具有讽刺意味的是，陆游在严州干得这么好，勤于政务，关心百姓，却遭到了某些大臣的诽谤，这就是陆游诗中说的那样："谤誉纷纷笑杀侬，此身本自等虚空。"但是陆游问心无愧，他为严州百姓尽心尽力了，所以他坦然地说："是凡是圣谁能测，试问西邻织屦翁。"如果要考察政绩，看看是平庸之辈，还是做得卓尔不凡，就去问问我西邻织屦的老翁他们吧，只有他们知道我勤政的灯光彻夜不息。陆游没有给祖宗陆轸抹黑，而是给他光宗耀祖、增光添彩了。所以在淳熙十四年（1187）严州百姓为陆轸建了"祠于兜率宫佛寺"，以奉陆轸遗像。这实际是严州百姓对陆游治理严州的充分肯定，也是对他在严州勤政爱民做出实绩的嘉奖。所以，到这里，那些攻击陆游懒政不作为的毁誉就不攻自破了，真是无理取闹。

陆游在严州，始终忘不了他的国、他的沦陷区人民，放不下他北伐金人、收复失地的伟大志向。忧国忧民到哪里都是陆游的标签。陆游对不能收复中原失地耿耿于怀，他说还没有完成收复失地的千古之事，可人生短暂，很快就过完了，因而不胜感慨。所以陆游说"未成千古事，易满百年期"。陆游此时，似乎明白此生收复中原怕是无望了，再次看清现实，对于志在恢复的诗人来说，是多么残酷的事情。也许陆游并不想面对现实，所以他在诗中说："泪如洗兮天不知，此生再见应无期。不如南粤匈奴使，航海梯山有到时！"即使是认清了现实，陆游还是不敢面对，他还在想何时能收复失地，因此，他在诗中又说："何时拥马横戈去，聊为君王护北平。""羽林百万士，何日闻北伐？"陆游呼吁北伐、收复失地的诗很多，可惜只能聊以抒怀。他在《焉耆行》诗中说："汉家诏用李轻车，万丈战云来压垒。"然而朝廷却不思北伐，已是"十年牛马向南睡"，不思战备了。诗人陆游是无法容忍这种南下牧马的状况的，所以他说"国雠久不复，惊觉泚吾颡"。没有为国家雪耻，他非常难过。请兵北伐，收复失地，一直是陆游的心愿，他说："安得铁衣三万骑，为君王取旧山河！"他要为赵家官人雪耻，洗刷屈辱："会须沥血书封事，请报天家九世雠。"淳熙十三年（1186）冬，陆游在《雪中忽起从戎之兴戏作》的诗中，表达了驱逐金人、收复失地的豪言壮志，如诗中说："铁马渡河风破肉，云梯攻垒雪平壕。兽奔鸟散何劳逐，直斩单于衅宝刀。""群胡束手仗天亡，弃甲纵横满战场。雪上急追奔马迹，官军夜半入辽阳。"但是朝廷始终没有给陆游领兵北伐的机会，所以他在诗中说："草檄北征今二纪，山城仍是老书生。"郁郁不得志可想而知，不受朝廷重用，只会空悲切，正如诗中说："两京烟柳厌胡尘，又见淳熙十四春。薄命遭回犹许国，孤忠恳款欲忘身。"即便如此，陆游还是做着收复中原的理想之梦，一直没有完全醒过来，淳熙十四年（1187）春他在诗歌中热情地说："中原烟尘一扫除，龙舟溯汴还东都。"但是到头来，还是陆游自哀自怨，满是泪水和愁思，所以他在诗中说"灭胡意气嗟谁许，泪尽神州赤县图"。诗人是痛苦的，不仅是思想上的痛苦，更是精神和肉体的痛苦："北望中原泪满巾，黄旗空想渡河津。丈夫穷死由来事，要是江南有此人。"北望中原只能留下无限的遗憾和悲叹了，如陆游的诗说："未灭匈奴身已老，此生虚负幄中筹。"

在严州，陆游是郁闷和痛苦的，最大的痛苦莫过于志在收复而不得。其次是女儿和好友的离世，对陆游打击很大，令诗人痛苦万分。女儿的离世，让陆游失去了部分天伦之乐；朋友的离世，使陆游失去亲密的相知和能读懂自己的人。

当陆游听闻志同道合的好友韩元吉去世的消息后，很是悲痛，为此，写下了《祭韩无咎尚书文》和《闻韩无咎下世》的诗。

书剑飘然去国时，南兰陵郡日题诗。

吴波涨绿迎桃叶，穰烛堆红按柘枝。

故友去为山下土，衰翁何恨鬓边丝。

凭高老泪无挥处，神武衣冠挂已迟。

女儿定娘和好友韩元吉的离世，让陆游痛苦万分，身心俱疲，连诗都写得很少。陆游很久才从悲痛中慢慢走出来。值得欣慰的是，陆游此时遇到了一个志同道合的朋友杨万里。淳熙十四年（1187），陆游写了《杨庭秀寄南海集》的诗，称赞杨万里是高流，品行高尚，斐然成章，诗中说："俗子与人隔尘劫，何啻相逢风马牛。夜读杨卿《南海》句，始知天下有高流。""四百年来无复继，如今始有此翁诗。"和杨万里的相知相交，也许是陆游痛苦中的一点安慰吧。此外，与很多朋友保持诗书往来，也是让陆游感到欣慰的事。如在南郑结识的好友张缙还派人自兴元不远千里来到严州，给陆游带来特产洮砚，可谓是情深义重；四川蜀州认识的朋友何立元寄来了蜀纸；与在四川结识的好友谭季壬（字德称）有书信往来；与四川青城山道士、邛州道士以及径山印禅师均有诗词唱和。这些朋友给陆游失意的人生带来了温暖和不少慰藉。

中原收复无望，有志不得伸，陆游非常郁闷和遗憾、失落、哀愁，他在诗中说："自怜到死怀遗恨，不向居延寒外闻。"陆游都觉得自己可怜，有恢复之志，却没有恢复之命。能不遗憾吗？陆游着实可怜，也是令历史可怜，后人可怜，不仅是他个人的可怜，也是那个时代的可怜，是南宋有恢复之志，没有恢复之运的可怜。想到这里，陆游不由悲从中来，遗憾从中而来，自己会情不自禁暗自神伤，暗自落泪，如陆游的诗说："山城老去功名怍，卧对寒灯泪满襟。"

在女儿和好友去世的双重打击下，陆游辞官回归故里隐居的想法越来越强烈。其实，陆游很早就厌倦了在严州做官的生活，只是皇命在身，百姓民生之事一时难以搁置不理，才在严州苦苦支撑着。淳熙十三年（1186）秋，陆游到任严州不久，就有回归山阴之想法，他在诗中说："吾其可怜哉，去去老农圃。""买鹤清溪归计足，寄声先遣故人知。""何时却宿云门寺，静听霜钟对佛灯。"还在诗中说："莫笑衰翁淡生活，它年犹得配玄英。"说自己要像名士方干一样隐居在山阴老家。这年冬天，陆游又想回归家乡，他在诗中说："扁舟东去何时办，昔向金丹幸有闻。"又在《遣兴》诗中说："老病岂堪常作客，梦寻归路傍西畴。"时常的生病使陆游思归更切。诗中又说："海山行当归，白发何足扫。"淳熙十四年（1187），陆游在严州待了快一年了，此时在严州公务繁忙，但是陆游似乎参透了玄机，虽然严州是一个好地方，但是离京城临安太近，受到的政治干扰也很多，严重影响到了陆游作为一个诗人的自由度。参透了，看透了，醒悟了，自然就不会对尘俗有所留恋。陆游在《晓出南山》的诗中说："久向人间触骇机，敛收孤迹早宜归。亡羊未恨补牢晚，搏虎深知攘臂非。明月长庚天欲晓，新桐清露暑犹微。扁舟蓑笠平生事，莫羡黄金带十围。"陆游看淡名利，情愿做一个驾一叶扁舟出游垂钓的老翁。这年冬陆游想归家的心情更切更急，甚至连做梦都想回到家乡山阴，他写了一首《梦回》的诗，诗中说："病骨便衾暖，羁怀怯梦回。钟残灯烬落，香冷雨声来。老抱忧时志，狂非济世材。

明朝入冬假，烧兔荐新醅。"陆游这种看透名利、急于归家的心境，在他

《思归》的诗中，表达得最为契合。

> 短发今年雪满巾，一杯且醉瓮中春。
>
> 定无术致长生药，那得愁供有限身。
>
> 碎枕不求名利梦，挽河尽洗簿书尘。
>
> 江湖意决君知否？致主唐虞自有人。

本来，至淳熙十五年（1188）七月三日，陆游在严州才任官期满。但

是陆游等不及了，他迫不及待地想回归山阴，已无法等到任职期满，于是

这年四月，陆游向朝廷呈上了《乞祠禄札子》，希望和请求朝廷"特别赐予

哀怜，准许重新任命在玉局领取微薄的俸禄，以养病于家乡"。陆游本以为

提前三个月递交上乞祠的奏折，朝廷会很快批复下来，准其所请，但是人

算不如天算，朝廷迟迟未批复陆游的奏请，即使是任期届满，朝廷都还没

有消息传来。所以陆游在这年七月写了《乞祠久未报》的诗，表达了对乞

祠久久未复的忧虑。陆游等不及了，只好回乡待诏，匆匆在钓台告别来送

行的宾朋同僚，一路畅游富春江而回山阴，终于在七月十日回到了朝思暮

想的家乡三山别业。镜湖的美好景色，让充满愁绪和郁闷的陆游，有了舒

展的依托，得到了很好的释怀，所以他在家写的诗中说："我于斯世事，看

破自少小。老矣更何求，归哉憩林沼。"我早就看透世事的艰辛和功名利

禄，现在老了，归隐田居多好啊。

虽然回到家乡，美好的田园生活让陆游很满足很知足，但是诗人却不能忘怀北伐金人、收复失地的伟业。他在居家的时候写的诗再次表露自己的真实想法："中原何时定？铜驰卧荆棘。灭胡恨无人，有复不易识。"收复中原无望了，陆游是看不到"共看王室中兴后，更约长安一醉眠"的那一天了。

三、临安再任

回到山阴后，陆游乞祠迟迟未复，淳熙十五年（1188）九月，陆游在家两个月有余，终于还是坐不住等不及了，又写了首《上书乞祠辄述鄙怀》的诗，感恩南宋皇帝给自己的恩典，希望早日得到乞祠批文："尚觊公朝恩，养老沾散秩。闭门教子孙，志愿真永毕。"可是，直到淳熙十五年（1188）十月底，朝廷才开始讨论陆游的去向问题。最后，朝廷决定再次召陆游入临安人见。这年冬，陆游又来到了行在临安，心情复杂，写了《初到行在》《还都》的诗，表达不想在都城临安为官的想法，实际上想做个放翁。

初到行在

六十之年又四年，也骑瘦马趁朝天。

首阳柱下孰工拙，从事督邮俱圣贤。

笔墨有时闲作戏，功名到底是无缘。

都城处处园林好，不许山翁醉放颠。

还都

平生薄名宦，所愿得早休。

奔走三十年，镜中霜鬓秋。

归踏长安道，恍然皆旧游，

处处见题名，始惊岁月遒。

西湖隔城门，放浪输白鸥。

当时见种柳，已足系巨舟。

挂冠当自决，安用从人谋。

勿以有限身，常供无尽愁。

　　这次临安觐见入对，陆游被安排在军器监任职，军器监的工作很清闲。军器监本身就是一个清闲衙门，所以陆游在诗中说："生涯可笑清如许，枉是京尘扑马时。"没想到，闲得无聊的时候，在军器监陆游与同僚一起谈论鬼怪之事，陆游在《致斋监中夜与同官纵谈鬼神效宛陵先生体》的诗中说："五客围一炉，夜语穷幻怪。或夸雷可斫，或笑鬼可卖，或陈混沌初，或及世界坏，或言修罗战，百万起眵眜。"真是闲得无聊至极，不过陆游在军器监无所事事、无聊至极的日子并不长。不久，朝廷发生了很大的变化，陆游因此受到了影响。

　　淳熙十六年（1189）春，宋孝宗即将举行内禅，传位于光宗。在皇位变动之前，孝宗考虑到陆游有大才却一直没有受到重用，可能有点亏欠之意，而自己很快就不再是皇帝了，为了补偿陆游，孝宗亲降手批，任命陆游为礼部郎。这是孝宗在位二十七年亲手任命官员的最后一人，陆游这次能得到这种荣幸，完全是孝宗的恩典和宸断，可谓荣光之至。陆游能由一个没有考取功名的贤人，成为被孝宗赐予进士出身第一人，现在又成为被孝宗授予礼部郎官最后一人，前后都是第一人，一头一尾，在南宋时代，无疑是巨大的荣耀，所谓"上眷如此"，夫复何言呢？这使陆游对孝宗心存知遇之恩。所以在孝宗退居二线后，陆游给光宗上的《上殿札子》七次提到了寿皇孝宗。孝宗驾崩后，绍熙五年（1194）陆游在山阴写了《孝宗皇帝挽词》诗三首，表达了陆游对孝宗的无限挽思："孤臣泣陵柏，心折九虞归。"其后，庆元二年（1196），陆游在山阴写下了《望永阜陵》的诗："圣主乘乾临斧扆，小臣承诏上丹墀。"后在嘉泰元年（1201），陆游77岁时，又写了《望永阜陵》的诗，同样还是表达了对孝宗的感恩和追思，诗中说"倾河尚恨难供泪""感恩肝胆漫轮囷"。可谓时刻怀念，拳拳感恩之心，时时不忘。

礼部郎是什么官职呢？礼部郎实际上应该叫礼部郎中，为正六品。在礼部官职系统中，礼部尚书是老大，其次是礼部侍郎，再次是礼部郎中。在宋代礼部是尚书省六部之一，主要掌管礼乐、祭祀、朝会、学校教育、贡举等国家大事。礼部郎中协助本部长官（尚书）、副长官（礼部侍郎）工作。同时，陆游还兼任膳部检察。同年七月，陆游又兼任实录院检讨官，参与编修《高宗实录》。因为，淳熙十四年（1187）十月初八，宋高宗赵构驾崩了，南宋小朝廷于淳熙十五年（1188）时下诏修《高宗实录》。淳熙十五年（1188）末，陆游再次来到临安任官，并于淳熙十六年（1189）春被孝宗提拔为礼部郎中，受到大用，所以在淳熙十六年（1189）七月，陆游参与编撰《高宗实录》。这是陆游人生中第二次以史官的身份，第一次以礼部郎中的身份，参与皇家修史。

礼部郎中的工作比起军器监来说事务繁多，同时陆游又参与修《高宗实录》的工作，可谓是忙得很，兢兢业业。所以陆游在诗中说："五更束带听朝鸡，出省还家日已西。""信史新修稿满床，牙签黄帕带芸香。"尽管陆游如此繁忙，如此敬业，可是没有想到，陆游很快就被罢官了。世事真会开玩笑，淳熙十六年（1189）十一月底，陆游被罢官了。《宋会要辑稿》记载的理由是，何澹说陆游屡次被朝臣弹劾，并有污秽之迹。那么，何澹为何会这样来构陷陆游呢？

何澹的构陷理由如下：一是陆游积极抗金收复失地的态度，二是陆游与周必大关系太好。众所周知，抗金收复失地是陆游一生的理想和志向，任何时候都不会改变。陆游再次被召至临安行在后，写了很多关于抗金的诗歌，引起了投降派何澹的不满，成了何澹构陷陆游的理由之一。作为一个没有骨气的投降派，何澹是无法容忍陆游天天在那写诗呼吁抗金北伐的，况且陆游还在给孝宗的《上殿札子》中提出抗金备战，说金人并没有那么可怕，还语气尖锐地批评了投降派，具有极大的政治鼓动性。这让投降派感觉到了陆游极大的威胁，他可能随时都是一颗炸碎主和派（投降派）的炸弹。这是投降派不容陆游在临安、急于诬陷他的根本原因。

此外，陆游和周必大关系十分要好，是相交相知的密友，这是世人皆知的。因为这样一个原因，何澹就更不容陆游在临安了。何澹其实是一个十足的小人，阿谀奉承，趋炎附势。在何澹的弹劾下；周必大被罢左丞相，以观文殿大学士的身份出判潭州。何澹的行为实属以德报怨的邪恶小人所为。因为何澹在做官时，是由于周必大的关照，才能不断得到升迁，但是等何澹执掌御史台的时候，就弹劾周必大，使周必大被罢掉了左丞相，所以《宋史》说："何澹本是受到周必大的关照，才得以为学官，两年没有升迁，周必大奏请使其升迁。但是何澹却弹劾周必大，导致周必大被罢免。"那么，在小人的逻辑和思维中，凡是和周必大关系好的人，自然是没有什么好果子吃的，陆游因此被何澹诬陷排挤出了临安，被罢了官。

其实，对于当官与否，陆游本来就没有兴趣。陆游只是想抗金北伐、收复失地而已，除了这个伟大的事业外，陆游什么都不在乎。所以被罢官后，陆游很坦然，决定回家过上田园闲居的生活，如他在诗中说："造物小儿如我何，还家依旧一渔蓑。"足见陆游的放达，不愧是放翁。

四、隐居山阴十三年

淳熙十六年（1189），陆游被罢官后，回到了家乡山阴，开始了漫长而又欢喜且愁闷的蛰居生活，直到嘉泰二年（1202）五月才又被起用为官，时间跨度长达13年之久。淳熙十六年（1189）陆游已是65岁了，至嘉泰二年（1202）都已78岁高龄，还好陆游高寿，身体好，还是等到了被重新起用的时候，这在古代，也算是不多见的经历了。

当然，对于当官与否陆游是全然不在乎的，但是，这次主要是因为主张北伐金人、收复失地被罢官，陆游还是很不满的，对此很是愤愤不平。他的愤愤不平在于自己的爱国情怀高风亮节，竟被小人何澹之流如此玷污。对此，绍熙元年（1190）春，陆游在山阴写了《予十年间两坐斥罪虽擢发莫数而诗为首谓之嘲咏风月既还山遂以风月名小轩且作绝句》的诗二首，表达了对何澹之流的投降派的不满和不屑，及对欲加之罪何患无辞的愤懑："扁舟又向镜中行，小草清诗取次成。放逐尚非馀子比，清风明月入台评！"这是对何澹之流的辛辣嘲讽。

其实，罢官对于陆游来说，也是一种幸运，在早前陆游多次表达了想归隐在家的真实想法，只是心中尚有恢复之志，不想就此隐逸而已。正好借这次罢官，可实现早前的想法了。所以陆游庆幸自己离开了南宋小朝廷污浊不堪的官场，远离了尔虞我诈，回归了山林，想想都是美好的事情。所以淳熙十六年（1189）冬在山阴，陆游归家月逾，写下了《到家旬余意味甚适戏书》的诗，表达了回归山林，远离官场黑暗的喜悦："天恐红尘著脚深，不教经岁去山林。欲酬清净三生愿，先洗功名万里心。石鼎飕飗闲煮茗，玉徽零落自修琴。晚来剩有华胥兴，卧看西窗一烛沉。"其后，在《酒中醉》这首诗中，这层意思表达得更透："宦游三十载，举步亦看人。爱酒官长骂，近花丞相嗔。湖山今入手，风月始关身。少吐胸中气，从教白发新。"即使到了嘉泰二年（1202），陆游即将复出的时候，对于自己被罢官，得以回归山林还是庆幸的。他在《秋日杂咏》的诗中说："都门初出若登仙，弄水穿云喜欲颠。只恐光阴已无几，不知又过十三年！"

其后，南宋小朝廷发生了庆元党争，史称"庆元党禁"。韩侂胄当时想拉拢陆游，因为韩陆两家有"通家之好"，陆游又是正直的人，所以韩侂胄极力拉拢，主动送上陆游的第四次乞祠，很快批准。还好，陆游保持了清醒的头脑，没有上钩。为此，陆游写下了《自警》的诗，希望自己时刻警醒，不落入圈套。他在诗中说："少年不自量，妄意慕管葛。晚节虽知难，犹觊终一豁。悲哉老病马，解纵谁复秣？既辞筆研劳，始爱原野阔。饮涧啮霜菅，亦可数年活。勿复思长途，嘶鸣望天末。"陆游告诫自己一定要保护好自己的晚节，警钟长鸣。

所以从这个角度来看，陆游在淳熙十六年（1189）被罢官是幸运的。这一时期的"庆元党禁"，是发生于宋宁宗庆元年间的党争，导火线是绍熙五年（1194）七月宁宗即位后大臣间权力分配之事。能迫使光宗退位且扶持宁宗上位，宗室赵汝愚和外戚韩侂胄发挥了至关重要的作用。他们都认为自己发挥的作用更大，理应分配更多的权力。由此，发生了南宋著名的"庆元党禁"，对南宋后期的政治产生了很大的影响。

陆游在山阴蛰居13年，成就了一位伟大的诗人，这段时间，陆游写下了3000多首诗，在诗歌创作上取得了很大的成绩。陆游在山阴快乐而苦涩的归隐山林的生活中，除了写写诗，就是喝喝酒、到处游玩、垂钓、交友会友。

然而，在陆游蛰居山阴的13年之中，抗金北伐、收复失地之志，他却从来没有忘怀。陆游此时写的诗关于抗金收复失地的就多达上百首了。淳熙十六年（1189）冬返回山阴之时，陆游写下了《醉中作行草数纸》的诗表达了抗金收复失地的想法："驿书驰报儿单于，直用毛锥惊杀汝！"陆游始终心系中原沦陷区的百姓，他在《秋思》的诗中说："中原形胜关河在，列圣忧勤德泽深。遥想遗民垂泪处，大梁城阙又秋砧。"《秋夜将晚出篱门

迎凉有感》的诗中又说："遗民泪尽胡尘里，南望王师又一年！"淳熙十六

年（1189）冬，陆游在《估客有自蔡州来者感怅弥日》诗二首中说："洮河

马死剑锋摧，绿发成丝每自哀。几岁中原消息断，喜闻人自蔡州来。""百

战元和取蔡州，如今胡马饮淮流。和亲自古非长策，谁与朝家共此忧？"

陆游在这首诗中表达了不能收到中原失地消息的自哀自怨，同时提出了收

复中原的主张。但陆游最担心的是中原沦陷区的人民逐渐习惯了金人的统

治，而致使民心不可用。他在《北望》的诗中清晰地表达了这种担忧。

中原堕胡尘，北望但莽莽。

耆年死已尽，童稚日夜长。

羊裘左其袵，宁复记畴囊？

岂无豪俊士，愤气塞穹壤。

我欲友斯人，悲诧寄遐想。

梦行黄河滨，云开见仙掌。

这首诗是陆游作于庆元三年（1197），此时距中原沦陷已达 70 多年了。

因此，陆游有了时过境迁之感，担心中原百姓适应了目前的生活，忘了故

国。所以，陆游此时愈加主张加快抗金北伐，收复失地，收复中原。为此，

陆游写下了大量关于这方面的诗歌，多达四五十首，如《雪夜作》、《禹

祠》、《书怀绝句》、《十一月四日风雨大作》之二、《冬夜读书有感》之二、

《山头鹿》、《醉中作》、《忆昔》、《书愤》、《将军行》、《夜观子虞所得淮上地

图》等诗。其中在《十一月四日风雨大作》的诗中说："僵卧孤村不自哀，尚思为国戍轮台。夜阑卧听风吹雨，铁马冰河入梦来。"在《枕上述梦》的诗中说："玉关雪急传烽火，青海云开见戍楼。白首不侯非所恨，咿嘤床箦死堪羞。"在《新春》诗中也说："忧国孤臣泪，平胡壮士心。吾非儿女辈，肯赋《白头吟》？"

不过，此时陆游的爱国思想得到了升华，他的思想开始有了转变，在对待金国和女真的问题上，逐渐认为他们也是属于中国的政权和民族，希望实现国家大一统，统一也包括金国和女真人在内，这在他的诗中开始有所反映。陆游在《斯道》的诗中说："斯道有显晦，所忧非贱贫。乾坤均一气，夷狄亦吾人。朋党消廷论，锄耰洗战尘。清时更何事，处处是尧民。"好一句"夷狄亦吾人""处处是尧民"，说明陆游此时已经把女真人看作中华民族大家庭中的一员了。陆游其他的诗如《长歌行》《观运粮图》《读何斯举黄州秋居杂咏次其韵》也表达了同样的思想。如《读何斯举黄州秋居杂咏次其韵》再次表达了胡汉一家、汉人与女真人一家的思想。诗中说："赋性本刚褊，直欲栖深山。晚乃稍悔恬，自恨不少宽。胡越本一家，祸福环无端。少忍万事毕，孰为热与寒？我友为我言，冠盖满长安。人人不如君，八十犹朱颜。"

陆游就是这样一位伟大的爱国诗人，越老越可爱，越老越希望北伐收复失地，完成国家统一，至死不渝。这在他的《书愤》的诗中，表现得十分充分。

白发萧萧卧泽中，只凭天地鉴孤忠。

阸穷苏武餐毡久，忧愤张巡嚼齿空。

细雨春芜上林苑，颓垣夜月洛阳宫。

壮心未与年俱老，死去犹能作鬼雄。

五、最后的起用

也许，陆游怎么也没有想到，朝廷会再次起用已经78岁的老翁，且陆游已经致仕了，就是说已经退休了。但是朝廷还是在嘉泰二年（1202）发出诏令，请陆游出山到临安来做官了。其实，陆游在山阴归隐田园13年之久，早已习惯了这种田园生活，早已看透了官场，看淡了功名利禄。他在庆元五年（1199）所写的《客有见过者既去喟然有作》诗二首中，充分表达了不愿出来做官，只想归隐山林，诗中说："鬓毛俱白尽，事不补秋毫。去死今无几，归耕何足高。已如陶止酒，徒劝屈铺糟。惟有沧溟去，扬帆观雪涛。""永日安耕钓，馀年迫耄期。研朱点《周易》，饮酒和陶诗。带箭归飞鹤，楮床不瞑龟。此生君看取，死是出门时。"

陆游的理想生活很快被朝廷新的召用所打破了。朝廷的任命不能违抗，只好遵从了。《宋史·陆游传》中说："嘉泰二年，朝廷以修孝宗、光宗两朝实录及三朝史未完成，召陆游以同修国史实录院同修撰身份参与修孝宗、光宗两朝实录，嘉泰三年，孝宗、光宗实录及三朝史书修成，陆游因功升为宝章阁待制之职，并致仕退休。"可见，陆游此次被再次起用，是修孝宗和光宗两朝实录。因为，孝宗时期，陆游也被征召以史官的身份参与修撰高宗实录，所以，这次被再次起用是与陆游以前的经历密不可分的。这是陆游第三次作为史官参与编撰实录。对于朝廷的诏命，陆游从来都是服从安排，从来不会端架子，即使朝廷虐他千百遍，陆游始终初心如一，不会找借口请辞，只会"即日就道，不敢以老病辞"。可谓是召之即来，挥之即去。对此，陆游的好友朱熹曾讥讽为"迹太近"。此外，陆游还是一个传统的士大夫，虽然是在家蛰居 13 年之久，早已看透功名，不愿做官，但是陆游也是矛盾的，他还是存有传统儒家知识分子建功立业的理想，想出来做点实事，不纯粹是为了做官。所以他在《自述》的诗中，说"吾年虽日逝，犹冀有新功"。同时，在政治上，"庆元党禁"也有缓和和松弛，"党禁"已经解除了，有了一个较为宽松的政治环境。另外一个方面是，孝宗对陆游有知遇之恩，赐予进士出身，钦定礼部郎中，都是孝宗给予陆游的恩典。这正是陆游回报孝宗知遇之恩的时候，怎么能不来呢？所以陆游非来不可，即使他已经是退休了的 78 岁的垂垂老矣的老翁了。

其实，朝廷一开始并没有打算重新起用陆游来修实录，但是一拖再拖，编修力量薄弱。在这种情况下，朝廷才决定起用陆游，作为修史的专官。李心传在《建炎以来系年要录》中说："当时修撰高宗正史，孝宗、光宗实录，朝堂讨论觉得没有专职胜任的官员，才从朝外征召傅景仁、陆务观（游）作为在京宫观官员，免除上朝奉请，命令他们专职修史。"由此可见，对于陆游的重新起用，朝野上下都不免骇然。不过，陆游无疑是修高宗正史、孝宗实录的最佳人选，他是资格最老、文才最好、修史最有经验、对高孝两朝史事最为熟悉的人。

就这样，陆游在临安为修孝宗、光宗实录做了一年的京官。再次来到行在临安，陆游的心情是复杂的，他在《武林》诗中说："六十年间几来往，都人谁解记衰翁！"修史的工作很是繁忙，陆游在诗中多有说明，他说："重重汗简拥衰翁，百里家山梦不通。""三日败一笔，手胝视芒芒。吏来督日程，炙冷不及尝。""不知苑外芙蕖老，但见墙阴苜蓿秋。""雨声惊断长安梦，惆怅西窗夜半灯。""细书付吏誊初稿，和药呼儿对古方。""扶衰又秋晚，何以报吾君？"责任很重，陆游都想回归山阴了，他说："责重何由塞，愁生但念归。"不过，在陆游等人的共同努力下，孝宗、光宗实录一年就大功告成了。实录修成，也是陆游告归之时。他在向皇帝进献修成的实录之前，就表明了回家的心迹和下定了这个决心。陆游在《跋韩晋公牛》如是说：

"我常年居住在镜湖北岸边，每次见到村童在枫林烟草之间放牛，便感觉自己置身在图画里。自从奉朝廷诏命参与修史，很多年没有再见到如此美好的画面了，睡不好，也吃不好。于是，我上奏书给朝廷，希望准许我回归故里。"

陆游为何这么坚决想回去了呢？因为从一开始，陆游就不是抱着来当官的心态的，他只是为了报恩而已。从一开始陆游的心情就是不好，思念家乡，就想早点回去。他最想的是归隐田园，终老山林。"君子尚大节，又甚恶不情。鲁连故可人，用意终近名。千载高夷齐，采薇忘其生。周公述易象，所以贵幽贞。去圣虽已远，江左见渊明。我读饮酒诗，朱弦有遗声。"这首诗从"大节"入手，希望自己也和鲁仲连、伯夷、叔齐、周公、陶渊明一样归隐。关于归隐，陆游在很多诗中都有表现，诸如，他在《午晴试笔》的诗中说："此去得非穷李广，向来元是老冯唐。"《书直舍壁》："三黜愧公议，再来仍冷官。"《冬晓》："浮名半世虚催老，高卧何时复得闲？"《出谒晚归》："红尘朝暮何时了？促驾归来洗破觥。"《东轩花时将过感怀》："人生念念皆堪悔，敢效渊明叹昨非。"《题斋壁》："浮世本知缘苦薄，颓龄已与志俱衰。"《上章纳禄》："此身惟有一躬耕，乞得余年乐太平。"

此外，陆游写思归的诗也特别多，如《忆三山》《怀故山》《思归示子聿》《入春念归尤切》《独立思故山》《春晚怀故山》《思归示儿辈》等。如《赠陆伯政》："早晚皇恩许归去？相呼同卧石帆云。"《自局中归》："安得公朝闵枯朽，早教归卧旧茅庵。"《寂寂》："新春傥得归，更面九年壁。"《纵笔》："明春史成许归去，父子相逐歌年丰。"《春夜》："惟当速归老，邻父待问耕。"《局中春兴》："幽窗寂寂书围座，倦枕时时梦过家。"看来，陆游真的很想回去了，回归故里，终老山林。年事已高，做官无意义。朝廷无收复大志，自己早已心灰意冷，丧失信心，不如归去吧。

陆游等人在一年修成了 600 卷的孝、光两朝实录，可谓是尽职尽力，也尽忠了。实录修成，却受到了陈振孙、王应麟等对《孝宗实录》的指摘。

这还不算什么把柄，陆游真正授人以柄的事情，受后人诟病和误解的是他和韩侂胄的关系问题。主要表现在三个方面：第一是，陆游受了韩侂胄的牵连，晚年轻出；第二是，陆游写诗《韩太傅生日》，为韩侂胄祝寿称颂；第三是，陆游为韩侂胄写了《阅古泉记》的诗文。就第一点来说，陆游晚年出仕是受朝廷诏命，为的是修孝宗、光宗实录，报答孝宗的知遇之恩而已，且陆游所做的官也只是史官这种闲官冷官，不是什么要职和大官，何须韩侂胄牵挽？况且陆游无心仕途，只想抗金北伐而已，陆游作为一个有着儒家传统的士大夫，是不可能向韩侂胄献媚求官的。清人赵翼认为这一对陆游的指摘"未免过苛"，陆游在京"甫及一年，史事告成，即力辞还山，不稍留恋，则其进退绰绰，本无可议"。是啊，陆游一点都没有留恋官场之意，就想早早回家归隐山林而已。况且都是 80 岁左右的老翁了，对于做官有什么兴趣呢？到了这个年龄阶段的人，还有什么看不透的呢？还有什么功名之心呢？赵翼史家之言，当是天下公论。

至于《韩太傅生日》也只是文人唱和之作，这首诗作于嘉泰二年（1202）十月。写诗祝寿为当时的习惯，陆游也是按照习惯而来，其实也没有必要大惊小怪，也是例行公事而已。韩侂胄权倾朝野，哪个当官的不来拜寿送礼，即使是"四方牧守"都要来祝贺。陆游只是写诗，没有送礼，比之其他人好太多了。而至于陆游写的《阅古泉记》，也是陆游借机表达想归隐回家的意思，并非攀附之作。

实际上，这文章陆游想表达的只是归隐。归隐回家是这篇文章的主题，实际上"陆游被朝廷重新起用在告老返乡之后。有幸在垂垂老矣之时得以回归故里，幅巾短褐，只是为跟从韩侂胄品尝了此泉水而已，所以就写下了此赋"。这才是文章的核心所在。所以，南宋时的清议家对陆游的指责是不真实的。陆游还是那个铮铮铁骨的诗人，他有着伟大的收复之志，其爱国情操和道德情操同样高大高尚。

第七章

◎

死去元知万事空，但悲不见九州同

"死去元知万事空，但悲不见九州同"是陆游《示儿》中的名句，表达了陆游渴望国家统一的强烈意愿，是陆游爱国主义精神的重要体现。这首诗是陆游85岁时的绝笔诗，直至生命的最后一刻，陆游都在关心国家统一，北伐金国收复失地。可以说，收复失地是陆游至死不渝的志向。

嘉泰三年（1203），陆游从临安回到故乡山阴，至嘉定二年（1209）岁末辞世，陆游在乡间度过了生命中的最后7个年头。这7年，发生了很多大事，如开禧北伐、嘉定和议、嘉定更化等重大历史事件。

一、隐居生活

晚年陆游曾在京城做了一年的史官，以78岁的高龄出仕，实实在在在干了一年多。通过这年的任官生活，陆游更加看透了功名，只想一心归隐，浮名谢尽，终于下定了远离官场的决心。他在《四月二十八日作》诗中说：

"行遍人间病不禁，鬓毛饱受雪霜侵。茅檐一夜萧萧雨，洗尽平生幻妄心。"一句"洗尽平生幻妄心"说明陆游看透了功名和建功立业了，对收复失地不再抱有什么希望。所谓无官一身轻，没有功名之心，人也就更轻松了。所以陆游会说"人生快意事，五月出长安"，实际是五月出临安。

回到家乡的感觉真好，陆游在《初归杂咏》的诗中说："雪满渔蓑雨垫巾，超然无处不清真。"超脱自然，到处都是清静无为的，"八十年来自在身"。所以陆游留恋山水，流连忘返了。这种感觉他在诗中说得很贴切："八十可怜心尚孩，看山看水不知回。"80岁了我陆游还像个小孩子一样，喜欢看山看水，都不想回家了。

陆游在乡隐居的生活，基本都是钓钓鱼，游山玩水，与朋友唱和。嘉泰三年（1203），陆游被朝廷闲置起来，领了一个"太中大夫充宝谟阁待制致仕山阴县开国子食邑五百户，赐紫金鱼袋"的虚衔。

陆游回到山阴后，过着踏雪寻梅、倚杖闲吟、溪畔漫步、寒泉煎茶、野店沽酒、山寺清游、农圃种菜、闲话桑麻的生活，生活风雅清闲、悠然自适。他在诗中说："春暖山中云作堆，放翁艇子出寻梅。不须问讯道旁叟，但觅梅花多处来。""寒泉自换菖蒲水，活火闲煎橄榄茶。自是闲人足闲趣，本无心学野僧家。""村酒甜酸市酒浑，犹胜终日对空樽。茅斋不奈秋萧瑟，踏雨来敲野店门。"垂钓一直是陆游心中所愿，嘉泰三年（1203）夏回到山阴不久，夜晚陆游在溪水中垂钓，诗中说："少时妄意学金丹，八十溪头把钓竿。""细思如意处，惟有钓鱼矶。""已破京尘梦，还寻剡曲游。"陆游很喜欢晚钓，他在诗中说："横塘供晚钓，孤店具晨炊。"晚钓过后，第二天，约着客人去看竹林，并留下来与僧人下棋。这样的生活很快活，自在自得，现在虽然老了，但开始这样的生活也不算迟。正如陆游在诗中说："约客同看竹，留僧与对棋。人生得自在，更老未为迟。"陆游在家开心的生活中，还是时常在想着报效国家，抗金北伐，所以他在诗中又说："此生终乐死，何以报皇天？"嘉泰三年（1203）秋，陆游还到附近的村子一游并饮酒，写下了《饮酒近村》的诗，诗中说："放翁睡多少行立，人扶往赴邻里集。痛饮山花插鬓红，醉归棘露沾衣湿。"从诗中我们可以看出，陆游这次去近村赶集，并喝酒醉归了。此后，陆游还去游览了西山，写下《游山》的诗："偶有堪乘兴，元无可遣愁。"陆游在山阴的时候，还学耕作之事，他在诗中说："自今当务本，春芜饱锄犁。""白首归来亦灌畦，任教邻里笑栖栖。""对客不妨依几杖，呼儿时与话耕桑。""苜蓿堆盘莫笑贫，家园瓜瓠渐轮囷。""往者耕仍养，中间仕易农。屡辞身老病，每荷上矜从。进愧门三戟，归无亩一钟。扶持得良药，更放几年慵。"晚年的陆游在乡生活并不富裕，退休后只能领取一半俸禄，生活仅是尚可维持，他在《力耕》的诗中说："力耕岁有一囷米，残俸月无三万钱。""残囷具薄粥，半俸补残书。"但是，嘉定元年（1208）朝廷停了陆游的俸禄，诗人的生活变得越发艰难。他在诗中说："俸券新同废纸收，迎宾仅有一緅裘。"陆游在《稻陂》的诗中更说："年来残俸绝，所望在一熟。"没有俸禄可以支撑生活，只有希望稻子熟了充饥。陆游在《贫甚戏作绝句》中更说："行遍天涯等断蓬，作诗博得一生穷。可怜老境萧萧梦，常在荒山破驿中。""籴米归迟午未炊，家人窃闵乃翁饥。不知弄笔东窗下，正和渊明乞食诗。""为农得饭常半菽，出仕固应甘脱粟。藜羹自美何待糁，况复畏人嘲苜蓿。"可见陆游晚境很穷，但是他对待贫困的态度，却充满了贫不夺志的思想和精神，也就是他所说的"饥能坚志节""忍贫增力量""丈夫穷空自其分，饿死吾肩未尝胁"。他在《杂题》的诗中说："半饱半饥穷境界，知晴知雨病形骸。轩昂似鹤那求料，枯槁如僧不赴斋。"更为难能可贵的是，陆游能由己之穷感受百姓之穷之苦，他在诗中说："短裘不及骭，手脚尽皲瘃。犹胜南邻叟，一褐竟未赎。"陆游是始终关心百姓疾苦的，他在《太息》的诗中说："太息贫家似破船，不容一夕得安眠。春忧水潦秋防旱，左右枝梧且过年。""祷庙祈神望岁穰，今年中熟更堪伤。百钱斗米无人要，贯朽何时发积藏。""北陌东阡有故墟，辛勤见汝昔营居。豪吞暗蚀皆逃去，窥户无人草满庐。"开禧元年（1205），下了一场雨，缓解了旱情，陆游很高兴，写下了《喜雨》一诗，诗中说："一雨洗旱尘，吾庐气疏豁。土润竹萌出，水长渔舟活。桑麻郁千里，夹道光如泼。凭高望归云，更觉原野阔。沉忧宽旅食，分喜到僧钵。但仰皇天慈，不必尤旱魃。"

陆游在乡隐居，与乡亲邻里关系融洽，往来酬赠，庆吊相通，聚餐畅饮，共话桑麻。他在诗中说："百世不忘耕稼业，一壶时叙里闾情。""萧然便觉浑无事，谈笑时时过近邻。"陆游还利用自己掌握的中医技能，为乡亲看病治病，无偿送药，骑着驴到附近村庄走动看病，实实在在为百姓做了好事。当地百姓很感恩陆游的治病送药，感激陆游的救命之恩，每当陆游来到，都会主动过去迎接，并邀请他一起吃饭喝酒，连给孩子取名都会带一个陆字。这在陆游的《山村经行因施药》中有很好的体现，诗中说："驴肩每带药囊行，村巷欢欣夹道迎。共说向来曾活我，生儿多以陆为名。"陆游参与了调解和劝慰邻人之间的纠纷，他在《谕邻人》的诗中说："邻曲有米当共舂，何至一旦不相容？为善何尝分士农，尧民皆当变时雍。""相攻本出忿与疑，能不终讼固已奇。讼端可窒君试思，岁时邻里相谐嬉。""世通婚姻对门扉，祸福饥饱常相依。忿争得直义愈非，不如一醉怀牒归。"此外，陆游在乡村隐居时，还参与乡村冬学施教的活动，授书施教自娱，他在《农事稍间有作》的诗中说："客归我起何所作，《孝经》《论语》教儿童。教儿童，莫忽忽，愿汝日夜勤磨砻，乌巾白纻待至公！"又在诗中说："薄才施畎田，朴学教儿童。"陆游还写诗赠送给乡村农夫，如开禧二年（1206），陆游泛舟外出，路过金家垾村，专门写了首诗赠送给卖薪王翁，《泛舟过金家垾赠卖薪王翁》诗云："老人不复事农桑，点数鸡豚亦未忘。洗脚上床真一快，稚孙渐长解烧汤。"

陆游在山阴隐居时经常和朋友交往唱和。嘉泰四年（1204）正月，陆游的学生苏泂来拜谒，并一起喝酒，很是高兴。因为苏泂曾经和陆游学诗，所以是陆游的学生。苏泂写了《正月五日谒放翁留饮欢甚》的诗，记述了这次交往的情况。在这段时间，苏泂与陆游过从甚密，对陆游的晚年知道得比较多。三月，陆游写下了《曾苏召叟》的诗，诗中说："老夫虽耄矣，此论不妨公。"辛弃疾奉诏造朝，陆游写下了《送辛幼安殿撰造朝》的诗送辛弃疾。辛弃疾字幼安，殿撰是一种官职。这首诗对辛弃疾评价很高，说他是"稼轩落笔凌鲍谢，退避声名称学稼。十年高卧不出门，参透南宗牧牛话"。陆游和辛弃疾都是渴望收复失地、北伐金人的抗金派人士，所以他在诗中说："深仇积愤在逆胡，不用追思灞亭夜。"不久，常州军知州赵善防修建成奔牛闸，写信请陆游作记，陆游写下了《常州奔牛闸记》。夏季，浙东安抚使林采有诗赠陆游，陆游写下了《次韵林伯玉登卧龙》的诗与之唱和，陆游得到林采的诗后高兴得很，如诗中说："一纸临门喜欲颠，词源滚滚泻长川。"十月一日，陆游的好友周必大病卒，陆游写诗文祭奠周必大，题为《祭周益公文》，表达了陆游的哀思和伤感。二十日，为韩斡画马作跋，即为《跋韩斡马》："宋室皇帝大驾南幸，将近八十年了，秦兵洮马再也不看见了，这是有志之士所共同叹息的。观看此画，使人做了收复关辅河渭的梦，梦醒之后，不禁潸然泪下。"表达了中原不能收复的哀叹。

开禧元年（1205），知盱眙军施宿建成了翠屏堂，派人来向陆游求记文，陆游欣然写下了《盱眙军翠屏堂记》，充分肯定盱眙在军事上的重要战略地位，寄托了陆游对故国山河的思念。四月，写诗寄好友张缜，诗题为《寄张季长》，诗中说："旧友岂知常阻阔，一尊那得叙悲欢？锦官花重应如昔，直欲凌风借羽翰。"写出了陆游对好友张缜的思念和对往昔交往的回忆。九月，李兼（字孟达）有书信送至陆游，陆游因此写下了《老怀》的诗，并在自注中说明了李孟达书至。开禧二年（1206）新春，赠诗给邢德允，对邢德允很是夸奖和赞许："邢子襟灵旧绝尘，尔来句法更清新。"陆游和邢德允两家应该是世交，所以诗中说"与君两世交情厚，剩欲灯前对角巾"。同时写诗给苏邵叟苏泂，题诗为《简苏邵叟》。五月，陆游好友杨万里以80岁高龄病逝。七月，邢德允有诗寄赠陆游，陆游与之唱和，写下了《次韵邢德允见赠》。不久，张缜的书信寄到陆游处，叶时也寄诗给陆游，陆游写下了《次韵朝陵叶院察时见寄》的诗唱和，诗最后两句说："不教落在尘埃地，万顷烟波一钓船。"说明陆游生活的闲暇。开禧三年（1207）正月，好友张缤病逝，直到夏天，陆游才听闻其病逝的消息，写下了"一恸寝门生意尽，从今无复季长书"的悲叹诗句。不久，陆游又写下了《哭季长》的诗，追念哀思张缤，不禁潸然泪下。九月，志同道合的好友辛弃疾病逝于江西铅山。不久，苏赵叟参加省试，陆游写诗为之送别，对其寄予了厚望。嘉定元年（1208）二月，陆游为淮南西路安抚使兼知庐州田琳生祠作记，写下了《庐帅田侯生祠记》，歌颂田琳积极抗战，战绩显赫，目的是通过歌颂田琳，激励边关将士积极抗金，以振奋军心。同时，悲痛田琳大业未成，壮志未酬身先死。不久，写诗寄赠陈伯予，陈伯予来拜访陆游。写诗悼念辛弃疾，诗云"君看幼安气如虎，一病遽已归荒墟"。嘉定二年（1209），陆游85岁了，依然和朋友保持联系。这年夏天，陆游写诗悼念李孟达，诗作为《哭李孟达》，诗中说："旧交多已谢明时，孟达奇才最所思。晚岁立朝虽小试，平生苦学竟谁知！尊前一笑终无日，地下相从却有期。恸绝寝门霜日暮，短篇聊为写馀悲。"黄度到福州做官，陆游写诗为之送别。陆游在家乡归隐的最后7年，和好友同道一直保持联系，朋友之间交往感情真挚，足见陆游重情重义。

二、至死不渝

抗金收复失地是陆游至死不渝的志向和理想，可谓是贯穿了陆游生命的始终。即使是隐居在山阴老家，早已看淡了建功立业的陆游，还是始终忘不了王师北定中原日。似乎这北伐收复失地的日子很快就要来了。在闲居山阴的最后时光，陆游经历了南宋的几件历史大事，如开禧北伐、嘉定和议、嘉定更化等。这些重大历史事件一下袭来，打破了陆游本来平静的生活，波澜再起，平静是不可能的了，但是当最后一个恶浪打来的时候，竟吞噬了陆游年老衰弱的生命。

　　当陆游得知韩侂胄即将发动开禧北伐，非常兴奋，但也是有所顾虑。陆游兴奋，是因为这是陆游一直以来的志向和希望，北伐满足了陆游的主观愿望。陆游之所以有顾虑，在于他觉得这个北伐有点突然，没有做好准备，所谓"轻发"，统率的将领也准备不足。如此，陆游不免担忧。嘉泰四年（1204），南宋北伐正在准备的阶段，陆游敏锐地意识到即将北伐了，高兴地写下了《睡起已亭午终日凉甚有赋》的诗，在诗中说："颇闻王旅徂征近，敷水条山兴已狂。"同年秋，陆游写下了《书事》诗四首，再次把兴奋的情绪抬得更高。

一

闻道舆图次第还，黄河依旧抱潼关。

会当小驻平戎帐，饶益南亭看华山。

二

关中父老望王师，想见壶浆满路时。

寂寞西溪衰草里，断碑犹有少陵诗。

三

鸭绿桑乾尽汉天，传烽自合过祁连。

功名在子何殊我，惟恨无人快着鞭。

四

九天清跸响春雷，百万貔貅扈驾回。

不独雨师先洒道，汴流滚滚入淮来。

开禧二年（1206），在韩侂胄的一再坚持下，南宋朝廷终于主动发动了对金国的战争，企图收复失地。四月，大将毕再遇攻克泗州，陈孝庆攻下虹县（今安徽泗县），江州统制许进收复新息县（今河南息县），光州忠义军孙义成收复褒信县。宋对金形势一片大好，鉴于此，五月，韩侂胄奏请宋宁宗下诏伐金，战争正式开始，史称"开禧北伐"。陆游从各种途径，得知朝廷对金国用兵，很是兴奋和高兴，他在诗歌中多次表达了对北伐金人的期盼和对战争形势的密切关注，诗中说："王师护塞方屯甲，亲诏忧民已放丁。""却看长剑空三叹，上蔡临淮奏捷频。"此时的陆游已经是80多岁的老人了，他是多么渴望能亲临战场杀敌，亲自参与收复中原的伟大战争，报效国家啊！可如今垂垂老矣，只有抚剑长叹了，心情是沉痛而激昂的。正如他在《书事》的诗中说的那样："自笑书生无寸效，十年枉是枕雕戈。""老生自悯归耕久，无地能捐六尺躯！"又如他在《老马行》的诗中所说："老马虺隤依晚照，自计岂堪三品料？玉鞭金络付梦想，瘦稗枯萁空咀嚼？中原蝗旱胡运衰，王师北伐方传诏。一闻战鼓意气生，犹能为国平燕赵。"陆游以一匹老马自居，也是对他现状的真实写照，但是却是壮心不已，意气风发，为国请命，沙场杀敌。现在这首诗读来依然是令人热血沸腾，不知自古以来感染了多少英雄豪杰。但是，陆游对朝廷任命的北伐将领很不满意，他在《观诸将除书》诗中说："百炼钢非绕指柔，貂蝉要是出兜鍪。得官若使皆齐虏，对泣何疑效楚囚！"一针见血指出了北伐将领所任非人，必然被打败，这不幸为陆游所预料到了。

此时金国的皇帝是金章宗，治理金国井井有条，而宁宗之贤比不上金章宗，这就注定了这场国力不对等的战争，南宋的失败是必然。就在诏书下达，正式对金人宣战不久，奉命进攻蔡州（今河南汝南）的江州都统制王大节被金兵打得大败，士兵四处逃散。皇甫斌攻打唐州、建康都统李爽攻打寿州（今安徽寿县）都被金人打败，接连失利。而这些将领大多是贪生怕死之辈，靠着溜须拍马、输送贿赂求得上位，将士训练不勤，军队腐败不堪。更有甚者，大将郭倬在进攻金人失败后，为了逃命，竟将将领田俊迈捆绑送给金人，以求得自己逃命。所以陆游对于任命这些将领的忧虑和担心以及不满意都是有原因的。正如陆游所料，这些将领不能担当北伐的大任，他们会导致伐金大业的失败。而在将领人事任用上更为失败的是，任命程松为四川宣抚使、吴曦为四川宣抚副使兼陕西东路招抚使。吴曦本来在京城为官，任殿前都指挥使等职，然而早已心存异志，当年陆游在蜀的时候，就觉得吴曦之父吴挺会生变乱，没承想在开禧北伐的关键时刻，吴曦回到了蜀地，等于是放虎归山，很快吴曦就投降了金国，使金国免受腹背受敌之危险，致使开禧北伐遭遇巨大的挫折。蜀地差点易帜，这对偏居江南的南宋小朝廷来说是不能承受之重，好在吴曦的叛乱很快被平息了，当吴曦的首级传到行在临安之时，陆游上了贺表，又写下了《五月二十日风雨大作》《闻蜀盗已平献馘庙社喜而有述》《雨晴》等诗，表达了对"吴逆"的愤慨和平息吴曦叛乱的喜悦。

但是，《雨晴》这首诗中，陆游意识到了可能要来的和议。这首诗作于开禧三年（1207）夏，诗中说："淮浦戎初遁，兴州盗甫平。为邦要持重，恐复议消兵。"陆游担心和议很快就来不无道理，其实，早在开禧二年（1206）冬，金国因为内外交困，曾遣使与南宋商议和议，和议在秘密进行。不过，这个秘密和谈没有取得实质性进展，在遭受几场战役的失败后，韩侂胄还执意进行北伐，谋划新的战役。为此，陆游还依然保持着兴奋，写下了不少诗歌，时刻关心北伐金国的进展情况。开禧三年（1207）秋，陆游写下了《秋日村舍》的诗，诗中说："传闻新诏募新军，复道公车纳群策。忠诚所感金石开，勉建功名垂竹帛。"陆游听闻韩侂胄的最近行动，勉励将士建功立业，名垂青史。不过，陆游的这种希望，还是落空了，主战派和主和派斗争激烈，最终主和派占据上风。开禧三年（1207）十一月，韩侂胄被罢相，主和派首领史弥远得势，在杨皇后的大力支持下，杀韩侂胄于玉津园。韩侂胄一死，抗金北伐也就偃旗息鼓，以失败告终了。这年冬，陆游得知韩侂胄被杀，北伐失败了，写下了《书文稿后》的诗，诗中说："上蔡牵黄犬，丹徒作布衣。苦言谁解听？临祸始知非。"陆游为韩侂胄被杀而伤心，其实伤心的不是韩侂胄，而是北伐因此失败了，不能不伤心，其实陆游早前也曾告诫过韩侂胄要归隐，不要迷恋权势，韩侂胄不听，终于招致杀身之祸。

北伐金国失败后，主和派独揽朝政，一言九鼎，作为主和派首领的史弥远平步青云，一迁再迁，终于登上权力的最高点，官至右丞相。由此开启了史弥远专权独裁的时代，这个时代很长，长达 26 年之久。不久，由史弥远主持了对金国的和议。史弥远不顾此前抗金北伐形势的一片大好，急于向金人求和，下令撤销了各地的招抚使，还把杀死韩侂胄的消息告知了金人，急于求和的诚心可见非同一般。嘉定元年（1208）三月，在金人的要挟下，史弥远无耻地把韩侂胄、苏师旦等人的首级割下函首送给了金国，以换取淮、陕北侵之地。九月，南宋与金国正式签订了屈辱的和议，史称"嘉定和议"。其主要内容是：依靖康故事，金、宋"世为伯侄之国"；增岁币银至 30 万两，绢至 30 万匹，另给犒军银 300 万两；疆界与绍兴时相同（金放弃新占领的大散关、濠州等地）。这个和议对于宋国来说，可谓是损失巨大，侮辱性极强。

和议既成，到了清算主战派的时候了，此时当权的是主和派，所以凡是参与北伐金国的人员都遭到了清算、清洗，即使是已经死去的官员也遭到了清算，史称"嘉定更化"。以前支持过韩侂胄北伐的邓友龙、郭倪、张岩、叶适、薛叔似、皇甫斌等人均遭到贬谪或罢免。李壁虽然参与了谋害韩侂胄的活动，却因曾经起草过开禧北伐的诏书，也被贬官三秩，贬谪至抚州。更有甚者，开禧元年（1205）科举考试进士榜第一名的毛自知，因在殿试中赞成对金国用兵，因此由第一名降至第五名。同时，还为秦桧恢复了王爵、谥号。简直是有过之而无不及，矫枉过正。

辛弃疾早在开禧三年（1207）就病逝了，但也是在劫难逃，因为辛弃疾一贯主张抗金北伐，收复失地。死者为大在古代是尤其被看重的道德观念，但是主和派史弥远还是没有放过对辛弃疾的"追罪"，辛弃疾仍然以"迎合开边"之罪被劾，遭到追削爵秩、尽夺遗恩的对待。死后的辛弃疾都遭受了这样的遭遇，陆游自然也是好不到哪里去了。厄运很快就降临到了陆游身上，陆游遭受了"落职"的处分。何为"落职"？就是落（罢）去职名。陆游在开禧三年（1207）正月所署官衔为"太中大夫宝谟阁待制致仕渭南县开国伯食邑八百户，赐紫金鱼袋"，这是陆游一生中最高的官职和爵位，其中陆游的实际职名是宝谟阁待制。所谓"落职"，就是免掉宝谟阁待制。"渭南县开国伯"只是一个虚职的爵位。到头来，陆游一生只落得了一个虚名虚职而已。那么，陆游为何会遭到清算呢？理由很简单，一是陆游一生主张抗金北伐，极力支持开禧北伐，仅这一点，不追罪才怪。二是在主和派看来，陆游与韩侂胄关系密切，在主和派的思维里，凡是与韩侂胄关系密切的人，都应该受到打击。有了这两点，陆游"落职"是不可避免的，还好陆游退休了，不然还会更惨。宋人周密也持有类似的观点，他在《浩然斋雅谈》中说："韩平原即韩侂胄南园既已建成，于是嘱咐陆游为其写南园建成记。陆游推迟没有得到准许，于是以归耕、退休二亭为南园之名，用以警示韩侂胄急流勇退。甚是可惜，韩侂胄没有明白陆游的用意，才导致失败。陆游也因为这个原因而获罪，导致落职，以太中大夫的身份致仕退休。"周密所说只是外人看来的一般说法，即陆游与韩侂胄关系密切，所以有此祸。连周密都这么看，主和派就更是这样看了。至于陆游和韩侂胄关系到底密切与否，不少学者认为陆游与韩侂胄关系一般，陆游也没有攀附韩侂胄，用朱东润先生的话说，陆游与韩侂胄的接近也只是抗金北伐的接近，其他都没有接近。就是因为这种接近，让陆游在去世之前蒙受不白之冤。客观来说，陆游支持和肯定韩侂胄北伐是没有错的，这是陆游一生一直都在主张和为之奋斗的目标，是站在国家统一的原则立场上的具体表现，而开禧北伐顺应了国家统一的历史需要，此时金国已经衰弱，内外交困，在大方面和时机的选择上看，都是正确的。南宋朝廷再坚持一下，时局必然朝着利于己方的局面发展。正如朱东润先生在《陆游传》中所说："所以开禧三年，只要南宋政权坚持一下，不向女真屈服，而且西北的四川已经安定下来，东南则叶适以江淮制置使坚守建康，都为南宋的坚持，创造了必要的条件。可是南宋的统治阶级，兴起了新的矛盾，这才急转直下，重新开辟对敌屈服的道路。"行文至此，历史深处不由让人深思。

何忠礼先生在《南宋史稿》中对宋金战争形势和态势论述得更为充分和细致，为了增加读者对于宋金战争形势的了解和对主和派的无耻的认识，兹大量引用何先生的研究如下：

宋金战争进入开禧三年（1207）夏天，随着南下金兵兵力的分散和部分宋军的有力抵抗，金军攻势已大为减弱。在西线，吴曦的叛变被彻底粉碎后，宋军收复了为吴曦所献的关外四州之地，金章宗命宣抚副使完颜纲赶赴凤翔传达诏令，"撤五州之兵，分保要害"，南宋川蜀地区的形势趋向稳定。在京湖战场，知襄阳府赵淳率领军民顽强奋战，出奇制胜，终于粉碎了20万金军的多次围攻，迫使其退兵。东线金军主力在毕再遇等宋军的打击下，损失严重，进攻庐州的金兵也被宋将田琳击退，无力南下。金军统帅平章政事仆散揆、左丞相宗浩相继病死，又代之以完颜匡，"三易主帅，兵家所忌"，说明金军的反攻已力不从心。在这之前，金骁将中军副统抹撚史扢搭已在和州被宋军打死，对金军士气也是一个沉重打击。总之，从宋金双方的军事力量来看，此时已进入相持阶段。

然而，正是在这种大好的抗金局势下，主和派们却不顾不问，急于求和，终至签订了丧权辱国的和议。历史深处的事件，不得不引人深思。

北伐的失败，对陆游的打击挺大的，一是落职影响了陆游的心情，更主要的是北伐的失败让陆游的希望幻灭了，此生不会再有北伐的机会了，好不容易等来的一次北伐，就这样谢幕，真是让人无限惋惜啊。对于落职，陆游是不服气的，虽然表面上陆游上了《落职谢表》，对朝廷的"责难"表示谢恩，但明眼人一眼就看出来这只是例行公事而已，不要当真。不服气，陆游当然要写诗了，陆游在《感事六言》的诗中说："五尺童知大义，三家市有公言。但使一眠得熟，自余万事宁论！"在《山村独酌》的诗中又说："毁誉要须千载定，功名已向隔生求。"说明陆游不在意名声被毁，不在意功名。随后，陆游写了《古意》诗二首，表达了决不向投降派屈服的决心，诗中说："千金募战士，万里筑长城。何时青冢月，却照汉家营？夜泊武昌城，江流千丈清。宁为雁奴死，不作鹤媒生！"

此外，陆游还在《书贾充传后》中总结了这次北伐失败的教训和战后思考，虽然说的是古代的历史，实际是借古讽今。这篇文章中，陆游表达的核心观点是主战者反而遭受打击，受到惩罚，"阴险自私自利之人"反而得福，升官发财。开禧北伐前后事就是如此吗？虽然陆游没有在这篇文章中提到开禧北伐事件，但是他总结了一条历史规律，就是"因此为贾充作说客的人，常常是因为利益"，实际也是在借古讽今。这是为陆游所不齿的，所以他极力批判这种现象。

三、最后的呼声

陆游的生命也将走到尽头了，落职对他的打击不大，因为他早就看透了名利，况且都是 80 多岁的人了，连这一点都想不开，那还是陆游吗？只是北伐的失败，让陆游心情忧愤，抑郁难平，未曾想到好不容易盼来的北伐就这样草草收场了，落得个屈辱投降，签订屈辱和议的下场。这一辈子再也看不到王师北定中原日的时候了，悲哀啊！悲愁啊！忧愤啊！郁闷啊！陆游多次在诗歌中表达了这样的心情，他在《书忧》的诗中说出了自己的忧愁："时人应怪我何求，白尽从来未白头。磅礴昆仑三万里，不知何地可埋忧。"在生命的最后两年，陆游创作了 1087 首诗歌，占其现存诗歌的 12%。在八十四五岁的高龄还那么高产，这在中国历史上是绝无仅有的。而这些诗歌中，多是写他渴望收复中原和呼唤国家统一。他依然盼着北伐金国，收复中原，虽然他明知这是不可能的，但是他就是希望有那么一天，因为这是他至死不渝的志向和抱负。

所以，他在诗歌中多次表达了这样的心情。如他在诗歌中说："安得中原路如砥，渭川钓伴待多时。""何日胡尘扫除尽，敷溪道上醉春风。""周汉故都亦岂远，安得尺棰驱群胡。""他年鼓角榆关路，马上遥看与此同。"这种特别沉重的中原情结，深厚的收复之志，跃然纸上。这坚定的执念还走进了陆游的梦中，陆游在他的《异梦》诗中，表达了自己在梦中仍渴望收复失地的情绪，可见其收复之志多么坚定。

> 山中有异梦，重铠奋雕戈。
>
> 敷水西通渭，潼关北控河。
>
> 凄凉鸣赵瑟，慷慨和燕歌。
>
> 此事终当在，无如老死何！

这是陆游做的一个伟大的梦。在梦中，84岁的老将陆游重铠雕戈，驰骋在收复中原的大地上，在关山河洛之间，纵横千里，慷慨激昂。"此事终当在"，是陆游认为收复中原，完成国家统一的日子终会有到来的那一天。这是何等坚强的信念和意志啊！虽然这时已是"嘉定更化"了，凡是提及北伐抗金的都要被收拾，天下之人正唯恐避之不及，而陆游却已全然不顾。因为陆游此时什么都不在乎了，只在乎他的北伐，既然已经被污名化了，陆游还会在乎投降派的再次打击吗？当然不会。

不久，也就是嘉定二年（1209）十二月十九日，陆游的生命走到了尽头，一颗立志恢复的伟大心脏停止了跳动，一个激昂悲愤的时代也宣告结束了。在弥留之际，陆游写了《示儿》这首中国诗歌史上的千古绝唱，全诗充满着完成国家统一的爱国情怀，虽为绝笔诗，却在中国历史上永放光芒，千百年来不断为中华儿女所传诵。

死去元知万事空，但悲不见九州同。

王师北定中原日，家祭无忘告乃翁。

　　直到生命的最后一刻，陆游都还在想着北伐金人、收复中原的伟大事业，他现在看不到也等不到这一天了，他只希望自己的子孙后代能告诉他朝廷军队北定中原的壮举。拳拳爱国之心，读来十分令人动容。这是陆游最后的呼唤，呼唤国家统一。这和老帅宗泽在弥留之际，三呼"过河"，有异曲同工之妙，均光耀中华万代。

后　记

陆游是我一直崇拜的伟大的诗人和伟大的爱国英雄。知晓这样一位伟大人物，还是在小学时老师教授《示儿》这首光耀千古的诗歌时，这首诗不断激励和鼓舞我们心怀祖国，以祖国为重。而陆游的爱国精神，也必将一代一代传下去。

在写这本小书的过程中，我再一次深入认识了陆游，也算是全面加深了对陆游的印象和理解。越是如此，我越发敬佩和崇拜陆游，越发对其顶礼膜拜了。陆游在很多方面都是值得我们学习的。他是一个对做官不感兴趣，但会实实在在做点实事的人，他的一生不在乎功名利禄，只在乎完成国家统一，收复中原失地，一生都是志在恢复。这也是历史上少有人能做到的。这点似乎和王安石有点像，也许是陆游的祖父陆佃受到了王安石的影响，继而陆游也受到了陆佃的影响使然。陆游的这种精神，可谓是激励了一代又一代的中国人。陆游虽渴望北伐中原，收复失地，且非常迫切，但他不蛮干，不要以为他所说的只是文人的牢骚之言而已，实际上，他有着自己的想法和规划，有着兵家之道，对排兵布阵有独特的看法，且陆游精通剑法，用现在的话来说，他是一个武功高手，并不是手无缚鸡之力的书生。可是南宋没有给陆游这样以遂平生之志的机会。这是何等的悲哀！令时人、后人无比扼腕叹息。历史深处，总是让人伤心难过。这既是陆游的悲哀，也是历史之哀。

陆游活了86岁，这在古代乃至现代都是高寿。陆游能如此长寿，是一个奇迹。很有可能和陆游家族传统研习道家文化有关，注重养生，清静无为，宠辱不惊。陆游还始终关心百姓疾苦，以百姓之心为心。同情百姓，同情人民。这也是值得学习的地方，要做到始终心存人民，以人民为中心，关心人民，关心国家发展。陆游伟大的爱国精神是一项宝贵的精神财富，必将不断地激励我们砥砺前行，不忘初心，为实现中华民族伟大复兴而努力奋斗，为促进和完成国家统一而孜孜以求，不懈奋斗。

最后，非常感谢耿元骊老师的厚爱，邀请我写这本有关陆游的书，感谢耿老师的信任和帮助、宽容。也要感谢辽宁人民出版社的蔡伟先生对本书出版付出的大量心血。在此一并致谢！这本书能短时期内如约完成，最要感谢的是我的爱人以及父亲母亲大人、岳父岳母大人，亲人们帮我分担了很多，使我能挤出时间完成本书。还有我乖巧女儿的善解父意，因为写作本书，带女儿的时间少了，让我很是愧疚。

同时，也十分感谢前辈学者的研究成果，因为写作本书参阅了大量前辈学者的研究，没有他们的研究，很难想象这本小书能完成。同时，由于体例的限制，没有一一注释引用的观点，敬请各位前辈海涵！在此致以崇高的敬意。此外，由于自己水平有限，小书难免存在不少错误，敬请读者诸君批评指正！

王浩禹

2022 年 2 月于昆明